Ellen Matzdorf

mit Verena Schmitt-Roschmann

Vom ersten bis zum letzten Atemzug

ELLEN MATZDORF

mit Verena Schmitt-Roschmann

Vom ersten bis zum letzten Atemzug

Deutschlands erste
Hebamme & Bestatterin über
selbstbestimmtes Leben & Sterben

1. Auflage 2023

Kaiserstraße 14b
D-80801 München
ISBN: 978-3-96584-348-6

Projektleitung: Regina Denk, Tom Mathony
Texte: Ellen Matzdorf, Verena Schmitt-Roschmann
Umschlag- & Innengestaltung: Martina Baldauf
Satz: Uhl + Massopust, Aalen
Coverfoto: istockphoto – sezer66
Herstellung: Frank Jansen
Producing: Jan Russok
Druck und Bindung: GGP Media GmbH, Pößneck

ZS – Ein Verlag der Edel Verlagsgruppe
www.zsverlag.de
www.facebook.com/zsverlag
www.instagram.com/zsverlag

Personennamen in diesem Buch wurden geändert.

Für Lea,
weil im Loslassen die Flügel
zur Freiheit wachsen

INHALT

1. Der kleine Marius – Wie alles begann

Susanne war wieder schwanger, wie schön. Als Hebamme kannte ich sie von der Schwangerschaft mit Jakob. Jetzt also bekam sie wieder ein Kind, einen kleinen Bruder für Jakob: Marius. Vorsorge bei der Hebamme ist meist ein schöner Moment, eine Bestätigung, dass alles in Ordnung ist. Doch als Susanne zu mir kam, wusste ich, dass etwas nicht stimmte. Ihr Bauch war viel zu groß, es fehlten ja noch zehn Wochen bis zur Geburt. Ein Spezialist sah das Problem auf dem Ultraschall: Marius hatte keine Speiseröhre. Eine Fehlbildung, die extrem selten vorkommt. Deshalb hatte Susanne viel zu viel Fruchtwasser. Babys trinken das Wasser normalerweise im Mutterleib, aber Marius konnte nicht schlucken. Das Fruchtwasser staute sich.

Dem Baby ging es im Bauch gut, es wurde ja über die Nabelschnur versorgt. Aber klar war, dass Marius nach der Geburt sofort operiert werden müsste. Und dass er vorher möglichst viel Zeit zum Reifen brauchte, damit er als starkes Neugeborenes die Operation übersteht. Jetzt nur keine Frühgeburt. Doch die Fruchtblase platzte, Wehen setzten ein, Marius kam auf die Welt. Und er lebte. Aber als das Baby winzig und rot auf Susannes Bauch lag, noch an der Nabelschnur, sahen die Ärzte, was auf dem Ultraschall nicht zu sehen war: Ihm fehlte nicht nur die Speiseröhre, das Kind hatte auch keine Luftröhre. Marius konnte nicht atmen. Es kam kein Sauerstoff in die Lunge. Das konnte niemand so schnell operieren. Es war ein Todesurteil.

Susanne, mit dem sterbenden Sohn im Arm, war unendlich erschöpft von der Geburt, unendlich traurig und untröstlich, wie alle Eltern, deren Kind stirbt. Und ausgerechnet jetzt musste sie kämpfen, um in Ruhe Abschied von Marius zu nehmen. Den Kleinen noch einmal mit nach Hause nehmen für ein paar Stunden? Geht nicht. Den weißen Kindersarg bemalen? Nicht vorgesehen. Das Kind im Familiengrab neben der Oma begraben? Unmöglich. Ich dachte nur: Das kann doch nicht sein. Warum wird das alles abgeblockt? Warum stellt man da willkürliche Regeln auf, für die es keine wirkliche Begründung gibt? Susanne blieb stark, ich weiß nicht, woher sie die Kraft nahm. Sie schaffte es, sich so von Marius zu verabschieden, wie sie es sich vorstellte. Trotzdem dachte ich: Das muss anders gehen, ohne dass Wünsche trauernder Eltern an seltsamen Vorgaben scheitern. Ich möchte es den Angehörigen so erträglich wie möglich machen in einer so schweren Zeit. Bestattungen von Kindern. So fing es an.

Ich bin Hebamme und Bestatterin. Soweit ich weiß, war ich in Deutschland die Erste, die beide Berufe gleichzeitig ausübte, vielleicht sogar die Einzige. Viele finden das ungewöhnlich, manchmal sogar verstörend. Wenn ich erzähle, ich bin Hebamme, reagieren neue Bekannte mit Interesse. Wenn ich sage, ich bin auch Bestatterin, ist die Partylaune erstmal dahin. Vielleicht haben Sie jetzt ja auch den Impuls, dieses Buch gleich wieder zuzuklappen. Wäre schade. Es geht hier um das Leben selbst, um Anfang und Ende und um sehr viel Mut und Zuversicht und Energie dazwischen.

Für mich besteht zwischen meinen beiden Berufen kein Widerspruch und es gibt keine Berührungsängste. Das liegt nicht nur daran, dass ich in der Geburtshilfe auch Krankheit, Notfällen und Tod begegne. Fast immer sind Schwangerschaft und Geburt ja ein großes beglückendes Wunder. Doch manchmal ist eben auch plötzlich alles anders, wie bei Susanne und Marius. Leben und Tod können einander sehr nah sein. Und Anfang und Ende des Lebens gleichen sich auf erstaunliche Weise. Es sind Momente, in denen die Zeit still zu stehen scheint.

Wenn ich eine Geburt begleite, habe ich oft das Gefühl, dass sich nach und nach alles verdichtet auf einen Punkt. Erst sind da noch die Geräusche vor dem Fenster, eine Polizeisirene vielleicht oder Hundegebell. Dann blendet man das aus. Als nächstes die Laute im Zimmer, ein werdender Vater, der noch kurz telefoniert, oder leise Musik, das Ticken einer Uhr – alles verschwindet nach und nach in der Konzentration auf dieses Ereignis, das alle Energie braucht und auf sich zieht: der Beginn eines neuen Lebens. Erst danach geht es Schritt für Schritt rückwärts, die Umgebung dringt wieder durch, Laute und Licht. Die Welt wird wieder weit, die Spannung weicht. Genauso geht es mir, wenn ich am Bett von Sterbenden sitze. Es ist wie ein Schweben in einem Raum mit angehaltenen Uhren, Minuten oder Stunden, alles ohne Belang, bis man spürt: Ein Leben ist zu Ende. Auch das ist ein magischer Moment.

Das mag esoterisch klingen, ist es aber nicht, im Gegenteil. Für mich gehört beides ganz natürlich zusammen. Wir werden geboren und wir sterben, das ist für alle gleich. Wir werden nicht gefragt, wann wir auf die Welt kommen. Wir wissen nicht, wann unser Leben zu Ende geht. Irgendwann schließt sich der Kreis. Die Geburt, jede Mutter weiß das, ist ein Naturereignis, ein unfassbares Erlebnis. Als Hebamme durfte ich das mehr als 1000-mal miterleben. Es macht mich tief zufrieden, Mütter, Eltern in dieser Extremsituation zu begleiten und zu unterstützen. Zugleich ist es der erste Abschied des Lebens, das erste Loslassen von Mutter und Kind. Das ist oft nicht leicht.

Der Tod eines nahen Menschen ist gar nicht so verschieden, obwohl sich das erstmal ungewöhnlich anhört. Auch das ist ein unabwendbares Naturereignis, ein Extrem und eine Trennung für immer. Menschen dabei zu begleiten, Zurückbleibenden beizustehen, den Abschied zu erleichtern, Ängste zu nehmen vor dem Schmerz und der Leere, auch vor dem eigenen Tod – das alles hinterlässt bei mir das gleiche warme Gefühl wie die Unterstützung einer Geburt.

Anfangs, als ich mit Bestattungen von Babys begann, hatte ich das Gefühl, ich müsste mich zwischen diesen beiden Berufen entscheiden. Aber dann fragte ich mich: Warum eigentlich? Ich kann morgens dabei helfen, ein Baby auf die Welt zu bringen und abends einen Verstorbenen abholen. Es ist nichts dabei, wenn Schwangere oder junge Mütter zu Vorsorgeterminen in mein Bestattungshaus in Oldenburg kommen. Oder wenn ich mit meinem blauen Bestattungswagen zu Hausbesuchen zu jungen Familien fahre. Bisweilen stiftet das Verwirrung. Einmal fragten Nachbarn nach meinem Besuch besorgt, ob etwas mit dem neuen Baby nicht in Ordnung sei. Die Erinnerung an den Tod irritiert. Aber für mich ist das stimmig.

Man schiebt den Gedanken an das Ende ja gerne weg, das ist sehr menschlich. Abstraktes Grübeln über das Sterben kann alles überschatten und lähmen, Ängste können sich aufbauen wie eine dunkle Wand. Selbst wenn man sich wegdreht, bleibt dieses tiefe, grollende Unbehagen, das man nur schnell vergessen möchte. Ich halte dagegen. Es hilft, sich dem zu stellen, nicht abstrakt, sondern konkret. Wer weiß, wie das Sterben verläuft, wer Verstorbene gesehen hat, wer sich von seinen verstorbenen Lieben vor der Bestattung verabschiedet, verliert oft dieses Grauen und erahnt, dass die Natur das nunmal so für uns vorsieht und dass jeder und jede dem letztlich auch gewachsen sein wird.

Meine Botschaft ist: Nur Mut und keine Angst. Oder auch: Trau dich und vertrau dir. Jede Frau weiß von Natur aus, wie gebären geht. Und jeder Mensch kann auch mit dem Tod umgehen – es gibt ja ohnehin keine Wahl. Wenn ich dieses Selbstvertrauen stärken kann, macht mich das zufrieden.

Über die Jahre habe ich festgestellt, dass ich das geben kann, ohne selbst etwas einzubüßen oder das als Bürde zu erleben. Ich halte das gut aus. Und ich kann mich in diesen Extremsituationen soweit öffnen, dass ich spüre, was gerade gebraucht wird. Bei Geburten etwa lag ich nie falsch – nicht mit dem Gefühl: das ist hier zwar schwierig, aber wird schon. Und nicht mit der Ahnung: hier läuft was schief, wir müssen aus dem Geburtshaus in die Klinik.

Ich erkläre mir diese Intuition – ich nenne das manchmal den »sechsten Sinn«, weil ich keinen besseren Begriff kenne – mit meiner eigenen Lebensgeschichte. Denn wegen Problemen in meiner Familie wuchs ich in einem Kinderheim auf. Dort gibt es wohl nur die beiden Optionen: die eigene Stärke finden oder untergehen. Später machte ich mich während meines Berufslebens immer wieder neu auf die Suche. Ich bin nicht nur Hebamme und Bestatterin, sondern auch ausgebildete Sterbe- und Trauerbegleiterin, Heilpraktikerin für Psychotherapie und Supervisorin.

Vor allem aber bin ich eine grenzenlose Optimistin. Ich lebe nach dem Pippi-Langstrumpf-Prinzip: »Das haben wir noch nie probiert – also geht es sicher gut.« Ich bin nicht religiös, aber ich glaube an so etwas wie Fügung. Auch wenn alles düster aussieht, weiß ich, das Gefühl währt nicht ewig. Dunkelheit nehmen wir nur wahr, weil wir auch das Helle kennen. Nach der Nacht kommt der Tag. Manchmal muss ich mich selbst daran erinnern, in dieser völlig verrückten Zeit mit ihren ständigen Krisen und Ängsten und Untergangsszenarien. Mir hilft dann, nicht mehr als einen Meter nach vorne zu schauen, nur an den nächsten Schritt zu denken und mir klarzumachen: Jetzt, in diesem

Moment, ist erstmal alles gut. Was morgen ist, ist morgen. Einen Moment durchatmen. Dann geht es weiter.

Um all das wird es in diesem Buch gehen. Um das einzigartige Erlebnis der Geburt und um die Grenzen des Lebens, um Mut und Trost und Zutrauen in die eigenen Stärken. Ich kann dazu einiges erzählen, denn ich habe einiges erlebt. Aber ich bin eigentlich nur der Spiegel, in den jeder und jede schaut. Ich sehe darin: Ich kriege das hin. Wir kriegen das hin.

2. Selbst bestimmen – Wie ich als Hebamme arbeite

Drei Hausgeburten an einem Tag: Ein wunderbarer Beruf

Es ist ein lauer Mittwochabend Ende Mai, fast schon sommerlich. Mein Geburtsvorbereitungskurs ist gerade vorbei, den leite ich immer mittwochs, und gegen 22.15 Uhr bin ich auf dem Heimweg. Da ruft Caroline an. Sie bekommt ihr viertes Kind. Sie sagt: Es geht los.

Ich habe auch die ersten drei Geburten von Caroline und ihrem Mann Thorsten begleitet. Auch diesmal soll es eine Hausgeburt werden. Da Caroline in allen Schwangerschaften mit Übelkeit zu kämpfen hatte, half ich ihr in den Monaten vor der Geburt drei bis vier Mal die Woche mit Akupunktur. Wir kennen uns also sehr gut. Als sie anruft, ist mir sofort klar, dass es eilt. Beim vierten Kind warte ich nicht ab. Fünfzehn Minuten später bin ich bei ihr.

Caroline ist im Wohnzimmer, alles ist bereit. Ihr Mann hat Kerzen angezündet, die drei anderen Kinder schlafen im Obergeschoss. Der fast schon sommerliche Abend lässt alles friedlich und entspannt erscheinen. Caroline allerdings hat schon heftige Wehen. Für die Geburt ist das gut. Die Eröffnung des Muttermundes geht voran. Die Faustregel dabei ist: Nach Einsetzen der Geburtswehen öffnet sich der Muttermund pro Stunde etwa einen Zentimeter bis auf zehn Zentimeter, während sich das Baby im Geburtskanal nach unten arbeitet. Dann geht es los mit den Presswehen und der eigentlichen Geburt. Aber den meisten Babys sind Faustregeln egal, keine Geburt läuft wie eine andere. Es ist wirklich jedes Mal ein großes Abenteuer, für alle, die dabei sind.

Dass Caroline und ich so vertraut miteinander sind, hilft sehr. Während der Geburt kann ich gut erspüren, was sie möchte, und kann sie entsprechend unterstützen. Auch das ist bei jeder Frau verschieden. Ob und wie sie sich während der Geburt bewegen will. Ob sie sich im Stehen besser fühlt oder im Vierfüßlerstand, auf einem Hocker oder in der Badewanne. Ob sie sich an mich hängen oder am Kreuzbein massiert werden will – oder am liebsten gar nicht berührt werden möchte. Es ist ein Ausnahmezustand. Es zählt nur, was gerade gut tut in diesem Moment.

Wer glaubt, eine Frau, die schon drei Kinder geboren hat, bekommt das vierte im Schlaf, liegt falsch. Erfahrung bringt meist gar nichts. Jede Geburt hat einen großen Unbekannten: das Kind. Außerdem weiß eine Frau nach drei Geburten genau, was auf sie zukommt. Sie weiß um den Moment des Loslassens und wie schwer der sein kann. Da ist die Angst vor dem Schmerz, von dem sie genau weiß, dass er kommt. Vor der Dynamik der Geburt, die nicht mehr zu stoppen ist, wenn sie einsetzt. Dieses Wissen kann alles blockieren. Dann braucht es eine Erinnerung. Jede Frau hat die Kraft zu gebären.

Am Ende geht es darum, den Kopf auszuschalten und es dem Körper zu überlassen, dieses Naturereignis anzunehmen. Schon klar, dass das manchmal leicht gesagt ist, in einer Welt, in der es um Kontrolle geht, um Selbstbeherrschung in allen Lebenslagen, um den Wunsch, alle Risiken und Möglichkeiten zu managen. Sich einfach hingeben? Na, Dankeschön. Diese Urgewalt trifft manche Frauen wie ein Schock, auch nach monatelangen Geburtsvorbereitungskursen mit einleuchtenden Tipps, beruhigender Musik und Atemübungen. Über das Gebären sind Bestseller geschrieben worden. »Die friedliche Geburt«, »Die sanfte Geburt« – und ja, gute Vorbereitung ist wichtig, das Sprechen über die eigenen Erwartungen, den Schmerz, über das eigene Schmerzempfinden und den Umgang damit in einer emotionalen Situation. Aber »sanft« wird es bestenfalls für das Baby. Für alle Frauen ist die Geburt ein intensives, ein extremes Erlebnis. Manchmal kommt Panik auf. Meine Rolle ist die der Mutmacherin: Du wirst es schaffen. Und dann setzt sie ein, diese kraftvolle Geburtsdynamik, in die sich besser niemand einmischt, die von außen besser nicht gestört wird.

Frauen brauchen dann am wenigsten schlaue Sprüche, Ermahnungen oder Vorgaben, wie sie manchmal in Krankenhäusern gelten – zum Beispiel, unbedingt auf dem Rücken liegend zu gebären. Ziel ist dabei oft, mit einem CTG dauerhaft die Herztöne des Babys zu kontrollieren. Dann liegen die Frauen neben dem Gerät und haben ein Gummiband mit dem Mikrofon um den

Bauch. Aber wer derart verschnürt ist, kann nicht herumlaufen – und oft ist es gerade das, was hilft. Viele Frauen haben während der Geburt einen Bewegungsdrang. Wichtig ist, dem zu folgen und die Position wählen zu können. Ich sehe meine Aufgabe als Hebamme darin, das möglich zu machen. Die Herztöne kann ich auch mit einem mobilen Gerät kontrollieren oder notfalls mit einem hölzernen Hörrohr.

Anfangs kommen die Geburtswehen etwa alle fünf Minuten. Sie fühlen sich an, als zöge sich ein breiter Gürtel um den Bauch, um das Kind nach unten zu schieben. Die Frau fühlt das Baby, wie es sich abwärts durch den Geburtskanal arbeitet. Alles dehnt und zieht und drückt und schmerzt für eine halbe oder auch eine ganze Minute. Dann ist Pause. Wieder ein Stück geschafft. Die Schwangere versucht, sich zu erholen, sich darauf einzulassen, dass es gleich weitergeht. So geht es über Stunden. Der Rhythmus wird schneller, die Pausen werden kürzer. Ich reiche nur manchmal etwas Wasser, sage, wie wunderbar sie das macht, versuche wieder und wieder zu spüren, was ihr gerade angenehm ist. Bis die nächste Welle über sie und uns hinwegrollt.

Wir sind mitten in dieser Phase in Carolines Wohnzimmer, da brummt mein Handy. Dörte ruft an, auch sie hat Wehen. Es ist das erste Kind. Mit ihrem Mann hat sie besprochen, in mein Geburtshaus zur Geburt zu kommen. Ihr Mann kann sich eine Hausgeburt nicht vorstellen – Dörte selbst schon, ihre Schwester hat alle ihre Kinder zuhause geboren. Die werdenden Eltern haben sich also auf einen Kompromiss geeinigt: nicht in der Klinik, aber auch nicht zuhause, sondern im Geburtshaus. Nur, ich bin ja nicht dort, sondern bei Caroline. Die beiden Babys haben sich nicht abgesprochen, bitte schön hintereinander zu kommen, gerne auch mit einer kleinen Pause für die Hebamme. Es ist inzwischen 01.07 Uhr in der Nacht, und obwohl das Adrenalin und die totale Konzentration auf Carolines Geburt alles andere wegschiebt, wäre ein bisschen Schlaf sicher nicht schlecht, bevor es in die nächste Runde geht. Aber das ist jetzt Nebensache.

Ich telefoniere kurz mit Dörte, sage, wo ich bin und frage, wie sie sich fühlt. Sie wiegelt ab:

»Ich brauche noch ewig«, sagt sie. »Mach dir keinen Kopf, notfalls rufe ich wieder an.«

Also geht es erstmal hier weiter. Caroline hat dieses Gespräch natürlich mitbekommen. Die Wehen werden intensiver. Nun dauert es nicht mehr lange. Am Ende gibt es fast keine Pause mehr, Caroline presst und schreit, sammelt ihre Kräfte und presst wieder. Das Köpfchen ist zu sehen, jetzt kommt es, dann die Schulter. Ein Mädchen. Thorsten und ich wickeln das Kind in ein Handtuch, das Durchtrennen der Nabelschnur hat noch Zeit.

Nun liegt die Kleine auf Carolines Bauch, die beiden schauen sich an. Ein kleiner Mensch, den vor einer Minute noch niemand von Angesicht kannte und der sich nun anfühlt, als wäre er immer schon da gewesen, der einen Platz auf der Welt hat, ohne Fragen, ohne Zweifel. Und eine Mutter, die eben noch nur Schmerz erlebte, Anstrengung und Erschöpfung bis an die eigenen Grenzen – und gerade einen Moment, in dem alles ausgelöscht ist bis auf diese wahnsinnige Welle des Glücks. Es gibt vielleicht nur diese kitschigen Worte dafür, ich tue mich jedenfalls schwer, andere zu finden. Vielleicht ist es wirklich unbeschreiblich. Ist wohl auch egal. Für mich ist es ein magischer Moment, jedes Mal.

Caroline hat wunderbar geboren. Ich sehe das natürlich mit den Augen der Hebamme: Eine Geburt ohne Vorgaben, ohne Eingriffe, ohne Notfälle, in einer angstfreien Atmosphäre, so angenehm wie möglich, das ist für mich eine »schöne Geburt«. Nicht alle Frauen empfinden das auch so. Ich habe »schöne Geburten« im Geburtshaus begleitet, bei denen alles glatt verlief und bei denen es Eltern und Kind gut ging – doch bei der nächsten Schwangerschaft erzählten mir die Frauen, wie schlimm sie das Erlebnis fanden und dass sie diesmal unbedingt ins Krankenhaus wollen und Schmerzmittel über eine Rückenmarksnarkose, eine PDA. Das Erleben ist sehr unterschiedlich und das ist auch vollkommen in Ordnung. Es gibt kein richtig oder falsch und vor allem keinen Anlass für Schuldgefühle oder Scham über vermeintliche Schwäche. Caroline aber sieht ihre vierte Geburt wohl ähnlich wie ich. Viel später wird sie mir eine SMS schicken: »Eine schöne Geburt mitzuerleben, ist nicht selbstverständlich, das ist mir jetzt wieder bewusst geworden, als meine Schwester Nachwuchs bekommen hat. Wir sind so froh, dass du da warst, und wir danken dir von Herzen. Ganz liebe Grüße Caroline.«

In dieser Nacht im Mai verabschiede ich mich schließlich von Caroline und Thorsten und rufe Dörte an. Sie sagt, alles in Ordnung, die Wehen gehen noch, alles nicht so schlimm. Aber am Telefon höre ich, dass sie schon ziemlich schwer atmet. Ich sage ihr, dass ich vorbeikomme, um zu schauen. Je nachdem, wie weit die Geburt ist, können wir dann ins Geburtshaus fahren oder noch ein bisschen abwarten.

Nach zehn Minuten bin ich bei Dörte und Norbert. Und sofort ist mir klar: Abwarten? Keine Option. Und auch keine Fahrt mehr ins Geburtshaus. Jetzt und hier.

Dörte und Norbert sind im Badezimmer, sie hockt auf dem Boden. Der Muttermund ist fast ganz geöffnet. Gleich ist das Baby da. Für eine Hausgeburt ist nichts vorbereitet – keine sterilen Unterlagen, kein Stapel frischer Handtücher. Und ich habe, da ich direkt von Caroline komme, auch kein frisches Geburtsbesteck dabei. Aber es zeigt sich mal wieder, wie wenig für eine Geburt nötig ist. Alles geht gut. Dörte hat am Ende die Hausgeburt, die sie eigentlich von Anfang an wollte und vor der Norbert Bedenken hatte. Ob sie das unbewusst so eingefädelt hat? Wer weiß. Bei der ersten Geburt verschätzen sich viele. Die meisten Frauen erwarten, dass es schneller geht, als es dann tatsächlich läuft, aber manchmal ist es eben auch umgekehrt. Wie dem auch sei, am Ende ist auch Norbert überzeugt, dass Hausgeburten ungefährlich sein können und wunderschön.

Total erschöpft und sehr zufrieden fahre ich am Vormittag nach Hause und schlafe direkt ein. Nach ein paar Stunden Ruhe besuche ich nachmittags Caroline und Dörte. Alle anderen Termine sage ich ab. Heute mal früh schlafen gehen, die Anstrengung und Konzentration der letzten 24 Stunden abschütteln, dann geht es morgen mit neuer Kraft weiter.

Schön wär's.

Gegen 19.00 Uhr kommt der Anruf von Silke: Wehen, diesmal aber wirklich. Vor ein paar Tagen hat sie sich schon einmal gemeldet. Ihrem Mann Niko waren die Schmerzen seiner Frau nicht geheuer. Aber nach Stunden des Wartens ging es doch nicht los und ich fuhr wieder nach Hause. Vor der Geburt passiert ja sehr viel, es gibt Senk- und Vorwehen, das Baby bringt sich in Startposition, der Körper übt quasi für die nahende Trennung. Auch erfahrene Mütter wissen manchmal nicht, ob es wirklich losgeht. Manchmal tun sie sich umso schwerer, je mehr Geburten sie schon hatten. Der Körper funkt unklare Signale. Die Frauen wissen zwar, dass Wehen sehr weh tun können, aber wie war das genau? Und wie ist es diesmal? Geht es vielleicht viel schneller als bei den ersten Geburten? Purzelt das Baby diesmal gar unvermittelt heraus?

Bei Silke ist es das dritte Kind. Die Hebammenweisheit dazu lautet: Dritte Kinder dauern genauso lange wie die ersten. Aber man kann sich nicht darauf verlassen. Ich versuche, noch ein paar Kräfte zu sammeln, dann bin ich gegen 21.00 Uhr bei Silke. Niko hat die Möbel umgeräumt und ein großes Bett ins Wohnzimmer gestellt. Im Kamin brennt Feuer. Die Geschwister sind gut betreut bei der Oma. Niko ist nervös, aber Silke ist ganz bei sich. Wie sich herausstellt, braucht sie von mir fast nichts. Sie braucht nur sich. Ich sitze in einem bequemen Sessel und bewundere sie. Im Laufe der Nacht bringt sie ihr drittes Kind zur Welt. Auch ein Mädchen.

Caroline, Dörte und Silke, drei Hausgeburten an einem Tag, drei Mädchen. Alle heil, alles gut gegangen. Ich kann mir keinen schöneren Beruf vorstellen.

Eines Morgens auf dem Fahrrad: Wie ich Hebamme wurde

Hebamme wurde ich erst mit 30 Jahren, nach der Geburt meiner Tochter Lea. Ich hatte nach dem Abitur in Bremerhaven in Berlin und Bremen Jura studiert, dann in Oldenburg Politik und Germanistik. Aber bei beidem wurde mir klar, dass ich nicht an der richtigen Stelle bin. Vor allem als Juristin könnte ich nicht arbeiten. Mein Rechtsempfinden stimmt nicht immer mit der Rechtsprechung überein. Ich erinnere mich zum Beispiel an einen Prozess wegen sexueller Übergriffe, in dem der Angeklagte ziemlich offen zu erkennen gab, dass die Vorwürfe stimmten, und er dann doch aus Mangel an Beweisen freigesprochen wurde. Auch in den Geisteswissenschaften wäre ich nicht richtig aufgehoben gewesen. Ich suchte eine Aufgabe, in der ich unmittelbarer Menschen helfen konnte.

Fürs erste fuhr ich Taxi, arbeitete auf dem Rummel, machte Schülerfahrdienst beim Malteser Hilfsdienst. Ein Jahr lang betreute ich dann in häuslicher Pflege eine Frau, die von ihrem Mann mit 35 Messerstichen fast zu Tode gebracht worden war. Nun musste sie mit schwersten Beeinträchtigungen leben. Verbittert verbrachte sie ihre Tage. Es war eine enorm fordernde Aufgabe, körperlich und seelisch. Ich wusch sie, zog sie an, setzte sie auf die Toilette, fütterte sie, machte den Haushalt. Als ich schwanger wurde, war es damit vorbei. An 24-Stunden-Dienste war nicht mehr zu denken, und ich durfte nicht mehr schwer heben, was in der Pflege ja ständig anliegt.

Nachdem meine Tochter auf der Welt war, brütete ich in der Elternzeit monatelang, wie es nun einigermaßen familienverträglich beruflich für mich weiter gehen könnte. Altenpflege lag nach meiner Erfahrung in der häuslichen Pflege nahe, aber ich bekam keinen Ausbildungsplatz. Vorübergehend half ich einer Familie mit der Betreuung der Kinder.

Eines Morgens, an einem herrlichen Sommertag, war ich auf dem Fahrrad unterwegs durch die Stadt zu diesem Job, ich schaute zerstreut auf die Umgebung, auf die alte Oldenburger Hauptpost, an der ich gerade vorbei kam. Da schoss mir der Gedanke durch den Kopf: Wie wird man eigentlich Hebamme? Ich kann wirklich nicht sagen, was genau der Auslöser war, warum gerade dies und gerade dort – keine Ahnung. Aber es war ein Flämmchen, das schnell loderte.

Wenn sich bei mir eine Idee festsetzt, werde ich oft ungeduldig, dann kümmere ich mich eigentlich gerne nur noch darum. Am liebsten wäre ich an dem Morgen gar nicht zu meiner Arbeit gefahren, sondern gleich zur Berufsberatung. Selbstverständlich habe ich dann doch erst meine Pflichten erledigt, aber nachmittags saß ich schon vor den Informationsbögen: Was lernt man da? Wie kann man sich weiter entwickeln? Wie sind die Berufschancen? Wo gibt es die Ausbildung? Ich wusste nichts und wollte alles im Schnelldurchgang erfahren.

Es liegt nahe anzunehmen, dass meine eigene Erfahrung mit Hebammen bei der Geburt meiner Tochter den Keim für diese plötzliche Berufsidee setzte. Aber ich habe da meine Zweifel. Ich will es mal so sagen: Meine Geburtserfahrung mit meinen Hebammen war nicht schön. Sie waren keine Unterstützung. Doch es war auch nicht so schlimm, dass ich dachte, ich muss das jetzt unbedingt selber machen und die Welt verbessern.

Vor der Geburt hatten mein Freund und ich bei Pro Familia einen intensiven Vorbereitungskurs gemacht, und wir fühlten uns fit und gut eingestimmt für eine ambulante Geburt im Evangelischen Krankenhaus in Oldenburg. Die Wehen begannen abends, aber ich hatte den Eindruck, dass noch Zeit blieb, ein bisschen zu schlafen und mich auszuruhen. Gegen 03.00 Uhr morgens wachte ich auf, es wurde heftiger. Wir folgten dem Rat, erst noch etwas zu essen und zu trinken. Früher war das in der Geburtshilfe verpönt – bitte nüchtern in den Kreißsaal. Aber natürlich ist es sehr sinnvoll, für diese Schwerstarbeit etwas Energie zu tanken. Gegen 06.00 Uhr waren wir im Krankenhaus.

Wer den Klinikalltag kennt, weiß: Das ist die denkbar schlechteste Zeit, denn es ist Schichtwechsel. Die Nachtschicht ist am Ende ihrer Kräfte und die Ablösung hat noch keine Ahnung, was gerade los ist. Als wir ankamen, hatte jedenfalls niemand Zeit. Stattdessen blaffte mich die diensthabende Hebamme an: »Stellen Sie sich mal nicht so an, das dauert mit Sicherheit noch Stunden.« So habe ich es jedenfalls in Erinnerung. Beim ersten Kind ist man logischerweise sofort verunsichert und fragt sich: Bin ich nur weinerlich, dass ich hier so herumjammere? Wie schlimm wird das denn noch? In jedem Fall fühlt man sich nicht ernst genommen.

Bei mir erkannte allerdings die Hebamme schnell, dass sie falsch lag. Als sie mich untersuchte, war klar, dass der Muttermund schon weit geöffnet war. Die Frau schluckte und schaltete sofort um, plötzlich war sie sehr fürsorglich. Aber da war es bei mir schon vorbei, ich wollte von ihr keine Ratschläge und wollte auch nicht angefasst werden. Der andere nervige Punkt: Hebamme und Ärzte wollten unbedingt, dass ich auf dem Rücken liegend gebäre. Dabei hatte ich das dringende Bedürfnis herumzulaufen, ich fühlte mich aufrecht besser. Mit meinem Freund ging ich auf die Toilette und schloss mich da erstmal ein, um stehen bleiben zu können. Aber nein, die Hebamme ermahnte mich streng, raus mit Ihnen und sofort wieder hinlegen. Ich bekam mein Baby also ganz traditionell auf dem Rücken liegend. Zum Glück ging es schnell. Um 08.15 Uhr war unsere Tochter auf der Welt.

Wie gesagt, das alles spielte bei meinem Berufswunsch Hebamme erstmal keine Rolle, zumindest nicht bewusst. Im Nachhinein sehe ich natürlich, ich mache selbst als Hebamme praktisch alles genau entgegengesetzt wie die Kollegin damals. Die Frau soll bestimmen, ich bin dafür da, ihr beizustehen. Nie, nie, nie würde ich einer Erstgebärenden sagen: Das ist ja noch gar nichts, es muss erst noch viel weher tun. Denn wie Schmerz empfunden wird, kann ich als Außenstehende gar nicht wissen. Ich folge nicht sinnlosen Konventionen, die oft dazu dienen, den Klinikalltag leichter zu machen – zum Beispiel den obligatorischen Dammschnitt, der für Ärzte nach der Geburt einfacher zu nähen ist als ein Riss, oder der Wehentropf, damit es schneller geht. Aber bis ich wusste, wie ich arbeiten möchte, war es ein langer Weg. Regeln muss man erstmal kennen, bevor man sie infrage stellt.

Hebamme ist bis heute ein sehr begehrter Beruf. Seit 2020 hat sich die Ausbildung verändert, Standard ist jetzt ein duales Studium und Voraussetzung das Abitur oder eine abgeschlossene Berufsausbildung. Damals war es etwas anders, ein mittlerer Schulabschluss reichte aus, und es war eine praxisorientierte Ausbildung an einer Klinik. In meiner Region fand ich drei Ausbildungsstätten: in Oldenburg, Bremerhaven und Wilhelmshaven. Oft bewarben sich Hunderte für wenige Plätze. Ich hatte Glück. Da ich schon jahrelang in die Arbeitslosenversicherung eingezahlt hatte, hatte ich Anspruch auf die staatliche Finanzierung einer Umschulung, und genau das bot das Klinikum Wilhelmshaven. Wenige Wochen nach jenem Gedankenblitz auf dem Fahrrad hatte ich einen Ausbildungsplatz. Im Oktober 1993 ging es los.

Schon nach acht Wochen Grundkurs durften wir Hebammenschülerinnen in den Kreißsaal. Und schon nach den ersten Geburten war ich mir sicher: Genau das will ich machen. Dabei war die Ausbildung nicht so gut, wie ich mir das gewünscht hätte. Eine Klinik ist ein hierarchischer Betrieb, ganz oben der Herr Professor, dann die Oberärzte, die Assistenzärzte, die examinierten Hebammen, die alles andere als begeistert waren, 30 Hebammenschülerinnen anzuleiten. Und alle, wirklich alle, fühlen sich berufen, Regeln zu setzen und Anweisungen zu geben an die ganz unten in der Hackordnung. Wie in jedem Betrieb gibt es die Arroganten und die Faulen, die Besserwisserinnen und die Demotivierten, die Überforderten und die Motzenden. Vieles lief nach Standards, die nicht unbedingt die Frauen in den Mittelpunkt stellten, ähnlich wie bei der Geburt meiner Tochter. Frauen wurden durchgeschleust, sie bekamen nicht genug Raum und Zeit für eine entspannte Geburt. Oft dachte ich: Genau das will ich machen – aber nicht so. Trotzdem zog ich alles aus diesen drei Jahren, was ich konnte.

Ich war ja mit meinen 30 Jahren nicht mehr ganz jung, ein Herr Professor schüchterte mich nicht ein, im Gegenteil. Wenn der Chefarzt auf der Suche nach Unterstützung war, ging ich so oft wie möglich mit. Ich sog alles auf, schaute mir alles ab. Da ich zuhause Zeit für meine Tochter haben wollte, nutzte ich bei Leerlauf in der Klinik jede freie Minute, den Stoff zu lernen. Das Studieren war mir immer leicht gefallen und ich hatte Erfahrung in der Pflege und im Rettungsdienst, aber dieser theoretische Einblick in die Medizin war für mich neu und fremd. Ich las den Pschyrembel für Geburtshilfe – das medizinische Standardwerk – von vorne bis hinten durch und verstand erstmal nichts. Aber ich dachte, wird schon, andere haben das ja auch kapiert. Als ich auf der letzten Seite ankam, fing ich vorne wieder an. Am Ende hatte ich ein sehr gutes Examen und die Gewissheit: Ich will als Hebamme arbeiten, aber nicht in einer Klinik. So ist es geblieben. Ich war nie angestellt, immer freiberuflich tätig.

Nach ein paar Monaten im Geburtshaus Schledehausen machte ich mich 1997 in Oldenburg als Beleghebamme selbstständig. Das heißt, ich begleitete Frauen individuell während der Schwangerschaft, ging mit ihnen zur Geburt in die Klinik und übernahm dann auch Wochenbett und Nachsorge, alles eins zu eins. Das war viel näher an dem, wie ich arbeiten wollte. Nicht die Zufallsversorgung im Kreißsaal, wo Frauen in dieser Extremsituation auf ihnen Unbekannte treffen, wo sie Glück haben müssen mit dem Dienstplan und auf eine Hebamme hoffen können, mit der sie einigermaßen zurecht kommen. Das Belegsystem ist für viele Gebärende viel angenehmer, auch wenn sie für die Dauerbereitschaft vor dem Geburtstermin zuzahlen müssen.

Für mich als Beleghebamme blieb allerdings die Hierarchie. Die angestellten Kolleginnen sahen mich oft als Konkurrenz, nicht alle Ärztinnen und Ärzte waren erpicht darauf, kollegial zusammen zu arbeiten. Im Zweifel pochten sie auf ihre Weisungsbefugnis. Am Anfang war ich froh, Kolleginnen und Kollegen mit mehr Berufserfahrung dabei zu haben. Später fühlte ich mich selbst immer sicherer. Und ich war das Kompetenzgerangel in den Kreißsälen immer mehr leid. Es kostete zu viel Energie. Diese ständigen Debatten – Wehentropf oder nicht, Rückenlage oder rumlaufen –, der Zeitdruck, die Vorgaben. Ich fand das zunehmend schwierig. 1999 stieg ich aus und gründete mein Geburtshaus, das erste in Oldenburg. Dort versuchte ich, ausschließlich so zu arbeiten, wie es für die Frauen, die Eltern, die Babys am besten war.

Ein System unter Druck

Mit meinen Vorbehalten gegen die übliche Geburtshilfe stehe ich keineswegs alleine da. Bis in die 1960er-Jahre waren Hausgeburten häufig und zwar unter Leitung von Hebammen. Dann übernahmen die Ärzte, die Geburt in der Klinik wurde Standard. Statt voll ausgebildeter Hebammen gab es sogenannte Geburtsvorbereiterinnen und Wochenbettpflegerinnen für die Vor- und Nachsorge. In den 1970er-Jahren begann die Bewegung hin zu einer natürlicheren Geburt außerhalb von Kliniken. Es wurden wieder mehr Hebammen ausgebildet, sie holten sich ihren Platz zurück. Seitdem herrscht eine Art Dauerfehde zwischen Schulmedizin und den Befürworterinnen von Hausgeburten oder Geburtshäusern. Viele Ärzte finden Hausgeburten zu gefährlich und deshalb unsinnig. Oft schauen sie argwöhnisch auf Hebammen, die Hausgeburten anbieten.

Die Deutsche Gesellschaft für Gynäkologie und Geburtshilfe erklärte noch 2011 in einer Stellungnahme, »dass größtmögliche Sicherheit für Mutter und Kind während der Geburt nur in einer Geburtsklinik gewährt werden kann, in der auf unvorhersehbare Notsituationen sofort und ohne zeitraubenden Transport der Gebärenden mit dem gesamten ärztlich sinnvollen Behandlungsspektrum reagiert werden kann«. Als Beleg diente den Ärzten, dass fast jede zehnte Schwangere nach begonnener Hausgeburt wegen tatsächlicher oder möglicher Komplikationen doch noch in die Klinik gekommen sei.

Ich finde das nicht überzeugend. Klar gehe ich mit einer Schwangeren ins Krankenhaus, wenn es zu kniffligen oder gefährlichen Situationen kommt, wenn es Frau oder Baby nicht gut geht, wenn ich nur das kleinste Risiko sehe. Alles andere wäre fahrlässig. Das ist für mich ein Qualitätsmerkmal meiner Arbeit. Ich würde auch nie eine Frau zu einer Haus- oder Geburtshausgeburt überreden. Vielmehr kommen eben oft diejenigen zu mir, die sich das wünschen. Der Bedarf ist da, auch wenn der Anteil klein ist. Von knapp 800.000 Geburten in Deutschland 2021 wurden etwa 15.000 außerhalb von Kliniken begonnen und auch abgeschlossen. Viele Frauen können sich das vor allem bei der ersten Geburt nicht vorstellen. Viele haben Angst vor medizinischen Notfällen, was angesichts der von Ärzten verbreiteten Auffassung und Risikobeschreibung kaum verwundert.

Andererseits ist in Kliniken inzwischen fast jede dritte Geburt ein Kaiserschnitt. Das ist eine schwere Operation mit oft langwierigen Folgen von der Wundheilung bis zu psychischen Traumata. Im Notfall muss das sein, daran habe ich keine Zweifel. Die Schulmedizin kann helfen, Frauen und Babys zu retten. Aber in Deutschland sind Kaiserschnitte inzwischen fast Routine. Knapp 237.000 solcher Operationen gab es 2021 laut Statistischem Bundesamt. Ärzte, die die Risiken von Hausgeburten laut beschwören, scheinen die Gefahren eines solch gravierenden Eingriffs bisweilen geringer zu schätzen. Der Anteil der sogenannten Sectio-Geburten hat sich seit 1991 in etwa verdoppelt: von gut 15 Prozent, dem Anteil, den auch die Weltgesundheitsorganisation für angemessen hält, auf rund 30 Prozent.

Das steht für Ängste und Verunsicherung von Schwangeren, die auf eine scheinbar leichte, schnelle und schmerzfreie, weil narkotisierte Alternative hoffen. Einige Ärzte trauen sich potenziell komplizierte Geburten nicht mehr zu und greifen lieber zum Skalpell, zum Beispiel bei einer Beckenendlage, also wenn das Kind mit dem Po zuerst geboren würde, oder bei besonders großen Babys oder Mehrlingsschwangerschaften. Sie haben Spielraum beim Ermessen, ob ein Kaiserschnitt medizinisch angezeigt ist. Und sie stehen unter wirtschaftlichem Druck. Oft dauert eine Geburt schlicht zu lange für ein Gesundheitssystem, das es wirtschaftlich belohnt, viele Fälle durchzuschleusen. Ein Kaiserschnitt, wird er schon während der Schwangerschaft für nötig erachtet und geplant, ist für die Klinik berechenbar. Nach 20 bis 30 Minuten ist die OP vorbei, während vaginale Geburten schon mal 20 oder 30 Stunden dauern können.

Es ist einiges in Schieflage in der Geburtshilfe in Deutschland. Mitte 2023 schlug der Deutsche Hebammenverband Alarm, dass nur noch 620 Krankenhäuser sie überhaupt anbieten, etwa halb so viele wie 1991. Alle paar Tage meldet eine Klinik, dass sie sich von der Geburtshilfe verabschiedet. Auf dem Land wird es schwieriger, in der Nähe einen passenden Geburtsort zu finden. Klinikmanager klagen, Geburten seien wegen der Fallpauschalen ein Minusgeschäft. Viele Häuser suchen händeringend nach Hebammen, doch die scheuen oft die Bedingungen. Der Hebammenverband vertrat noch 2022 ganz ähnliche Forderungen, wie ich sie schon zu Beginn meiner Berufslaufbahn fast 30 Jahre vorher für richtig hielt: bessere Personalausstattung, mehr Eigenständigkeit der Hebammen entsprechend ihrer Ausbildung und Kompetenzen, die Leitung der Kreißsäle in die Hand der Hebammen, Umsetzung des Rechts auf Eins-zu-eins-Betreuung. Dieses Prinzip verankerten die Ampel-Parteien 2021 sogar in ihrem Koalitionsvertrag. Da heißt es: »Wir evaluieren mögliche Fehlanreize rund um Spontangeburten und Kaiserschnitte und führen einen Personalschlüssel für eine 1:1-Betreuung durch Hebammen während wesentlicher Phasen der Geburt ein. Wir stärken den Ausbau hebammengeleiteter Kreißsäle und schaffen die Möglichkeit und Vergütung zur ambulanten, aufsuchenden Geburtsvor- und -nachsorge für angestellte Hebammen an Kliniken.«

Doch davon sind wir weit entfernt. Die Lage verschlechtert sich eher. 2022 beschloss der Bundestag eine Reform des sogenannten Pflegebudgets, die auf Einschnitte bei der Vergütung von Hebammenstellen auf klinischen Geburtsstationen hinausläuft. Nicht nur der Hebammenverband war entsetzt. Eltern starteten eine Petition, weil sie fürchteten, dass Hebammen aus Frust aufgeben. Binnen weniger Wochen kamen mehr als 1,6 Millionen Unterschriften zusammen.

Es werden zwar mehr Hebammen ausgebildet als früher. 2020 lag die Zahl der Berufsanfängerinnen und Berufsanfänger um 60 Prozent höher als zehn Jahre vorher. Aber viele arbeiten nicht mehr oder möglichst wenig in der Geburtshilfe und beschränken sich auf Vor- und Nachsorge. Oder sie steigen nach einiger Zeit ganz aus dem Beruf aus – weil sie vier oder fünf Frauen im Kreißsaal gleichzeitig betreuen sollen, weil sie in der Hierarchie wenig zu sagen haben und eben nicht selbstbestimmt helfen können. In einer Umfrage unter den 22.000 Mitgliedern des Deutschen Hebammenverbands äußerten sich 2022 immerhin gut 3500. Von denen sagten rund 2700 Ja auf die vorformulierte Frage, ob sie wieder mehr oder überhaupt in einem Kreißsaal arbeiten würden, wenn »die Eins-zu-eins-Betreuung der Frau garantiert ist, ich nur Hebammentätigkeit ausführen muss und hebammengeleitete Geburtshilfe nicht nur leere Worte sind«.

Freie Hebammen sehen sich wegen extrem gestiegener Versicherungsprämien in Existenznot. Seit Mitte 2023 gilt nach Angaben des Deutschen Hebammenverbands ein vereinbarter Satz für die Hebammen-Haftpflicht 12.956,28 Euro pro Jahr – wenn man in der eigentlichen Geburtshilfe tätig ist. Beschränkt man sich auf Vor- und Nachsorge, kann man die Kosten auf ein paar Hundert Euro im Jahr drücken. Die Zuschüsse der Krankenkassen zur Versicherung halten mit der Entwicklung nicht Schritt. Die Lösung wäre eine staatlich finanzierte Sammelversicherung, denn politisch ist Hebammenbegleitung ja offiziell gewünscht. Doch sofort werden finanzielle Grenzen gezogen, genauso wie bei der Vergütung für Hebammen zum Beispiel für die Rufbereitschaft. Verbände und Eltern haben nicht genug Hebel, das zu ändern oder sie machen nicht konsequent genug Druck. Insgesamt wird es für Frauen immer schwieriger, eine Hebamme für eine Hausgeburt zu finden.

Außerdem können Fehler oder vermeintliche Fehler bei Geburten buchstäblich ins Gefängnis führen, wie die Verurteilung der Hebamme und Ärztin Anna Rockel-Loenhoff 2016 zeigte. Sie hatte eine Mutter mit einem Baby in Beckenendlage – also Po voran – auf deren Wunsch hin in einem Hotel begleitet. Viele Ärzte halten es für ein zu großes Risiko, Babys in solcher Lage vaginal zur Welt zu bringen. Aber Rockel-Loenhoff hatte viele Male bewiesen, dass das problemlos möglich sein kann. In diesem Fall war es anders. Das Baby starb kurz nach der Geburt. Der erfahrenen Geburtshelferin wurde vorgeworfen, aus Arroganz zu spät auf Komplikationen reagiert zu haben. Sie wurde strafrechtlich verfolgt. Das Verfahren wühlte die ganze Branche auf und entzweite die Szene in vehemente Unterstützerinnen und Kritikerinnen der Angeklagten. Anna Rockel-Loenhoff wurde vom Landgericht Dortmund wegen Totschlags zu sechs Jahren und neun Monaten Haft verurteilt und zudem mit einem lebenslangen Berufsverbot belegt. Danach sahen sich viele Hebammen quasi mit einem Bein im Gefängnis. Mir ging es auch so.

All das zeigt, dass auch dieser Beruf eingezwängt ist in Vorgaben der Politik und der Wirtschaftlichkeit, dass der Druck wächst, dass es auch hier darum geht, wer das Sagen hat und um ideologische Grabenkämpfe. All das hat wenig zu tun mit dem, wie ich arbeiten möchte. Manchmal habe ich die Traumvorstellung, dass wir das alles beiseite lassen, die Kämpfe untereinander, dass wir uns alle als Begleitende verstehen, Ärzte und Hebammen, und nicht als Entscheider. Jede Frau ist die Fachfrau für ihre Geburt. Wäre sie ganz allein auf einer einsamen Insel, könnte sie ihr Kind auch dort bekommen. Klar gäbe es ein Infektionsrisiko, Hygiene und moderne Medizin sind ein Riesenfortschritt. Mir geht es nur darum, dass wir uns klar machen: Wir sind dazu da, die Frau zu unterstützen und sie daran zu erinnern, dass sie das alles kann und schafft. Wir sind nicht dazu da, sie zu bevormunden oder zu ängstigen.

Ich schiebe die Zwänge soweit weg wie möglich. Natürlich muss auch ich von meinem Beruf leben. Aber ich lebe auch von dieser ungeheuren positiven Energie, wenn ein neues Leben beginnt. Von dem schönen Gefühl, mitgeholfen zu haben bei einem guten Start mit möglichst wenig Stress und Angst und ohne unnötige Eingriffe. Und klar, ich lebe auch von der überwältigenden Dankbarkeit der Frauen, die sich in dieser Ausnahmesituation unterstützt und getragen fühlen. Mut und Zuversicht zu spenden, das Zutrauen in die eigenen Kräfte zu stärken, das trägt mich auch selbst.

Dafür sind viele Hebammen 24 Stunden am Tag bereit, sieben Tage die Woche, 365 Tage im Jahr. Nicht jeden Tag kommt ein Kind, es gibt Pausen und Urlaub, mitunter verteilen sich die Geburten perfekt. Manchmal allerdings vertue ich mich auch und nehme zu viele Paare an oder der Zufall spielt mit, dass die Babys alle auf einmal kommen, wie an jenem Tag mit den drei Hausgeburten von Caroline, Dörte und Silke. Manchmal muss ich improvisieren. Und immer wieder werde ich daran erinnert, dass Schwangerschaft keine Krankheit ist, Geburt keine Operation, dass Ängste überwindbar sind, dass die Natur einen Plan bietet für alle, die sich darauf einlassen.

* * *

Als mich Luise anruft, höre ich sie schon japsen.

»Wie weit bist du?«, frage ich. Sie sagt: »Ja, drückt schon ordentlich.« Genau so hört sich das für mich am Telefon auch an. Luise hat Presswehen. Ich sage ihr, dass ich gleich da bin, aber leider kann ich nicht fliegen, zwanzig Minuten wird es wohl dauern. Könnte knapp werden. Sie reicht das Telefon weiter an ihren Mann. Ich sage Gregor, am besten soll Luise jetzt in die Hocke gehen. Falls das Kind schon geboren wird, dann nicht zu weit vom Boden entfernt.

»Nimm dir ein Handtuch, und wenn das Baby kommt, fängst du es auf, in Ordnung?«

»Ist das Köpfchen schon zu sehen?«, frage ich.

»Ja, es ist zu sehen.«

»Na siehste, geht doch voran, das macht ihr prima.«

Ich rede und rede beim Autofahren, in einem beruhigenden Singsang. Dabei klopft mir das Herz bis zum Hals, bong, bong, bong. Hoffentlich geht alles glatt, hoffentlich kommt nicht gleich die Plazenta nach, hoffentlich… Aber nach außen behalte ich meinen entspannten Ton.

»Und jetzt? Wie schaut es aus?«

Gregor berichtet, dass er das Köpfchen sieht. Im selben Moment höre ich es auch am Telefon: Die Fruchtblase platzt, da ist ein Schwall Wasser.

»Was jetzt?«, fragt er mich.

»Nichts«, sage ich. »Das Kind macht das jetzt ganz allein. Gleich kommt die Schulter. Ist sie schon da?«

»Ja, schon da.«

»Dann nimmst du jetzt das Handtuch, und dein Kind wird dir in deinen Arm hinein geboren«, sage ich.

Insgeheim habe ich Sorge, dass ihm das Baby wegglitschen könnte. Aber unnötig. Alle drei Beteiligten machen das wunderbar.

»So«, sage ich, »jetzt wickelst du das Baby ins Handtuch und legst es deiner Frau auf den Bauch. Das ist schon alles. Und dann bin ich ja auch gleich da.«

3. Manchmal braucht es viele Wunder

Die Geburt ist also ein Wunder. Für mich heißt das: etwas Großes, etwas Unvorstellbares, etwas, das geschieht, auch wenn man als Beteiligte die Größe nicht ganz erfasst, vor allem nicht mit dem Kopf. Es ist ein von der Natur vorgegebenes Programm, in das du dich am besten fügst, auf das du dich am besten einlässt, auf das du am besten vertraust und auf dich selbst. Loslassen ist das beste Rezept, denn da läuft etwas jenseits der eigenen Kontrolle. Das alles bedeutet aber nicht, dass es immer glatt geht. Manchmal braucht es viele Wunder.

Die kleine Elisa

Es ist wieder Mai, wieder so eine Woche. Wieder habe ich zu viele Geburten auf einmal angenommen. Das passiert mir immer mal.

Da ruft jemand an und sagt:

»Du, ich bin wieder schwanger, begleitest du mich wieder?«

Ich sage zu, mache mir eine Notiz, aber ich lege es erstmal gedanklich ab, bis die Frau sich später in der Schwangerschaft wieder meldet. Inzwischen kommt vielleicht noch eine andere Frau dazu, dann kommt ein Baby zu früh und eines zu spät, und schon habe ich mehr, als ich schaffen kann. So ist es auch diesmal. Am Ende werden es fünf Geburten in sieben Tagen. Eine von ihnen ist Elisa.

Zwei lange Geburten habe ich da schon hinter mir. Zuletzt hat am frühen Mittwochmorgen Judith ihr Baby im Pius-Krankenhaus in Oldenburg bekommen, ich bin ihre Beleghebamme. Alles ist gut gegangen, aber die letzten Stunden haben viel Kraft gekostet. Ich fühle mich erschöpft, müde, angeschlagen, ein bisschen erkältet. In dem Moment ruft Sonja an, die Mutter von Elisa: Wehen, es geht los. Eigentlich möchte Sonja ihr Kind in meinem Geburtshaus bekommen. Aber ich bitte sie, zu mir ins Pius zu kommen. Mein Gefühl sagt mir, dass das die bessere Wahl ist. Ich bin nicht ganz fit. Im Krankenhaus habe ich wenn nötig die Unterstützung einer Kollegin und der Ärztinnen und Ärzte. Es ist mir einfach lieber. Vielleicht kann ich so zwischendurch ein, zwei Stunden ausruhen.

Sonja und ihr Mann Peter sind Tierärzte, also medizinisch ausgebildet. Bei Geburten hilft das nicht immer, manchmal steht das Wissen im Weg. Bei Sonja jedenfalls entwickelt sich alles extrem langwierig. Sie hat starke Wehen, aber der Muttermund öffnet sich kaum. Sie arbeitet hart, ihr Mann hilft, aber es geht kaum voran. Auch das ist »normal«, manchmal zieht es sich eben. Mir gibt das die Chance, mich zwischendurch im Ruheraum hinzulegen. Danach fühle ich mich etwas weniger aufgerieben. Aber klar ist: Alle arbeiten hier am Limit, Mutter und Kind, Vater und Hebamme.

Gegen 22.00 Uhr, nach 17 Stunden, ist endlich der Muttermund ganz geöffnet, und das Kind soll kommen. Aber auch die Pressphase dauert ungewöhnlich lang. Sonja wechselt vom Bett auf den Hocker, vom Hocker auf die Knie, dann wieder auf den Rücken. Peter hält ihr die Hand, ich spreche ihr Mut zu: Du schaffst das. Ich drücke auf den Bauch, massiere das Kreuzbein. Sonja sucht sich eine neue Position, wieder eine andere, noch eine. Sie schreit, sie kämpft, verzweifelt fast, zehrt die letzten Kräfte. Und dann, endlich, endlich ist Elisa da. Sonja und Peter sind überwältigt – sie überwältigt vor Glück und Erleichterung und Erschöpfung, er vom Drama dieser Geburt. Später wird er sagen, das sei das Schlimmste gewesen, was er je erlebt habe, diese Hilflosigkeit gegenüber dem Leiden seiner Frau.

Aber nun ist Elisa da, die kleine Maus. Sie ist sehr ruhig, schreit kaum, aber das ist nicht ungewöhnlich nach einer so anstrengenden Geburt. Auch Babys erreichen dann abgekämpft diese Welt. Ich mache die Erstuntersuchung, die U-1. Hautfarbe, Herztöne, Durchblutung, Atmung, Reflexe, alles normal, alles unauffällig. Nur, ich bin inzwischen so ausgelaugt, dass ich mir selbst nicht ganz traue. Sind meine Ohren nicht belegt wegen der Erkältung? Kann ich die Herztöne wirklich einwandfrei hören? Ich bitte die diensthabende Ärztin, die U-1 zu wiederholen, nur so, zur Sicherheit. Da plagt mich nicht die geringste Eitelkeit. Wenn ich weiß, ich komme an meine Grenzen, kann ich sehr gut um eine zweite Meinung bitten, überhaupt kein Problem. Die Ärztin wiederholt die U-1 und bestätigt: Alles in Ordnung, alles normal.

Auch dieser unendlich lange Arbeitstag, der eigentlich drei Arbeitstage am Stück war, geht also langsam zu Ende. Es ist 02.00 Uhr nachts. Eigentlich war vereinbart, dass Sonja und Peter nach der Geburt nach Hause fahren, Elisa sollte ja im Geburtshaus auf die Welt kommen. Aber jetzt ist Sonja sofort einverstanden, den Rest der Nacht im Krankenhaus auszuruhen. Ich wasche und wickle die Kleine, ziehe sie an, lege sie zu Sonja ins Bett und rolle die beiden durch die verlassenen Klinikgänge auf die Station. Sonja dämmert nun schon fast weg, ihre Tochter im Arm. Alles ist gut.

»Bis morgen dann«, sage ich den beiden in ihrem halbdunklen Zimmer.

Ich nehme Sonja kurz zum Abschied in den Arm. Und dann tue ich etwas, was noch nie vorgekommen ist, das ist einfach nicht in meinem Repertoire, das ist eine Grenze der Zutraulichkeit, die ich sonst nicht überschreite: Ich gebe Elisa zum Abschied einen Kuss auf die Stirn. Warum diesmal? Vielleicht ist es die gemeinsame Grenzerfahrung oder die Erschöpfung oder die Erleichterung, nun endlich schlafen gehen zu dürfen. Ich weiß es nicht. Aber es ist wohl dieser Kuss, der über Leben und Tod entscheidet.

Denn mir ist sofort klar, dass hier etwas schief läuft. Elisas Haut ist kühl und feucht, das ist nicht die warme und trockene Babyhaut von Neugeborenen.

»Du, ich nehme die kleine Maus nochmal kurz mit, ich würde gerne noch etwas nachschauen«, sage ich vorsichtig zu Sonja.

Sie findet das nicht weiter Besorgnis erregend, sie ist selbst schon kurz vor dem Einschlafen. Mit Elisa gehe ich ins Schwesternzimmer. Zum Glück ist Anne im Dienst, eine unglaublich liebe und kompetente Kinderkrankenschwester. Gemeinsam schauen wir uns Elisa noch einmal an. Zu sehen ist immer noch nichts Auffälliges, aber eines ist alarmierend: Als wir mit einem Sensor den Sauerstoffgehalt im Blut messen, ist der Wert erschreckend niedrig. 98 Prozent Sättigung wären normal. Bei Elisa zeigt das Gerät 40 Prozent.

»Das kann gar nicht sein«, sagt Anne. »Der Sensor spinnt mal wieder.«

Ich weiß nichts über die möglichen Macken des Geräts, aber ich weiß, dass bei Elisa irgendwas nicht stimmt. Wir geben dem Baby Sauerstoff. Damit steigt die Sättigung zumindest auf 70 Prozent. Das ist für mich die Bestätigung, dass bei der Atmung etwas nicht passt. Jetzt eilt es. Ich wähle den Kliniknotruf, den internen Alarm. Zwei, drei Minuten später ist das Intensivteam da. Sie messen mit einem anderen Gerät. Wieder der viel zu niedrige Wert. Von da an läuft die medizinische Maschinerie.

Elisa wird mit dem Rettungswagen in die Kinderklinik in Oldenburg gefahren, ihr Vater begleitet sie, Sonja bleibt zurück in der Geburtsklinik. Die nächsten Tage erlebt die Mutter wie in Trance, völlig überrollt von den Ereignissen. Zu wenig Sauerstoff für das Baby, das bedeutet mögliche Schäden des Gehirns. Zum Glück gelingt es, den Gehalt mit der Gabe von reinem Sauerstoff zu stabilisieren. Aber das geht nicht auf Dauer, auch das kann schädigen. In der Kinderklinik rollt noch in der Nacht die Diagnostik an. Was steckt hinter diesem gefährlichen Problem? Ein MRT gibt schließlich die Antwort. Elisas linker Lungenflügel arbeitet nicht, er ist eingequetscht durch eine »Raumforderung« am Herzen. Das ist Medizinerjargon für eine Geschwulst, ein Geschwür, einen Tumor, gut- oder bösartig, das weiß in diesem Moment niemand. Klar ist nur, dass es Elisa die Luft abdrückt.

Dieses Kind, das sich gerade erst mühsam auf die Welt geschuftet hat, das an seinem ersten Tag eigentlich wohlig-warm auf dem Bauch seiner Mutter, auf dem Arm seines Vaters liegen sollte, mit Zeit zum Ankommen, beschäftigt im Idealfall mit schlafen, schreien, trinken – dieses Kind wird nun mit seinem Wärmebettchen und dem Vater verfrachtet in einen Hubschrauber zur Kinderherzchirurgie in Hannover. Dort beugt sich ein Team von Onkologen und Chirurgen über die Bilder und Befunde. Ein winziger Mensch mit einem erwachsenenfaustgroßen Brocken unterm Herzbeutel, zu erreichen nur mit einer Operation am offenen Herzen. »Das Risiko ist viel zu groß«, sagen die Ärzte. »Das wird sie nicht überleben.« Es bleibt nur die »palliative Option«: das Warten auf den Tod.

Es ist die Onkologin, die dagegen argumentiert. Wenn Elisa sowieso keine Chance hat, warum dann nicht doch operieren? Was hätte sie zu verlieren? Für die Klinik ist das ein finanzielles Risiko, für die Ärzte wäre es eine Niederlage, wenn das Kind unter ihren Händen stirbt. Aber am Ende sind sich dann doch alle einig. Man will es probieren. Der Herzchirurg des Klinikums weiß, dass ein auf Säuglinge spezialisierter Kollege zu einem Kongress in Deutschland ist. Das Team spürt ihn auf und holt ihn in den Operationssaal. Gemeinsam gelingt den Ärztinnen und Ärzten das Unmögliche. Elisa überlebt.

Die Ärzte befreien sie von einem riesigen sogenannten Teratom. Tera kommt aus dem Griechischen und heißt so viel wie »Schreckbild« oder »Monster«, und tatsächlich sind das Dinger wie aus dem Horrorkabinett. Es sind Zellhaufen, aus denen Haare oder Zähne wuchern, nur eben an einem falschen Ort im Körper. Bleiben bei einer Operation ein paar Zellen übrig, wachsen neue Geschwulste. Bei Elisa schaffen es die Ärzte jedoch, alles zu entfernen. Sie kann atmen. Sie erholt sich. Sie wird ein ganz normales Leben führen.

Das alles erzählt mir später Peter, Elisas Vater. Denn in dem Moment, als Elisa in jener Nacht in die Kinderklinik gefahren wird, bin ich raus. Ich bin keine Angehörige, ich habe da keine Rolle. Und ich fühle mich am Ende meiner Kräfte, jenseits des Punkts, wo ich noch Beistand leisten kann. Ich fahre nach Hause. Und ich kann tatsächlich schlafen. Am nächsten Tag besuche ich Sonja, die wie zurückgelassen wirkt, entrückt, als ob alle ihre Systeme sich notabgeschaltet hätten. Sie verlässt das Krankenhaus, wir machen zusammen die Geburtsnachsorge, aber sie schafft es erstmal nicht, zu Elisa ins Krankenhaus zu gehen. Da ist ein Trauma, das noch lange nachwirkt. Die schwere Geburt, das Drama um die Notoperation – mit einem Schlag ist Sonja klargeworden, was es heißt, ein Kind zu bekommen und zu haben, mit der Verantwortung, die nie mehr endet. Für Sonja ist das alles zu viel. Sie fremdelt mit Elisa, hat Schwierigkeiten mit dem Stillen. Mit Peter einigt sie sich später darauf, dass er mit dem Kind zuhause bleibt und sie zurück in den Beruf als Tierärztin geht.

Es ist die dramatischste Geschichte, die ich bei einer Geburt erlebt habe. Dass ich die Eingebung mit dem Kuss hatte, war ein Wunder, dass die richtigen Leute zur richtigen Zeit zur Stelle waren, dass sich die Ärzte wider alle Vernunft für die Operation entschieden haben, dass Elisa überlebt hat, dass nichts zurückgeblieben ist. Peter ruft mich von Zeit zu Zeit an, um mir zu erzählen, wie gut sich das Mädchen entwickelt. »Wenn du nicht gewesen wärst, wäre sie nicht«, sagt er.

Es gibt keine Garantien

Guter Hoffnung sein, das klingt schön altmodisch. Aber ohne gute Hoffnung geht es beim Kinderkriegen wohl nicht. Anders gesagt: Wer sich alle Risiken und Möglichkeiten bewusst macht, fängt vielleicht nie damit an. Eltern wissen, wie viel glückliche Zufälle es braucht, um ein Kind gesund zu bekommen und groß zu ziehen. Der Gedanke an Krankheiten, Unfälle, Gewalt kann uns verrückt machen. Meine Botschaft hier ist nicht: Habt Angst. Meine Botschaft ist: Es ist ein natürlicher Ablauf, vertraut auf euch, spürt euch, seid positiv, freut euch. Aber das Leben ist nicht ohne Wechselfälle. Es gibt keinen Weg, sie alle auszuschließen. Trotz der fortgeschrittenen Medizin gibt es keine Garantie auf ein gesundes Kind. So schwierig das ist, wir müssen akzeptieren, dass Leben und Tod manchmal nur um Haaresbreite auseinander liegen. Das gilt vielleicht das ganze Leben lang, vor allem aber bei Schwangerschaft und Geburt.

Wenn ich mit Frauen Hausgeburten oder Geburten im Geburtshaus plane, vereinbaren wir immer klare Ansagen. Wenn eine Frau das Gefühl hat, sie möchte aus welchen Gründen auch immer ins Krankenhaus, ist das gesetzt. Vielleicht hat sie ein ungutes Gefühl, vielleicht sind die Schmerzen anders als erwartet, vielleicht geht die Kraft aus. Dann verlegen wir in die Klinik. Genauso ist es, wenn ich diese Entscheidung treffe, dann ist abgemacht, dass sich alle daran halten. Meist bin ich ja leise und zurückhaltend, abwägend und für alles offen. Aber es gibt Situationen, da weiß ich, es brennt. Dann klinge ich wie ein Feldwebel und gebe Anweisungen. Dann widerspricht mir auch niemand, sondern alle machen mit.

Nach medizinischer Definition gibt es in fast vier von zehn Fällen bei Schwangerschaft oder Geburt Komplikationen, so schrieb es das »Deutsche Ärzteblatt« 2019 auf Grundlage einer Metaanalyse mehrerer Studien. Die Reihe definierter Risikofaktoren für Schwangere ist ellenlang. Ein Alter unter 18 Jahren oder über 35, vier oder mehr vorangegangene Geburten, die vorherige Geburt eines totgeborenen oder geschädigten Kindes, die vorherige Geburt von Babys mit mehr als 4000 Gramm Geburtsgewicht – jeder Punkt gilt für sich als grundsätzliches Risiko. Dazu kommen tatsächliche Befunde, zum Beispiel Bluthochdruck, Blutarmut, Diabetes, Blutungen, vor der Geburt festgestellte Entwicklungsverzögerungen des Babys, Blutgruppenunverträglichkeiten von Mutter und Kind, »pathologische Kindslagen«, wenn das Baby im Mutterleib quer oder sonst irgendwie nicht nach Norm liegt, oder die Überschreitung des errechneten Geburtstermins. Der ganze Katalog ist nachzulesen im »Geburtenreport« der Techniker Krankenkasse. Die Liste wurde über die Zeit so lang, dass 2008 schon 71,6 Prozent aller Schwangeren als »Schwangere mit Risiken« eingestuft wurden. Dann änderte man laut TK-Report die Definition so, dass nicht mehr jeder Punkt gleich eine Risikoschwangerschaft bedeutet. So sank die Quote von Risikoschwangeren auf 35 Prozent.

Letzteres zeigt, dass diese Bewertung mit Vorsicht zu betrachten ist. Anlass für den TK-Report war die Frage, warum rund ein Drittel der Geburten in Deutschland Kaiserschnitte sind. Die allumfassende Definition und Erfassung von Risiken dient in der Schulmedizin eben auch dazu, diese hohe Quote zu begründen. Dafür, dass sie immer noch steigt, wird zum Beispiel das zunehmende Durchschnittsalter von Schwangeren angeführt – es lag 2021 beim ersten Kind bei 30,5 Jahren. Auch andere Gründe werden genannt, zum Beispiel die immer häufigere Diskrepanz zwischen der Größe des Kindes und dem Becken der Schwangeren. Grob gesagt: Immer dickere Babys passen immer seltener durch. Das Risiko von Komplikationen nimmt nach Einschätzung von Ärzten insgesamt zu.

Diese medizinische Sicht teile ich nicht. Der Blickwinkel, Schwangerschaft ist gleich Problem ist gleich Anlass zur Überwachung und Behandlung, ist nicht meiner. Jede Frau ist auch Expertin für ihre eigene Gesundheit. Dieses Grundvertrauen sollten Schwangere sich nicht nehmen lassen. Aber es können von Anfang an Dinge schief gehen, das ist leider so. Die tatsächlichen Komplikationen sind – trotz der heute viel dichteren medizinischen Überwachung – meist immer noch solche, die wohl auch unseren Urgroßmüttern hätten passieren können. Während der Schwangerschaft sind das für die Frau zum Beispiel Bluthochdruck, Schwangerschaftsdiabetes, Thrombosen oder Infektionen. Beim Baby sind es unter anderem Fehlbildungen, Genschädigungen oder Erkrankungen im Mutterleib. Bei der Geburt kann sich die Nabelschnur verknoten, das Baby kann quer liegen, die Wehen können plötzlich wegbleiben, die Plazenta kann sich zu früh oder zu spät lösen, die Herztöne können aussetzen und so weiter und so fort.

Deshalb ist dies auch bei gesunden Frauen die Zeit im Leben, die am häufigsten mit Arztbesuchen verbunden ist. Schwangere sollen alle vier Wochen in die Praxis, ab der 30. Schwangerschaftswoche alle zwei Wochen, in der letzten Phase dann jeden zweiten Tag oder sogar jeden Tag. Das wiederum unterscheidet sich selbst von der Erfahrung in der Generation meiner Mutter in den 1960er-Jahren. Da wurde zu Beginn die Schwangerschaft festgestellt und ein grobes Datum für die Geburt geschätzt. Und wenn es so weit war, ging die Frau in die Klinik und bekam ihr Kind. Jetzt scheinen die Möglichkeiten – und die Vorgaben – fast unendlich.

Dazu gehört die immer genauere pränatale Diagnostik, so etwa die planmäßigen umfassenden Ultraschalluntersuchungen um die 12. und die 20. Schwangerschaftswoche. Das Babygucken in spezialisierten Sonografiepraxen ist für werdende Eltern meist ein berührender Moment. Das Kind taucht plötzlich in 3D auf dem Bildschirm auf, das Herzchen pocht, ein winziges und doch perfektes menschliches Wesen. Die Ärzte setzen derweil elektronische Kreuzchen auf der Mattscheibe und vermessen das Menschlein. Kopf, Arme, Beine, Wirbelsäule, Herz – alles in der Norm? Und dann noch der viel beachtete Blick auf die Nackendicke. Statistisch gesehen ist bei Babys mit Trisomie 21 – also mit dem Downsyndrom – der Nacken schon in der 13. Schwangerschaftswoche etwas dicker ausgebildet als bei Kindern ohne diese Genkrankheit. Geübte Diagnostiker mit hochauflösenden Ultraschallgeräten können das sehen. Auffälligkeiten bei der Nackendicke gelten als ein mögliches Symptom für die Krankheit. Runzelt der Arzt bei den Messwerten die Stirn, ist es auch für die Eltern sehr plötzlich vorbei mit dem unbeschwerten Glücksmoment bei der Vorsorge. Und dann? Was macht man mit einem solchen Ergebnis?

Eltern werden darauf oft nicht vorbereitet. Klar nehmen sie vor der Untersuchung an, dass bei ihrem Kind alles in Ordnung ist. Meist erhoffen sie sich einfach die Bestätigung dafür. Aber die Ärzte wären in der Pflicht. Wenn es ein negatives Ergebnis gibt, wie gehen wir damit um? Diese Frage wird zu selten vorher gestellt. Nach dem Fahrplan der Schulmedizin folgt aus einem Hinweis oder Befund weitere Diagnostik. Würde man nichts unternehmen, warum sollte man überhaupt die erste Untersuchung machen? Also geht es in die nächste Runde.

Bei einer auffälligen Nackendicke etwa ist der nächste Schritt eine Fruchtwasseruntersuchung oder eine sogenannte Chorionzottenbiopsie. Bei beiden Methoden wird Genmaterial des Babys aus dem Mutterleib entnommen, um mögliche Erkrankungen des Ungeborenen nachzuweisen. Die Diagnose ist dann sehr genau, anders als bei der Nackendickenmessung. Im schlimmsten Fall sind Eltern danach sicher, dass ihr Kind krank ist. Und dann? Auch da sollte man sich vorher Gedanken machen und aufgeklärt werden, was man mit diesem Wissen anfängt. Bei gravierenden Gendefekten geht die Empfehlung sehr schnell zum Abbruch. Aber was wollen die Eltern wirklich? Lässt man ihnen in der Extremsituation genug Zeit, selbst zu entscheiden? Oder werden sie überrollt?

Natürlich ist Früherkennung sinnvoll, aber sie ist nur ein Angebot. Jede Mutter und jeder Vater steht letztlich selbst in der Verantwortung. Dabei dürfen sie auch ihrem eigenen Gefühl und Instinkt Raum geben. Wenn sich alles gut anfühlt und keine familiären Risiken bekannt sind, muss man dann wirklich alle ärztlichen Vorgaben und Ansagen erfüllen? Die Frage darf man sich zumindest stellen, ohne gleich für verrückt oder verantwortungslos erklärt zu werden. Mit allen Konsequenzen ihrer Entscheidungen müssen die Eltern leben, nicht die Ärzte.

Nicht alles ist Norm

Ich denke an zwei Frauen, die ich begleitet habe, Gabriele und Bettina. Die Geschichte ist ohnehin ungewöhnlich. Die beiden waren befreundet und wurden im Abstand von nur wenigen Wochen schwanger. Deshalb hatten sie ihre Vorsorgeuntersuchungen auch kurz hintereinander, und zwar bei derselben Frauenärztin. Beide hatten einen ganz ähnlichen Befund: Kind zu klein. Wachstumsretardiert ist der Fachbegriff. Beide Babys hinkten der offiziellen Wachstumskurve um etwa eine Woche hinterher. Das klingt einerseits viel bei einem Fötus, der erst wenige Wochen alt ist. Andererseits: Wer entspricht schon immer der Norm?

Mit dem Befund gingen beide unterschiedlich um. Gabriele folgte dem Rat der Ärztin und ließ ihre Schwangerschaft zur Sicherheit engmaschig überwachen. Zeitweise war das Baby laut Messung sogar zwei Wochen hinter dem Plan. Eine Geburt im Geburtshaus schien zu riskant. Bettina hingegen bat mich um Rat. Wir führten ein langes Gespräch, ich tastete ihren Bauch ab, fragte, wie sie sich fühle. Letztlich relativierte ich das Ultraschallergebnis. Eine Woche? Da schienen mir sehr viele Unwägbarkeiten. Das Wachstum verläuft ja in Schüben und möglicherweise war die Messung kurz vor der nächsten Etappe. Bei so kleinen Babys kann auch die Messungenauigkeit Abweichungen erklären. Außerdem gibt es eine Bandbreite auch bei reif geborenen Babys. Manche haben ein Geburtsgewicht von 2000 Gramm und sind topfit, manche wiegen doppelt so viel. Wie sollen sie im Mutterleib zu jedem beliebigen Zeitpunkt dem Durchschnitt entsprechen?

Nach unserem Gespräch war Bettina einigermaßen beruhigt. Sie ließ jedenfalls nichts Besonderes unternehmen und traute sich auch die Geburt im Geburtshaus zu. Bei Gabriele wurde es am Ende ein Kaiserschnitt. Im Ergebnis hatten beide völlig normal entwickelte, gesunde Babys, nur hatte eine von beiden viel mehr Sorge und Stress.

Hätte auch etwas Ernstes dahinter stecken können? Ja sicher. Und nochmal: Vorsorge ist sinnvoll, vor allem, wenn eine Frau echte Risikofaktoren hat wie familiäre Vorbelastungen oder eine Vorgeschichte mit Früh- oder Totgeburten. Ich habe auch Frauen begleitet, bei denen mehr Ultraschallvorsorge besser gewesen wäre. Corinna zum Beispiel brachte ihr Kind zuhause auf die Welt und erst danach fiel auf, dass das kleine Mädchen einen »offenen Rücken« hatte, genannt Spina bifida. Einfach gesagt ist dabei wegen einer Entwicklungsstörung in den ersten Tagen der Schwangerschaft das Neuralrohr nicht vollständig geschlossen. Deshalb kann sich das Rückenmark wie eine Blase nach außen wölben. Bei manchen Babys ist die Wulst so groß wie ein Tennisball. Laut Statistik kommt das in Mitteleuropa bei einem von 1000 Neugeborenen vor. Es ist damit die häufigste Ursache angeborener körperlicher Beeinträchtigungen. Folge ist oft, dass die Kinder nur mit viel Therapie oder gar nicht gehen lernen. Es kann Lähmungen geben, manchmal funktionieren Darm oder Blase nicht richtig.

Der »offene Rücken« ist auf dem Ultraschall in aller Regel erkennbar. Und nicht nur das. Er kann inzwischen im Mutterleib operiert werden. Möglich ist das mit einer regulären Operation, das heißt einem größeren Schnitt in den Bauch der Schwangeren bis in die Fruchtblase, die dafür entleert und später wieder aufgefüllt und verschlossen wird. Seit einigen Jahren wird auch minimalinvasiv operiert, das heißt durch sehr kleine Öffnungen im Bauch der Schwangeren. Dabei wird die offene Stelle im Rückenmark beim Baby verschlossen, um Infektionen und mechanische Schäden abzuwenden. Mediziner melden, dass sich so Folgen abmildern lassen und zum Beispiel die Gefahr sinkt, dass die Bewegungsfähigkeit leidet.

Bei Corinna war all das nicht erkannt oder behandelt worden. Die vaginale Geburt war in ihrem Fall ein hohes Risiko, weil bei der Arbeit durch den Geburtskanal das offen liegende Rückenmark gequetscht werden kann. Hätten wir Bescheid gewusst, wäre eine Hausgeburt nicht in Frage gekommen. Bei Kindern mit Spina bifida ist ein Kaiserschnitt zwingend. Bei Corinnas Tochter war die offene Stelle sehr klein und noch mit Haut bedeckt, sie sah aus wie eine Wasserblase am unteren Rücken. Das Kind wurde sofort nach der Geburt im Rettungswagen in die Klinik gebracht.

Ultraschall kann also ein Segen sein. Manche Frauen fühlen sich einfach besser, wenn sie immer wieder Rückmeldung bekommen. Manchen fällt es so auch leichter, mit der Vorstellung klarzukommen, dass da im Bauch ein kleiner, unbekannter Mitbewohner wächst. Sie werden neugierig, die Vorfreude steigt – wenn alles in Ordnung ist. Wenn Frauen sehr ängstlich sind, hilft auch Vorsorge ohne Bild. Ich biete ihnen an, bei Bedarf vorbei zu kommen, meinetwegen auch jeden Tag. Dann hören wir gemeinsam die Herztöne des Babys, das beruhigt und schafft ein gutes Gefühl.

Trotzdem sehe ich die Untersuchungsmaschinerie zwiespältig. Es gilt auch hier die Regel: Wer viel sucht, findet viel. Manches ist nicht relevant, so wie bei Gabriele und Bettina. Wenn ein Baby nur ein klein wenig vom Standard abweicht, führen Untersuchungen zu weiteren Untersuchungen. Und wenn ich in der Spirale drin bin, dann ist es nur ein kleiner Schritt bis zur Klinik oder zur Einleitung der Geburt mit all dem Drama. Manche Frauen fühlen sich traumatisiert nach einer solchen Erfahrung. Und dann sind da eben die Untersuchungsergebnisse, die Eltern unter unerwarteten Handlungsdruck setzen, wie etwa eine Diagnose von Trisomie 21. Das Ziel der Vorsorge ist auch, da sollte man sich nichts vormachen, dass möglichst wenige kranke Kinder zur Welt kommen. Wenn Eltern sich dessen bewusst sind und sich dazu entscheiden, weil sie den Eindruck haben, sie können nicht mit einem behinderten Kind leben, dann ist das eine Sache. Aber manchmal erzwingen Diagnosen Entscheidungen, die Menschen überfordern. Will man das als Eltern, als Gesellschaft?

Vor allem suggeriert die Pränataldiagnostik eine Sicherheit, die es nicht gibt. Die Untersuchungen zeigen viel, aber bei weitem nicht jede Chromosomenanomalie oder Krankheit ist erkennbar. Bei Elisa etwa war die Schwangerschaft unauffällig, sonst wäre auch für sie keine Geburtshausgeburt in Frage gekommen. Das Teratom am Herzen war einfach etwas extrem Seltenes, Abwegiges, jenseits des Vorsorgekatalogs. Wollte man solche abseitigen Risiken auch noch während der Schwangerschaft besprechen und diagnostisch abklären, würden die Frauen wohl wirklich verrückt vor Sorge. Andererseits: Wenn man nur einen kleinen Teil der Möglichkeiten in den Blick nimmt, wie hilfreich ist dann diese scheinbare Sicherheit?

Die Kehrseite der Diagnostik ist, dass sie das eigene Bauchgefühl überlagert. Manchmal frage ich eine Schwangere: Wie fühlst du dich? Und sie antwortet: »Der Arzt sagt, es ist alles in Ordnung.«

Das war aber nicht die Frage. Wir lernen, die Verantwortung abzugeben, unserem eigenen Instinkt zu misstrauen. Dabei habe ich oft erlebt, dass Schwangere erspüren, wenn wirklich etwas nicht in Ordnung ist. Es kann auch beruhigen, in sich hinein zu hören. Bewegt sich das Kind? Ist alles so wie immer? Oder hat sich gerade etwas verändert? So oder so lässt sich das Leben nicht hundertprozentig kontrollieren.

Der erste Atemzug

Selbst wenn ein Baby im Mutterleib völlig gesund ist, kann während der Geburt noch viel passieren. Die kleine Hannah zum Beispiel wurde mit einer völlig verdrehten Hüfte geboren und brauchte später Operationen und intensive Therapie, um Laufen zu lernen. Kurz nach Elisas Geburt habe ich binnen weniger Wochen zwei Babys begleitet, die nicht selbstständig anfingen zu atmen, Lasse und Antonia. Beide musste ich reanimieren, wobei das nicht ganz exakt beschrieben ist: Sie hatten ja keinen Herzstillstand, sondern sie fanden außerhalb des Mutterleibs einfach nicht allein ins Leben. In Komödien der 1950er-Jahre hält die Hebamme das Baby in diesem Fall an den Beinen kopfüber und gibt ihm einen Klaps auf den Po, bis es schreit. Tatsächlich war das in deutschen Kreißsälen über lange Zeit üblich. Während meiner Ausbildung 1993 gab es am Klinikum Wilhelmshaven einen Arzt, der nach Kaiserschnitten das Baby an den Beinen haltend der Hebamme in den Arm schmiss. Wenn ich mit ihm im OP war, war ich immer voller Sorge, ob ich richtig fange.

Das klingt spielerisch und harmlos, doch ist es eine bedrohliche Situation, wenn das Baby nicht anfängt zu atmen. Bei Lasse zum Beispiel lief zwar die Geburt im Geburtshaus ganz wunderbar. Seine Mutter Theresa war motiviert und sehr bei sich, sie hatte schöne Wehen. Sie saß auf dem Geburtshocker und Lasse kam ganz leicht heraus. Doch während Theresa wieder zu Atem kam und sich nach und nach erholte, tat sich bei Lasse nichts.

Jedes Kind braucht einen Moment, um sich von der Plazentaversorgung auf Atmung umzustellen. Vereinfacht gesagt wird die Lunge im Kreislauf des Babys während der Schwangerschaft umgangen, weil das Kind über die Nabelschnur mit Sauerstoff versorgt und die Lunge nicht gebraucht wird. Nach der Geburt gibt es im Kreislauf eine Schubumkehr, die Lunge wird durchblutet und voll entfaltet, und das Baby bekommt den Sauerstoff über die eigene Atmung. Das darf auch mal zwei oder drei Minuten dauern. Solange die Nabelschnur pulsiert, kann nichts passieren, das Kind wird auch nach der Geburt durch die Mutter versorgt. Am besten funktioniert das aus physikalischen Gründen, wenn das Baby unterhalb der Mutter liegt. Ein Geburtsschemel ist da ideal. Ich packe das Kind in ein warmes Tuch, lasse die Nabelschnur dran und warte ab. Es gibt Geburten, da pulsiert die Nabelschnur noch nach 20 Minuten, selbst wenn das Kind schon selbst atmet.

Manche Kinder sind nach der Geburt ganz ruhig, aber sie haben Körperspannung, die Faust ist geballt oder die Händchen bewegen sich, und sie fangen schließlich an zu atmen. Aber dann gibt es Neugeborene ohne diese Spannung. Es ist wieder so eine Situation, in der das Zeitgefühl weg ist, das Gefühl für die echte Zeit, wenn sich die Sekunden und Minuten endlos ziehen. Plötzlich weißt du, dieses Kind kommt nicht in Gang, es liegt völlig reglos da, wird nicht rosig und schreit auch nicht, hier musst du helfen. Es ist Stress pur. Du fängst an, die Finger sanft zu massieren, reibst den Körper, suchst Druckpunkte am Fuß. Schließlich hilft nur noch Beatmung. Dazu gibt es ein kleines Plastikgerät, den Ambu-Beutel, der genau so groß ist wie das Lungenvolumen des Babys. Das Neugeborene bekommt eine Maske übers Gesicht und du drückst die Luft aus dem Beutel in die Lunge des kleinen Kerlchens. Und hoffst, dass es selbst übernimmt.

Ich habe Fortbildungen zur Notfallversorgung gemacht. Und es hat zum Glück immer geklappt. Ich hatte in diesen Situationen daran auch nie einen Zweifel. Aber mit etwas Abstand betrachtet: Was, wenn es nicht funktioniert? Plötzlich hättest du als Hebamme ein totes Kind vor dir, verzweifelte Eltern. Niemand hat etwas falsch gemacht, und trotzdem ist der Ausgang katastrophal. Im Lauf der Jahre wurde mir das immer bewusster. Das Wissen, was alles schief gehen kann, fand ich mit der Zeit belastender. Andererseits hilft mir die jahrzehntelange Erfahrung.

Sophie zum Beispiel klagte während ihrer Schwangerschaft über andauernde Rückenschmerzen. Solche Beschwerden sind nicht ungewöhnlich, vor allem, wenn die Geburt näher rückt. Ungewöhnlich ist aber, wenn so gar nichts hilft und lindert. Ich schaute mir genau an, ob Sophies Becken vielleicht schief ist. Ich versuchte es mit Massagen, mit Akupunktur. Nach ein paar Tagen stand sie wieder bei mir.

»Das wird einfach nicht besser«, sagte sie.

Sophie war ein sportlicher Typ, das war für mich nicht stimmig. Mein Verdacht war eine Beckenvenenthrombose, also ein Blutgerinnsel in der Beckenvene.

Wie gesagt, Rückenbeschwerden kommen in der Schwangerschaft vor und eine solche Thrombose ist selten. Ich kam darauf, weil ich es bei einer anderen Frau schon einmal erlebt hatte. Ich kannte das aus der Ausbildung, und irgendwie fügten sich diese Schnipsel bei mir zum Bild. Aber ich wusste auch, wenn Sophie zum Arzt geht, werden die erstmal alle anderen, wahrscheinlicheren Möglichkeiten durchprüfen und wertvolle Zeit verlieren. Weil ich sie selbst in dem Fall nicht begleiten konnte, gab ich ihr genaue Instruktionen.

»Du gehst ins Krankenhaus und sagst: Meine Hebamme vermutet eine Beckenvenenthrombose. Die werden dir möglicherweise einen Vogel zeigen, aber ich möchte, dass du darauf bestehst, dass sofort ein Ultraschall gemacht wird und dass du vorher nicht gehst.«

Ich wusste, es kann sein, dass ich falsch liege. Dann sagen die in der Klinik, die bekloppte Hebamme, die hat doch eh keine Ahnung. Manche Ärzte dachten wohl sowieso, die Spinnerten aus dem Geburtshaus, die tanzen wie Rumpelstilzchen ums Feuer, legen sich Karten, laufen mit dem Pendel oder schmeißen okkulte Objekte durch die Gegend, um das Kind auf die Welt zu bringen. Aber mir war das völlig egal. Wenn da wirklich etwas ist und es löst sich ein Thrombus, dann sind Mutter und Kind tot. Das ist eine tickende Zeitbombe.

Tatsächlich lief es bei Sophie exakt so. Die Ärzte hatten Zweifel an der Geschichte, konnten die Frau aber auch nicht abweisen, denn sonst hätten sie das Risiko getragen. Mediziner haben oft Furcht vor falschen Diagnosen, aber ich habe damit überhaupt keine Last. Schaut nach, dafür gibt es doch die diagnostischen Möglichkeiten. Und wenn nichts ist, umso besser. Also gab es den Ultraschall. Und der zeigte tatsächlich einen langen, fast vollständigen Verschluss der Vene. Sophie bekam sofort den Gerinnungshemmer Heparin und Thrombosestrümpfe. Sie blieb bis zur Geburt im Krankenhaus, es wurde engmaschig kontrolliert, ob sich der Thrombus verkleinert. Ihr Kind bekam sie in der Klinik.

Mit der Zeit hat sich herumgesprochen, dass meine Einschätzungen verlässlich sind. Jedenfalls hat sich die Zusammenarbeit mit meinem Belegkrankenhaus wunderbar entwickelt. Anfangs gab es diese Distanz. Wenn ich sagte, ich komme jetzt mit einer Frau aus dem Geburtshaus und wir brauchen einen Kaiserschnitt, dann gab es Ärztinnen und Ärzte, die meinten: Wollen wir doch erstmal sehen. Was insofern ungünstig ist, als wichtige Zeit verloren geht. Das hat sich geändert. Wenn ich einen solchen Notruf absetze, dann ist der Operationssaal fertig und die Operateure stehen bereit. Es kann sofort losgehen. Für Frauen und Babys in Gefahr sind das wichtige Minuten.

Andrea hat es wohl das Leben gerettet, dass wirklich alle Rädchen absolut reibungslos ineinander griffen. Eigentlich hatte ich sie gar nicht zur Geburt annehmen wollen, weil sich bei mir im Terminkalender schon wieder alles ballte. Aber dann kamen zwei, drei Geburten schneller als erwartet und ich hatte doch Zeit, sie zu begleiten. Die Geburt selbst lief wunderbar, Andrea hat das toll gemacht und dem Kind ging es gut. Nur, wenige Minuten später sagte die Mutter, ihr Bauch drückt so. Noch fehlte die Plazenta.

»Komm, press noch einmal mit«, ermunterte ich Andrea.

Aber die Nachgeburt kam nicht. Stattdessen kam ein faustgroßer Blutkoagel, also ein Pfropfen geronnenen Bluts. Das bedeutete, dass sich die Plazenta nur teilweise gelöst hatte. Es bestand die Gefahr, dass Andrea verblutet.

Ich dachte: Oh, Scheiße.

Ich spritzte ihr ein Medikament, damit sich die Gebärmutter zusammenzieht und die Blutung weniger Fläche hat. Aber es blutete immer weiter. Mit der rechten Hand rieb ich Andreas Bauch, mit der Linken wählte ich den Notruf: Ich komme mit einer Blutung, unvollständige Plazentalösung, OP vorbereiten. Tatsächlich war alles fertig und die Oberärztin konnte sofort loslegen, als ich mit Andrea im Rettungswagen beim Krankenhaus vorfuhr. Mit einer Ausschabung gelang es, die Blutung zu stoppen und Andrea zu retten. Blutkonserven, künstliches Koma, das komplette Programm der Notfallmedizin. Ich war in dem Moment einfach unglaublich erleichtert und dankbar, dass es das gibt und dass alle wirklich in blindem Vertrauen optimal zusammengearbeitet hatten.

Nicht so Andrea. Als sie wieder ansprechbar war und ich sie besuchte, fragte sie mich vorwurfsvoll: »Wieso hat das alles so lange gedauert?« Lange? Ich hatte einen ganz anderen Eindruck, aber plötzlich kamen mir Zweifel. Ich rief den Kollegen auf der Rettungsleitstelle an, der den Notruf entgegengenommen hatte, und bat ihn, die Zeiten zu checken. Notruf um 19.07 Uhr. Acht Minuten später war der Rettungswagen beim Geburtshaus, sieben Minuten später mit der Patientin am Krankenhaus. Schneller geht es nicht. »Das war eine optimale Verlegung«, bestätigte der Kollege. Aber für Andrea zogen sich diese Minuten wie eine Ewigkeit. Das war zwischen uns auch nicht mehr zu klären. Sie war fest überzeugt, dass ich einen Fehler gemacht und sie unnötig in Gefahr gebracht hatte. Da nützte es auch nichts, dass genau diese möglichen, unvorhersehbaren Komplikationen vorher in ausführlichen Aufklärungsgesprächen zur Sprache kamen.

Auch wenn bisher immer alles gut ausgegangen ist – der Beruf lehrt mich, wie verletzlich dieses Leben ist, dass alles blitzschnell und unerwartet Spitz auf Knopf stehen kann. Das ist ja eigentlich lebenslang so. Ich kann als Kind vom Baum fallen oder vom Auto angefahren werden, als Erwachsene kann ich mit dem Motorrad umfallen oder Krebs bekommen oder mir irgendeinen absurden Keim einfangen, von einem Irren attackiert werden. Nur denken wir nicht täglich darüber nach, was sicher gut ist. Schwangerschaft und Geburt erinnern uns daran. Plötzlich ist das Visier offen, plötzlich sehen wir das alles: Wie fantastisch das Leben ist und wie gefährlich.

Der Reflex ist, Sicherheitsnetze einzuziehen, vielleicht sogar, jemanden zu finden, der die Verantwortung für uns übernimmt. Eine Lebensversicherung für alle Lagen, wäre das nicht wunderbar? Oder zumindest eine Zehnerkarte für die schlimmsten Gefahren? Leider nein. Wir müssen es selbst hinbekommen. Ich habe nie Frauen zur Geburt angenommen, die gleich zu Beginn sagten: Du machst das schon. Mach ich nicht. Ich begleite und helfe, aber zuständig bist du selbst. Uns selbst trauen, selbst entscheiden und trotzdem akzeptieren, dass wir nicht alles kontrollieren und bestimmen können: schwierig. Am Ende hilft, wie vor Jahrhunderten, vielleicht nur ein bisschen gute Hoffnung.

***

Das Jahr, in dem Elisa geboren wird, endet auch mit einem Babykuss, wenn auch nicht ganz so hilfreich. Es ist um die Weihnachtszeit und ich freue mich auf die letzte Hausgeburt des Jahres. Es soll Rebekkas drittes Kind sein. Eines hat sie in der Klinik geboren, eines in meinem Geburtshaus, eine sehr leichte Geburt. Jetzt will sie ihr Baby zuhause bekommen.

In der Nacht zum ersten Weihnachtstag ruft sie an: Wehen. Insgeheim hoffen wir wohl beide, dass es eine schnelle und leichte Geburt wird. Aber als ich ankomme, geht fast nichts voran, trotz kräftiger Wehen, Stunde um Stunde. Irgendwann ist endlich der Muttermund offen, doch das Kind kommt nicht durch den Geburtskanal. Rebekka versucht, sich zu bewegen, neue Positionen zu suchen. Ich spreche ihr Mut zu. Das erinnert tatsächlich alles ein bisschen an die Geburt von Elisa.

Endlich, endlich bewegt sich der kleine Kerl Richtung Beckenboden. Rebekka hockt auf den Knien und stützt sich auf dem Sofa ab, um den Kopf zu gebären. Ich stehe hinter Rebekka und kann es kaum glauben: Der Kopf wird größer und größer und größer und größer … Zum Glück kann Rebekka mein Gesicht nicht sehen, mir wird leicht schummrig. Wie sollen wir die Schulter dieses kräftigen Jungen aus dieser Frau heraus bekommen? Hoffentlich bleibt sie nicht stecken, hoffentlich vollzieht sich die innere Drehung von allein und die Schulter stellt sich gut ins Becken ein.

Tut sie nicht.

Der Kopf ist da, aber er wirkt wie aufgepfropft, bewegt sich kein Stück: Schulterdystokie, eine Komplikation, vor der alle Respekt oder sogar Angst haben. Wenn das Kind nicht stirbt, können schwere neurologische Schäden bleiben, wenn am Kopf gezogen wird. Zum Glück weiß ich aus Fortbildungen, welcher Griff die Blockade lösen kann. Und so kommt auch der Bursche schließlich doch auf die Welt. 5300 Gramm und ein Kopfumfang von 40 Zentimetern. Der Junge ist putzmunter und ich bin heilfroh, dass dieses Kind ohne Schäden geboren wurde. Ein perfektes, properes Weihnachtsbaby. Doch gibt es ein unschönes Nachspiel.

Als ich zur Nachsorge komme, beschwert sich Rebekka bitterlich. Sie wirft mir vor, ihr den ersten Kuss ihres Babys gestohlen zu haben, eine fremde Frau küsst ihr Kind.

Ich sage: »Was meinst du?«

Ich weiß wirklich nicht, wovon sie spricht. Doch sie hat den Videobeweis. Die ganze Geburt hat sie gefilmt. Ich wusste das nicht und finde es auch ziemlich absurd. Dann hat sie wohl auch im Nachhinein gesehen, wie sehr mich die Größe und die Notlage ihres Babys geschockt haben. Jedenfalls zeigt das Video eindeutig, wie ich dem Jungen die Lippen auf den Kopf drücke. Sicher aus Erleichterung, in jedem Fall unbewusst. Ich habe es sofort wieder verdrängt. Wie gesagt, ich küsse eigentlich keine Babys. Aber Rebekka macht mir schwere Vorwürfe. Sie unterstellt mir eine Racheaktion, weil ich an Weihnachten arbeiten musste. Ich denke: Oh Mann. Der eine Kuss macht mich zur Heldin, der andere zur Hexe.

4. Der sechste Sinn (oder der siebte)

Alle Antennen auf Empfang

Ich weiß nicht, woher diese Intuition kommt. Ich kann nicht erklären, warum ich bei einer Frau zur Geburt lieber im Krankenhaus bleibe, und bei einer anderen selbst nach einer Vorgeschichte mit Fehl- und Totgeburten sicher bin: Diesmal geht es gut und wir können das ohne Gefahr im Geburtshaus machen. Bei einigen Frauen spüre ich vom ersten Gespräch an, eine Hausgeburt ist nicht das Richtige, ich sehe das nicht. Andere sagen beim ersten Treffen, sie wollen unbedingt einen Kaiserschnitt, aber mir ist sofort klar, die werden ihr Baby spontan bekommen und alles wird gut.

Thea zum Beispiel hatte eine extrem langwierige Geburt, fünf Stunden lang versuchte sie, ihr Kind herauszupressen. In einer Klinik hätten Ärzte wohl längst die Saugglocke angesetzt oder einen Kaiserschnitt gemacht. Doch ich wusste die ganze Zeit, Thea wird das schaffen, wir können im Geburtshaus bleiben, dem Baby geht es gut. Bei anderen Frauen habe ich schon nach einer Stunde entschieden, wir müssen ins Krankenhaus, weil ich wusste, das Risiko wird zu groß.

Als bei Stephanie die Wehen anfingen, rief ihr Mann Sebastian an und sagte, es geht langsam los, aber du kannst dir Zeit lassen. Ich fuhr trotzdem sofort zu ihnen und kam gerade noch rechtzeitig. Marie hatte im Geburtshaus schon eine ganze Weile Wehen, aber ich wusste, es dauert noch. Ich fragte sie, ob es für sie in Ordnung ist, wenn ich mich im Nebenzimmer schlafen lege. Irgendwann wachte ich auf, denn ich wurde gebraucht. Zwei Minuten später kam ihr Kind.

Ich will damit sagen: Es gibt unendlich viele Beispiele, bei 1000 Geburten gibt es 1000 Variationen. Ich habe immer auf mein Gefühl vertraut und lag dabei nie falsch. Nie habe ich Gebärende in Notfällen zu spät verlegt, nie Fehler gemacht, die Schaden hätten anrichten können. Oft war ich es, die Gefahren erahnte, nicht nur bei Elisa. Eine Gebärende habe ich wegen eines unguten Gefühls ins Krankenhaus verlegt und es stellte sich heraus, dass das Baby mehrfach die Nabelschnur straff um den Hals gewickelt hatte. Und ich dachte: Krass, dass du das geahnt hast.

Ich könnte sagen, es war Glück, vielleicht Zufall oder Fügung. Aber wenn ich es beschreiben müsste, würde ich wohl am ehesten sagen: Es ist so etwas wie der sechste Sinn. Ich will das nicht überhöhen oder mystifizieren. Ich empfinde mich als völlig bodenständig mit gesundem Abstand zu Sekten, Spiritismus oder Heilsversprechen. Ich kann nicht hellsehen, und ich höre keine Stimmen. Es ist eher so, dass ich mit allen Antennen auf Empfang bin. Ich bin überzeugt, jeder und jede hat diese Antennen. Bei mir sind sie aus unterschiedlichen Gründen vielleicht besonders fein austariert. Und ich habe gelernt, diesem Bauchgefühl zu vertrauen und danach zu handeln.

Das hat eine Weile gedauert. Ich hatte diese Ahnungen, dieses Wissen, aber ich schob das weg und dachte: Das ist alles Quatsch. Dann wiederholten sich diese Erfahrungen. Ich fing an, mir Notizen zu machen, um mich zu vergewissern, wann ich was wie wahrgenommen hatte, und passte auf, dass ich Frauen nicht unbewusst beeinflusse. Über die Jahre habe ich begonnen, mich da nicht mehr in Frage zu stellen.

Wissenschaftler betreiben dazu umfangreiche Forschungen, und ich habe mir das aus eigenem Interesse mal genauer angeschaut. Als erstes muss man sich wohl einig werden, ob man das Phänomen den sechsten oder den siebten Sinn nennen will. Die fünf allseits bekannten und akzeptierten Sinne sind sehen, hören, tasten, schmecken und riechen. Wissenschaftler haben die Bezeichnung sechster Sinn inzwischen dem »Körpersinn« zugeordnet, genannt Propriozeption. Gemeint ist die bei fast jedem vorhandene Wahrnehmung, wo man sich in einem Raum befindet, wo Arme und Beine platziert sind, ob zum Beispiel ein Fuß unterm Tisch abgeknickt oder ausgestreckt ist. Das funktioniert, anders als bei den ersten fünf Sinnen, ohne ein eigenes, dafür vorgesehenes Sinnesorgan, sondern im Zusammenspiel von Nerven, Muskeln und Sehnen. Die meisten machen sich das wohl nicht bewusst, weil nur sehr wenigen diese Propriozeption fehlt. Einer dieser extrem seltenen Fälle ist der vielfach beschriebene Ian Waterman, der im Alter von 19 Jahren durch die Folgen einer Grippe seinen Körpersinn verlor und danach zum Beispiel nicht mehr ohne Hinschauen laufen konnte. Wissenschaftler erklärten das damit, dass eine Autoimmunreaktion Sinnesnerven und Nervenbahnen so zerstörte, dass Waterman sich nicht mehr im Raum verorten konnte. Interessant, aber das meine ich nicht.

Was ich bei mir beobachtet habe, ist wohl eher das, was Rupert Sheldrake in seinem Buch »Der siebte Sinn des Menschen« beschreibt. Der Untertitel lautet »Gedankenübertragung, Vorahnungen und andere unerklärliche Fähigkeiten«. Da kommen wir der Sache schon näher. Es geht in dem Buch um Dinge, die jeder und jede irgendwie kennt, aber auch in Frage stellt. Zum Beispiel das Gefühl der Gedankenübertragung, wenn ausgerechnet jemand anruft, an den man gerade gedacht hat. Das Gefühl, eine Person oder eine Szene schon mal gesehen zu haben, also das Déjà-vu. Oder die innere Unruhe vor einem Unglück, die Menschen aus einem Gebäude fliehen lässt, das dann in sich zusammenbricht. Oder, vielleicht am bekanntesten: das Gefühl, angestarrt zu werden.

Sheldrake ist Biologe, und so geht er das Phänomen auch an. Zwar kommt er schnell zu dem Schluss: »Für Telepathie, Vorahnungen und das Gefühl, angestarrt zu werden, gibt es derzeit keinerlei wissenschaftliche Erklärung.« Aber aus seiner Sicht ist die Wissenschaft einfach noch nicht weit genug. Denn: »Der erste und grundlegendste Beweis für die Existenz des siebten Sinns ist das persönliche Erleben.« Dafür hat Sheldrake Medienaufrufe gestartet und andere Wissenschaftler mit eingespannt, so dass er mehrere Tausend Fallgeschichten zusammen bekam.

Am plausibelsten erklärt er Vorahnungen bei Gefahren, zum Beispiel in Kriegszeiten. Eine Frau, die das Gefühl hatte, ihr Haus verlassen zu müssen, das wenig später von einer Bombe getroffen wurde. Oder ein Soldat, der auf eine Vorahnung hin den Jeep seiner Patrouille anhielt und feststellte, dass 50 Meter vor ihm eine Brücke gesprengt worden war. Vor der Abfahrt der »Titanic« 1912 gingen nach Sheldrakes Erkenntnissen etliche Menschen wieder von Bord oder schifften sich nicht ein, weil sie den Untergang des angeblich unsinkbaren Schiffs anscheinend vorhersahen oder ein unbestimmtes, ungutes Gefühl hatten.

Nach den Anschlägen auf das World Trade Center 2001 startete der Biologe einen öffentlichen Aufruf in New York und erhielt 38 Berichte von Menschen, die unmittelbar vor den Terrorattacken realistisch von einer kommenden Katastrophe geträumt hatten. Da wird es schon wieder ein bisschen mystisch, und Sheldrake sieht sich unter Erklärungsdruck. Es liegt ja nahe, dass angebliche Vorahnungen im Nachhinein umgedeutet werden. Er erläutert ausführlich, wie Wissenschaftler im Labor versuchen, mit Zufallsgeneratoren und elektrodermischen Messungen – also Messungen von chemischen Veränderungen der Haut bei bestimmten Gemütszuständen – »Präkognition« dingfest zu machen. Er meint, in diesen Experimenten Belege zu entdecken. Vor allem aber schließt er aus der schieren Masse der Erfahrungsberichte: Es gibt diese Dinge. Und es lohnt sich, dem auch wissenschaftlich nachzugehen. Er sieht auch einen biologischen Sinn: »Wie viele Tiere können anscheinend auch manche Menschen Gefahren im Voraus spüren«, schreibt der Amerikaner. »Diese Art von Vorahnung oder Intuition ist offenkundig überlebenswichtig – viele Menschen überleben nur deshalb, weil sie solche Vorahnungen beachten.«

Ich will mich gar nicht festlegen, was ich von diesen Forschungen halte. Ich finde das alles erstmal interessant. Aber ich würde mich auch nicht in wissenschaftlichen Grundsatzdebatten verkämpfen. Das zu lesen bestärkt mich eigentlich nur darin, wie ich grundsätzlich ans Leben herangehe: eigenen Wahrnehmungen zu vertrauen, in sich selbst hinein zu hören und das Gespür ernst zu nehmen, auch wenn ich nicht alles erklären kann.

Hexenhammer, Schadenszauber

Ich bin froh, dass ich mich da im 21. Jahrhundert nicht weiter rechtfertigen muss. Manchmal kommt mir der Gedanke, im Mittelalter wäre ich womöglich als Hexe verbrannt worden. Auch das habe ich mir aus Interesse mal näher angeschaut und finde es verblüffend, wie oft Erfahrungswissen und Intuition auf Widerstände trafen. Für Institutionen wie Kirche oder Ärzteschaft stellte das offenbar die Machtfrage, obwohl Medizin und Geistlichkeit selbst die abenteuerlichsten Vorstellungen von werdendem Leben, Geburt und den damit verbundenen Komplikationen hatten.

Ziemlich bekannt – durch die gleichnamige Ballade – ist der Fall Hester Jonas aus Neuss, die am 24. Dezember 1635 hingerichtet wurde. Die Frau war als kundige Hebamme und Kräuterfrau bekannt. Als Hexe wurde sie denunziert und auch verurteilt, weil angeblich zwei Männer krank wurden, die Hester Jonas während eines epileptischen Anfalls betreut hatten. Plötzlich fiel einer anderen Denunziantin auf, dass die Kräuterkundige ihren Mann impotent gemacht haben musste. Hester Jonas sollte zudem schuld an der Krankheit eines Mädchens gewesen sein. Und auch der Tod dreier Schweine in der Nachbarschaft wurden ihr zur Last gelegt. Unter Folter legte die damals 60-jährige Frau ein »Geständnis« ab. Das Urteil lautete unter anderem auf »Schadenszauber«.

Ähnlich das Muster bei der Hebamme Appolonia Werner Gobels, die im Januar 1588 in der Nähe von Trier wegen Hexerei angeklagt wurde. Sie stand unter Generalverdacht, da sie angeblich dem Pastor keinen Treueschwur geleistet hatte. Dann wurde bei einem Nachbarn Vieh krank. Bei der Gelegenheit fiel einem anderen Nachbarn ein, dass Appolonia fünf Jahre vorher seinen Sohn vergiftet haben musste. Denn der 14-jährige Junge war damals an einem Samstag bei der Hebamme zu Besuch gewesen und hatte dort etwas getrunken. Kurz darauf bekam er Krämpfe, konnte nichts zu Abend essen und war fünf Tage später tot. Auch Appolonia wurde gefoltert, auch sie legte ein Geständnis ab, unter anderem gestand sie »Schadenszauber« und »Verführung durch den Teufel«.

Der Historiker Franz Irslinger schätzt, dass vom 15. bis 18. Jahrhundert etwa 200 Hebammen als Hexen verfolgt wurden. »Weil es Hebammen eher als anderen Frauen passieren konnte, dass ein mit ihrer Hilfe geborenes Kind in den ersten Tagen erkrankte, waren sie in den Zeiten des Hexenwahns besonders gefährdet«, schrieb Irslinger 2002. »Da der ›Krippentod‹ in den vergangenen

Jahrhunderten etwas Alltägliches war, wenn auch in den meisten Fällen unerklärlich, mussten Hebammen und andere Geburtshelferinnen fast notwendig in die Sündenbockrolle geraten, wenn sich in Krisenzeiten die Unglücksfälle mehrten.«

Eine Hebamme wurde angeschwärzt, weil sie ein Baby angeblich zu fest angefasst hatte. Einer anderen wurde zur Last gelegt, dass sie einer Mutter den Säugling kurz vom Schoß genommen hatte – danach sei das Kind krank geworden und gestorben, wurde behauptet. Wie beschrieben, kann selbst heute bei Schwangerschaft und Geburt viel schief gehen. Bei einer Kindersterblichkeit von 30 bis 45 Prozent in der frühen Neuzeit waren Hebammen in der Geburtshilfe extrem angreifbar.

Den ideologischen Rahmen lieferte der sogenannte Hexenhammer der Theologen Heinrich Kramer und Jakob Sprenger aus dem Jahr 1486. Darin behaupteten die beiden Hexenjäger, Hebammen überträfen »alle anderen Hexen an Bosheit«. Die Geburtshelferinnen nähmen die Neugeborenen aus dem Zimmer und böten sie dem Teufel an, hieß es. Christliche Gelehrte fantasierten von »Satans Huren«, die Kleinkinder töteten und verzehrten. Das Fett von ungeborenen Kindern werde für magische Flugsalben und Gebräue gebraucht.

Neben offenem Frauenhass verfolgten die Hexenjäger mit ihrem – man muss wohl sagen – Terror auch handfeste praktische Interessen. Es ging um Kontrolle. Hebammen und Heilerinnen sollten nicht zu selbstständig sein und schon gar nicht unter der Hand bei Empfängnisverhütung und Schwangerschaftsabbrüchen helfen. Ende des 16. und Anfang des 17. Jahrhunderts setzten Kirche und Obrigkeit deshalb der Arbeit der Geburtshelferinnen enge Grenzen und zwängten sie in immer mehr Regeln.

Das tatsächliche Verständnis der komplexen hormonellen Zusammenhänge bei Zeugung, Schwangerschaft und Geburt war über Jahrhunderte sehr begrenzt. Der griechische Arzt Soranus von Ephesus wurde berühmt, weil er das Wissen – oder Nichtwissen – seiner Zeit im 2. Jahrhundert in einem Kompendium zusammentrug. Er ging zum Beispiel davon aus, dass Frauen nach der

Empfängnis erstmal zwei Tage im Bett bleiben sollten. Sie sollten ihren Bauch nicht reiben, um das Einnisten des Samens nicht zu unterbrechen. Essen sollten sie wenig und wenn überhaupt, dann Mehlspeisen. Niesen sei unter allen Umständen zu vermeiden, da es zu Fehlgeburten führen könnte, schrieb er. Bei Schwangerschaftsübelkeit riet Soranus, die Extremitäten der schwangeren Frau abzubinden und in siedendes Wasser zu tauchen. Vermutlich vergaßen die Leidenden über diesen höllischen Qualen tatsächlich das Unwohlsein. Seine Zeitgenossen nahmen an, dass Mädchen als Baby länger ausgetragen werden als Jungen und dass sich auch die Geburt je nach Geschlecht unterschied. Obwohl man auch damals ziemlich leicht hätte sehen können, dass das Humbug ist. Sie gingen auch davon aus, dass die Eindrücke einer Frau beim Coitus Einfluss darauf hätten, wie ihr Baby aussehen würde, dass, wenn sie in dem Moment an einen Affen dachte, auch das Baby »affenähnlich« werde. Und so weiter und so fort. Ein Sammelsurium von Mutmaßungen.

In der frühen Neuzeit war schon mehr bekannt, vor allem über Anatomie und den Geburtsprozess. Aber unterm Strich hatten Mediziner über lange Zeit wenig Ahnung. Was sie nicht davon abhielt, mit scheinbarer Autorität und pseudowissenschaftlicher Begründung die Regeln zu diktieren. Hebammen der frühen Neuzeit überblickten die Prozesse logischerweise auch nicht vollständig. Traditionell baute die Geburtshilfe auf Erfahrungswissen, das meistens mündlich von Frauen an Frauen weiter gegeben wurde. Oft waren es Nachbarschaftsdienste. Teils übernahmen heilende Frauen, die sich mit Kräutern auskannten, die Geburtshilfe mit. Teils wurden Ammen, die fremde Kinder stillten, auch als Hebammen herangezogen. Insgesamt waren die Helferinnen meist von Bildung ausgeschlossen und auf Kenntnisse aus Erlebtem und eben auch auf ihre Intuition angewiesen. Aber sie versuchten, Praxiswissen zu sammeln und auf dieser Grundlage Hilfe zu leisten, um mit den damals verfügbaren Mitteln Komplikationen und Infektionen zu vermeiden. Diese Konkurrenz zwischen Hebammen und Ärzten, zwischen Erfahrung und Medikalisierung, ist für mich ein roter Faden der Geschichte.

Schon die Französin Marie-Louise Bourgeois, die 1608 das erste weithin bekannte Lehrbuch als Hebamme für Hebammen verfasste, bekam es mit argwöhnischen Ärzten zu tun. Sie war eine Art Star ihrer Zeit, was die studierten Mediziner offenbar nicht kalt ließ. Als 1627 eine von Bourgeois betreute Frau im Wochenbett starb, holten Ärzte zum Gegenschlag aus und griffen sie öffentlich an. Bourgeois wiederum veröffentlichte eine Verteidigungsschrift, in der sie Ärzten vorwarf, von Geburtshilfe nichts zu verstehen. Letztlich kam sie damit durch.

Ähnlichen Einfluss hatte im deutschsprachigen Raum die Hebamme Justina Siegemund, geboren 1636. Auch sie verfasste ein Hebammenbuch, in dem sie praktische Hinweise gab, etwa bei schwierigen Kindslagen. Sie entwickelte eine eigene Methode, mit Hilfe von Bandschlingen Babys im Mutterleib aus einer Querlage zu drehen. In ihrer Zeit als Hebamme soll sie mehr als 6000 Geburten betreut haben.

Die Bücher und das darin gesammelte Wissen trugen dazu bei, Geburtshilfe professioneller zu machen. Zuvor wurden Hebammen oft von der Kirche eingespannt. Sie sollten selbst moralisch erhaben sein und darauf achten, dass nur eheliche Kinder geboren wurden. Teils wurde ihnen die Aufgabe übertragen, selbst Nottaufen zu machen. Mit der Zeit wanderte das Amt der »Wehmutter« von der kirchlichen auf die kommunale Ebene. In Städten entstanden Hebammenordnungen, die Frauen wurden vereidigt, auch die Vergütung wurde geregelt – allerdings waren die Honorare so schmal, dass sich Hebammen davon nicht eigenständig über Wasser halten konnten. Ab dem 18. Jahrhundert gab es organisierte Ausbildung und Prüfungen in größeren Städten – selbstverständlich unter Anleitung und Aufsicht von Ärzten.

Bald hielten Staat und Ärzteschaft überall den Daumen drauf: Mindestanforderungen, Höchstalter, Ausbildung und offizielle Examen. Ungeprüfte Hebammen durften nicht mehr praktizieren. Gemeinden bezahlten einzelnen Frauen die Ausbildung, verpflichteten sie dann aber auch zu Diensten und Anwesenheit in ihrem Gebiet. Dazu kamen moralische Anforderungen, die von Männern mit Sicherheit niemand forderte: Hebamme durfte nur werden, wer nicht unehelich geboren hatte und polizeilich einen guten Leumund nachweisen konnte, »unsittlicher Lebenswandel« war Grund für ein

Berufsverbot. Ärzte schnitzten sich die Rolle der Hebamme als Assistentin am Bett der Gebärenden. Der Beruf wurde weiter reglementiert, aber sehr spärlich bezahlt.

Ausgerechnet die Nationalsozialisten verschoben in den zwölf Jahren ihrer Diktatur scheinbar die Gewichte. Sie idealisierten Hebammen und Hausgeburten, sie verlängerten die Ausbildung, beschlossen ein staatlich garantiertes Mindesteinkommen, machten es zur Pflicht, zu jeder Geburt eine Hebamme hinzuzuziehen. Entsprechend der allgemeinen Zentralisierung des NS-Staats planten sie Ausbildungszahlen und Verteilung niedergelassener Geburtshelferinnen, alles mit dem Ziel möglichst hoher Geburtenzahlen und niedriger Säuglingssterblichkeit. Das Ansehen des Berufs stieg, die Instrumentalisierung aber blieb. Voraussetzung für den Beruf waren nun »arische« Abstammung und Treue zur NS-Ideologie, Hebammen sollten kranke oder behinderte Kinder melden. Der NS-Staat sah Hebammen als Mittel zum Zweck seines Wahns.

Von einem starken, selbstbestimmten, eigenständig reflektierten Berufsbild war also keine Rede. Und die Medikalisierung der Geburtshilfe – ausgehend vom Wunsch, Kinder- und Müttersterblichkeit zu drücken – war ohnehin nicht zu stoppen. Wenige Jahre nach dem Zweiten Weltkrieg wurde 1952 schon jedes zweite Baby in einer Klinik geboren, 1960 zwei von dreien. 1971 verzeichnet die Statistik gerade mal 3,8 Prozent Hausgeburten in der alten Bundesrepublik. In der DDR war es höchstens ein Prozent, denn freie Hebammen waren nicht vorgesehen und die Klinikgeburt als Norm gesetzt. Trotz der Hebammen- und Geburtshaus-Bewegung seit den 1970er-Jahren ist das heute gesamtdeutsch der Stand der Dinge. Heute kommen bundesweit mehr als 99 Prozent der Babys in Kliniken auf die Welt. Hebammen haben ein freundliches Image, aber zugetraut wird ihnen im Medizinbetrieb nicht allzuviel.

Ich finde den Blick in die Geschichte erhellend, denn er zeigt, wie oft es um Macht und Konkurrenz ging, um Kirche und Staat, und wie selten allein um die Interessen von Mutter und Kind. Der medizinische Fortschritt ist natürlich großartig. Anders als noch im 19. Jahrhundert ist eine Schwangerschaft in der Regel keine lebensbedrohliche Situation. Stimmt alles. Aber es bleiben, wie beschrieben, trotz aller medizinischer Sicherheitspuffer, Unwägbarkeiten. Es bleibt ein »Geheimnis« um die Geburt, wenn ich das mal so nennen darf. Es bleibt eine Spanne von Gespür und Erfahrungswissen. Und auch heute hilft vieles, was seit, sagen wir mal, Hildegard von Bingen weltweit erprobt und versucht wurde, um Frauen die Geburt zu erleichtern.

Echt jetzt, noch eine Fortbildung?

Als ich meine dreijährige Ausbildung abgeschlossen hatte, fühlte ich mich unfertig. Klar, ich konnte eine Geburt begleiten, und ich begann mit Hausgeburten und Geburten im Geburtshaus. Aber ich hatte den Eindruck: Dir fehlt noch ganz viel. Ich suchte danach. Über die Jahre habe ich immer neue Dinge ausprobiert, Fort- und Weiterbildungen gemacht. Als meine Tochter größer wurde, machte sie sich manchmal darüber lustig. Echt jetzt, Mama, noch eine Fortbildung? Was ist es denn diesmal? Aber letztlich nahm sie meine vielen Wochenendseminare sehr geduldig hin.

Ich lernte Akupunktur, weil ich ein Mittel an der Hand haben wollte, um Frauen bei Schwangerschaftsübelkeit zu helfen. Das wirkt sehr gut. Auch wenn sich zur Geburt der Muttermund nicht öffnet oder bei der Rückbildung kann Akupunktur wirken. Ich kann nicht nur Schwangeren die Nadeln setzen, sondern auch bei mir selbst, denn ich habe immer mal wieder heftige Migränephasen. Übrigens wende ich alle Methoden, die ich lerne, erstmal bei mir selbst an, um sie auszuprobieren und die Wirkung zu spüren.

Akupunktur öffnete mir die Tür zur traditionellen chinesischen Medizin. Für mich ist das wie ein Zug, aus dem du nicht mehr aussteigst – ein Feld, auf dem ich lebenslang lernen kann. Wenn Frauen Angst vor Nadeln haben, gibt es Alternativen, um Schwangerschaft und Geburt möglichst natürlich und ohne industrielle Pharmazeutika zu erleben. Wie wirken Kräuter oder ätherische Öle, was ist die richtige Dosierung? Ingwer kann bei Übelkeit in der

Schwangerschaft helfen, aber er kann hochdosiert auch eine Schwangerschaft abbrechen. Während der Geburt können Aromaöle gut tun. Doch vertragen sich kleine Babys und ätherische Öle machmal nicht. Einige Frauen reagieren stark auf bestimmte Tees. Bevor ich als Hebamme etwas empfehle, muss ich schon sehr sicher sein, mögliche Neben- und Wechselwirkungen richtig einzuschätzen.

Ich fand das enorm spannend, ich wühlte mich durch Bücher, probierte Dinge selber aus. Dasselbe gilt für Homöopathie, auch da habe ich eine Reihe von Fortbildungen gemacht. Die Schulmedizin sieht das kritisch und witzelt über Globuli. Damit halte ich mich nicht lange auf: Wer hilft, hat recht. Homöopathie braucht allerdings eine umfassende Anamnese. Deshalb würde ich das bei Säuglingen oder sehr kleinen Kindern nicht anwenden, denn ich müsste mich auf die Beobachtungen der Eltern verlassen. Was richtig gut hilft, ist Kindertuina, die chinesische Heilmassage. Sie funktioniert wie Akupunktur über die Meridiane, aber ohne Nadeln, über das Tasten der Hände. Das war für mich ein Augenöffner, weil ich das bei der Wochenbettbegleitung auch Eltern beibringen kann. Oft entspannt das nicht nur die Babys, sondern auch Mutter oder Vater. Säuglinge werden oft ruhiger, schlafen besser, trinken besser. Und Eltern und Kind haben bei der Massage zusätzlichen Körperkontakt.

In meinem Netzwerk gab es immer Leute, die Heilmethoden ausprobierten und sich gegenseitig behandelten. Eine war holotrophes Atmen – also Hyperventilation. Ich mache das manchmal, wenn ich friere oder schlapp bin, dann hyperventiliere ich eine Runde. Im Prinzip wird damit das Blut übermäßig mit Sauerstoff angereichert. Die Grenze ist erreicht, wenn mir schwindelig wird. Das lässt schnell nach, wenn ich wieder normal atme, der Sättigungsgrad des Sauerstoffs im Blut sinkt wieder. Ich fühle mich frisch und fit wie nach einem Power Nap, man hat auch zum Beispiel kein Problem, in eiskaltes Wasser zu steigen. Das nutze ich nicht in der Schwangerenbegleitung, das ist keine Atemtechnik für die Geburt. Es gehört eher für mich zu den vielen Möglichkeiten, meinen eigenen Körper kennenzulernen.

Hypnose kann während der Schwangerschaft hilfreich sein. Ich kam über eine Freundin drauf, die Hypnose lernte und eine Probandin brauchte. Sie sagte: »Wolltest du nicht mit dem Rauchen aufhören? Dann probieren wir das jetzt mal aus.« Tatsächlich habe ich mir auf diese Weise das Rauchen abgewöhnt und gleichzeitig Lust bekommen, das auch zu lernen. Das fängt an mit einem Grundkurs, man erfährt, wie man Menschen in Trance versetzt, worauf man achten muss, was gefährlich werden kann. Darauf bauen weitere Module auf, über Jahre. Für meine Arbeit war das die perfekte Ergänzung, auch wenn ich nicht als Hypnotherapeutin arbeite. Zum Beispiel in der Geburtsvorbereitung nutze ich Fantasiereisen und Entspannungsübungen. Hypnose kann, wenn sich das jemand wünscht und ausprobieren will, Ängste lindern, auch die Angst vor der nächsten Geburt.

Jede einzelne dieser Fortbildungen war für mich zunächst mal Gelegenheit, meinen Kopf wieder zu beschäftigen. Mit Beruf und Kind kommt man leicht in einen Trott. Bei Geburtsvorbereitungskursen sagst du am fünften Abend um 21.12 Uhr immer den selben Satz, es kommen verlässlich dieselben Fragen der werdenden Eltern. Das muss so sein, denn sie machen das ja zum ersten Mal. Aber mir wurde das mit der Zeit ziemlich langweilig. Außerdem wollte ich, da ich Kurse leite und Informationen weitergebe, selbst auch wieder auftanken und von anderen lernen. Deshalb habe ich immer wieder gesucht. Wenn ich irgendwo etwas Interessantes las, dachte ich spontan: Das mache ich.

So kam ich auch zu meiner Ausbildung als Heilpraktikerin für Psychotherapie. Das war kein Berufsziel, denn für mich war immer klar, dass ich als Hebamme weiterarbeiten will. Ich wollte mehr über mich selbst herausfinden und dachte: Da habe ich Lust zu. Einen Vormittag pro Woche, während meine Tochter in der Schule war, reservierte ich mir für die Fortbildung. Als ich die Prüfung geschafft hatte, dachte ich: Cool, und was machst du jetzt damit? Erstmal nichts. Trotzdem nützt mir das Rüstzeug, um zum Beispiel bei einer Wochenbettdepression zu reagieren. Ich würde da nicht selbst als Heilpraktikerin einsteigen, aber vielleicht eine Therapie empfehlen, wenn ich den Eindruck habe, das könnte helfen.

Auch meine Ausbildung zur Supervisorin hilft mir sowohl als Hebamme wie auch als Bestatterin. Das Wichtigste, was ich daraus mitgenommen habe, ist das Prinzip der Allparteilichkeit. Das bedeutet, sich der eigenen Haltung bewusst zu sein, aber alle anderen Auffassungen erstmal nebeneinander gelten zu lassen und nicht Partei zu ergreifen. Der erste Schritt zur Schlichtung in Konfliktsituationen: Jeder soll sich gesehen fühlen mit seinen Sorgen, Ängsten und Bedürfnissen. Von diesem Ausgangspunkt fällt es leichter, kreative Lösungen zu finden.

Es gibt ja nicht nur schwarz und weiß, sondern auch die Schnittkante zwischen beidem. Die Medaille hat nur auf den ersten Blick zwei Seiten, dazwischen liegt die dritte: der Rand. Manchmal ist diese schmale, wacklige Kante die Verbindung – die Lösung, mit der dann alle leben können. Voraussetzung ist, dass jeder und jede sich ernst genommen fühlt in der eigenen Position, die nicht richtig oder falsch ist. Das war für mich eine zentrale Erkenntnis und ein extrem wichtiges Prinzip. Es ist das Gegenteil der Behauptung: »Tatsache ist«, mit der man jeden Dialog sofort kaputt machen kann.

Im Rückblick ist dieses lebenslange Suchen und Lernen wie ein Mosaik, das sich fügt. Wie gesagt, das war alles nicht stringent oder zielstrebig. Aber alles, was ich in meinem Leben gelernt habe, kann ich heute anbringen, in beiden Berufen. Ich fühle mich gewappnet für Unerwartetes, für Krisen und Notfälle der anderen. Das ist ein echter Schatz. Ich stelle mir diese Mosaiksteinchen manchmal vor wie Körner auf feinem Sandpapier. Sie haben das freigelegt und poliert, was ich den sechsten (oder auch den siebten) Sinn nenne. Die Arbeit als Hebamme trägt ebenfalls dazu bei, denn es geht immer um alles. Das Wunder des Lebens ist nicht sicher vor unerwarteten Querschlägern. Leben und Tod sind sich so nah. Diese Aufgabe weckt alle Sinne.

Trotzdem kann ich mich natürlich fragen, warum mir dieses Suchen so wichtig war, die Selbsterforschung, das Ausprobieren. Es ging immer um Wohlbefinden – um das der anderen, aber auch um mein eigenes, um Gesundheit und Glück. Aber es ging auch darum, immer noch etwas draufzusatteln und mir selbst zu beweisen, dass ich es kann.

Es liegt nahe, die Ursachen in meiner Kindheit zu suchen. Das liegt ja immer nahe, aber in meinem Fall ganz besonders. Ich habe mir genau überlegt, was ich davon erzählen soll. Eigentlich bin ich zurückhaltend, ich stehe nicht gern im grellen Licht an der Rampe. Doch weiß ich auch, dass meine Geschichte vieles erklärt. Letztlich versteht man wohl nur so, wie ich wurde, wie ich bin und wie ich heute arbeite.

5. Alleine schwimmen, nur nicht untergehen

Bis heute kommt bei mir sonntagnachmittags diese Unruhe auf. Sonntags um 16.38 Uhr ging der Zug. Die Strecke von Oldenburg nach Bremerhaven führte direkt am Kinderheim Hohewurth vorbei. Im Sommer lag es verborgen hinter hohen Bäumen und dichtem Grün. Aber im Winter schimmerten die Lichter durch die kahlen Äste. Ab dem Punkt konnte ich mir nichts mehr vormachen, jedesmal braute sich ein Gemisch von Frust und Traurigkeit in mir zusammen. Regelmäßig fing ich auf den letzten Kilometern bis zum Hauptbahnhof Streit mit meinem Bruder Hannes an, auf der Suche nach einem Ventil für diese verzweifelte Energie: Wir müssen zurück ins Heim.

Hohewurth, das war eine imposante Villa inmitten von Wald und Wiesen. Vor dem Haus ein kleiner See, auf dem wir im Winter Schlittschuh fuhren. Ein großer Sportplatz. Ponys für uns Kinder. Ein Reitstall gegenüber. Tischtennisturniere. Sonntagsausflüge zum Schwimmen. Konzerte, Filme, Nachtwanderungen. Klingt eigentlich traumhaft. Für mich war es lange ein Alptraum. Ich war zehn. Es war fremd. Es herrschte Machtkampf zwischen diesen entwurzelten Kindern, die einander tyrannisierten. Es war nicht zu Hause.

Wie es dazu kam, ist eine ziemlich unübersichtliche Geschichte, wenn ich von außen draufschaue. Manches geht mir bis heute sehr nahe. Ich versuche, das Wesentliche zu erzählen.

»Mit Kind gibt es für dich hier keinen Platz«

Meine Mutter Inge, Jahrgang 1936, war zum Ende des Zweiten Weltkriegs mit ihrer Mutter, ihrem Bruder und Cousin aus Waldenburg in Niederschlesien nach Oldenburg geflohen. Meine Oma hatte als Kind Kinderlähmung und deshalb eine Gehbehinderung, doch sie schaffte den Kraftakt der Flucht mit den Kindern und den Neuanfang allein. Ich lernte sie später als gutherzige, nachsichtige Frau kennen. Sie erzog auch Inge ohne großen Druck und Zwang.

Ihr Mann, mein Opa, war in Kriegsgefangenschaft und kam erst 1949 frei. Inge war da schon auf dem Weg, erwachsen zu werden. Die Rückkehr ihres Vaters stellte ihr Leben auf den Kopf. Der Mann ist der Entscheider. Der Mann macht die Ansagen. Alle haben zu folgen. So sah er die Dinge. Mein Opa war ein furchteinflößender Mann. Für Inge begann eine neue Zeit.

Meine Großeltern waren Schausteller. Opa war Erfinder eines Spiels namens Groschenroulette, bei dem eine Lichtschlange um ein rundes Spielfeld sauste, wie die Kugel beim richtigen Roulette. Mit ein paar Pfennig Einsatz auf dem richtigen Feld konnte man ein Plüschtier oder einen Gummiball oder ein aufblasbares Krokodil gewinnen. Daneben boten sie in ihrem Geschäft Pfeilwerfen und Ballwerfen und Nagelhämmern. Von März bis Oktober zogen sie mit ihrem Gespann und einem Wohnwagen über die Rummelplätze Norddeutschlands. Jever, Wilhelmshaven, Emden, Leer, Papenburg, Cloppenburg, zehn Tage hier, zwei Wochen da. Opa kutschierte das Gespann mit dem Wagen, baute auf und ab. Oma bediente das Groschenroulette. Kein leichtes Geschäft. Aber wie fast alle Schausteller hätten sie diese Arbeit gegen nichts getauscht. Die ganze Familie machte das. Einer meiner Onkel hatte einen Schaschlikstand, ein anderer eine Schnapsbude. Am meisten her machte Onkel Gerhard: Er hatte die Geisterbahn. Sie liebten diese Welt, das Herumfahren, die Abwechslung. Und sie verdienten gutes Geld.

Inge, wie so viele junge Frauen damals nur mit Volksschulabschluss und ohne Ausbildung, reiste mit und half. Selbst unter der Herrschaft ihres Vaters war das wohl auch für sie ein Stück Freiheit. Die Rummelplätze waren voller junger Leute, Schausteller und Schaulustigen, die im besiegten und zerbombten Deutschland der 1950er Zerstreuung suchten. Inge, eine schmale, dunkelhaarige Frau, war mittendrin. Von heute aus betrachtet, wäre es sicher gut gewesen, hätte es die Pille schon gegeben. Manchmal denke ich, meine Mutter hätte ein zufriedenes Leben führen können, wenn sie keine Kinder bekommen hätte. Aber so war es eben nicht.

1957 wurde meine Schwester Ela geboren. Sie hat später recherchiert, wer ihr Vater war. Aber in unserer Kindheit spielte er keine Rolle, er war einfach weg. Mein Opa tobte wegen des unehelichen Kinds.

»Mit Kind gibt es für dich hier keinen Platz«, drohte er Inge.

Ela kam kurz nach der Geburt ins Säuglingsheim nach Vechta, für unbestimmte Zeit. 1959 wiederholte sich das Ganze, was ich aber erst viel später erfuhr. Meine Mutter hatte ein Verhältnis mit einem Schausteller, der sie ebenfalls sitzenließ. Meine Schwester Marina kam auf die Welt. Wieder die bitterbösen Vorwürfe von Inges Vater. Marina kam ins selbe Säuglingsheim. Anders als bei Ela gab Inge sie nach einem halben Jahr zur Adoption frei. Jahrzehntelang wussten wir nichts von ihr, bis sich Marina auf die Suche machte und eines Tages bei uns auftauchte.

Für Inge war damals klar, es geht nicht so weiter. Sie musste raus bei ihren Eltern. Sie wollte weg von den Ansagen ihres Vaters und aus der wirtschaftlichen Abhängigkeit. 1960 lernte sie meinen Vater kennen. Als sie wieder schwanger wurde, heiratete sie ihn. Hans war 27 und ein sogenannter Kalfaktor – ein Handlanger auf dem Rummel. Er half beim Aufbau der Autoscooter. Er hatte einen Hauch von James Dean, ein schmaler, großer Mann mit Haartolle. Auch er war mit seiner Familie aus dem Osten geflüchtet, aus Stettin. Auch er hatte keine Ausbildung, keine feste Arbeit, keinen Plan. Später sprach er immer davon, Hochseefischer zu werden. Doch daraus wurde nie etwas.

Nach der Hochzeit holten Hans und Inge die kleine Ela aus dem Säuglingsheim ab und zogen nach Bremerhaven. Dort wohnte Hans' Vater in den sogenannten Baracken in Altlehe. Das waren einfache Ziegelsteinblocks, nach dem Krieg schnell hochgezogen, das Klo überm Hof. Dort bekamen auch Hans und Inge eine Zwei-Zimmer-Wohnung. Als 1961 mein Bruder Hannes und 1962 ich auf die Welt kamen, waren die hygienischen Bedingungen so ärmlich, dass die Krankenkasse eine Geburt im Krankenhaus bewilligte. In einer Zeit, als Hausgeburten noch üblich waren, wurden ausgerechnet wir in der Klinik geboren.

Mein Vater fand Arbeit als Löscher im Hafen, er half beim Entladen der Schiffe. Das Geld war immer knapp, die Stimmung gereizt. Alkohol wirkte bei Hans mal als Betäubung, mal als Brandbeschleuniger. Mein Vater trank nicht ständig, doch von Zeit zu Zeit bis zum Exzess – ein Quartalssäufer. Im

Suff schlug er zu. Ela erinnert sich, wie er ein Bild über dem Kopf meiner Mutter zertrümmerte. Inge lief das Blut in Strömen runter. Sie versuchte vergeblich, es wegzuwischen. Für ihre kleine Tochter ein Bild von Angst und Horror. Trotzdem schien sich meine Mutter lange kaum zu wehren. Die Zeit war wohl so. Sie hatte sich mit ihrem autoritären Vater arrangiert und erwartete vermutlich auch nichts anderes von ihrem Mann. Für mich ist das heute alles abwegig, aber die beiden waren sicher nicht das einzige Paar mit diesem verqueren Verständnis von Macht und Unterordnung. Es gibt von damals kein Bild von meiner Mutter, auf dem sie glücklich aussieht. Auch keines, wo ich den Eindruck bekomme, sie nimmt die Dinge in die Hand, um etwas zu ändern.

Orangensaft auf weißer Bettwäsche

Ich selbst weiß sehr wenig aus dieser Zeit, nicht nur, weil ich sehr klein war. Im Alter von zwei Jahren bekam ich eine offene Tuberkulose und war neun Monate im Krankenhaus. Wo ich mich angesteckt habe, weiß niemand, meine Eltern und Geschwister hatten nichts. Ich wurde immer schwächer, ich hustete, bekam Fieber, lag schließlich apathisch im Bett, bevor die Diagnose kam und die langwierige Behandlung begann. Dass Eltern ihre Kinder in die Klinik begleiten, war damals nicht vorgesehen. Feste Besuchszeiten, nachmittags zwischen zwei und vier, am besten nicht so oft. Isoliert auf der Isolierstation. Ich war die vielen, vielen Monate allein.

Auch daran entsinne ich mich nur vage. Es ist wie ein Erinnerungsschleier, der nur an wenigen Stellen aufreißt. Einmal kam meine Mutter zu Besuch, Hannes war dabei, vielleicht auch Ela. Sie saßen hinter einer Scheibe, ich war ja ansteckend. Oben war wie bei einem Kippfenster ein kleiner Schlitz, und meine Mutter versuchte, eine Kekspackung für mich durchzuschieben. Doch das Ding war zu groß, immer wieder blieb die Packung hängen. Schließlich nahm meine Mutter die Kekse wieder mit nach Hause. Die andere Szene: Es gab auf der Kinderstation ausnahmsweise Orangensaft, und ich wollte unbedingt im Liegen trinken. Die weiße Bettwäsche, das Orange auf dem Kopfkissen, das Geschrei der Kinderschwester. Ich habe es irgendwie überstanden.

Irgendwann durfte ich aus der Klinik nach Hause. Als geheilt galt ich aber erst im Alter von zwölf Jahren. So lange musste ich regelmäßig zum Röntgen. Und jedes Jahr zur Kinderverschickung ins angeblich so günstige »Reizklima«. Mit fünf, sechs Jahren, sechs Wochen allein »auf Kur« an der Küste oder auf eine Insel. Eine furchtbare Zeit. Bis heute bringe ich es nicht über mich, noch einmal nach Sylt zu fahren.

Dass ich das alles wegsteckte, sehe ich als Beleg für das, was ich mein Überlebensgen nenne. Das ist natürlich mein Erwachsenenblick zurück. Aber in alle Situationen, die ich über die Jahre erlebte, konnte ich mich irgendwie einfinden. Oft musste ich allein zurechtkommen, manchmal auch noch anderen aus der Patsche helfen. Es ist wohl meine Persönlichkeit oder mein Muster, immer etwas Gutes zu sehen. Alles Schöne habe ich aufgesaugt wie ein Schwamm, alles Negative klein geredet, schön geredet. Was kam, habe ich in mein Leben einsortiert. Das Gefühl war schon damals: Es ist, wie es ist. Mach das Beste daraus.

Als ich aus der Klinik nach Hause kam, war mein Vater ausgezogen. Irgendwann hatte Inge offenbar genug. Seltsamerweise erinnere ich mich an den Scheidungstermin im Amtsgericht in Altlehe, obwohl ich kaum drei Jahre alt gewesen sein kann. Mein Vater wurde »schuldig geschieden«, das gab es damals noch. Er trug aus Sicht des Gerichts die Verantwortung für das Scheitern der Ehe und musste für Ex-Frau und Kinder zahlen. Nach dem Richterspruch gingen meine Eltern Kaffee trinken, dann zogen beide ihrer Wege. Es hört sich friedlich an, aber jahrelang stritten beide später über Geld. Von ihm ist der Spruch überliefert: »Lieber gehe ich ins Gefängnis, als Unterhalt zu zahlen.« Zeitweise war er dafür wohl tatsächlich hinter Gittern. Geholfen hat das niemandem. Meine Mutter saß mit drei Kindern allein da und musste uns irgendwie über Wasser halten. Sie hat, so gut es ging, versucht zu überleben.

Wir hatten inzwischen eine Wohnung in einem der frisch gebauten Blocks der Neuen Heimat in der Hans-Böckler-Straße in Leherheide, ein paar Hundert Meter entfernt von den Baracken. Heute sind das Eigentumswohnungen, damals waren es preiswerte Bleiben für junge Familien. Ich erinnere mich, dass meine Schwester, damals acht oder neun, mich in den Kindergarten brachte. Ich blieb dort bis zum Nachmittag. Alle bekamen von zuhause Mittagessen in einem Henkelmann mit, der im Wasserbad aufgewärmt wurde. Die anderen hatten Kartoffeln und Braten, mal eine Nudelsuppe oder Auflauf. Ich hatte sehr oft Milchsuppe – mit Zucker in Milch gekochte Haferflocken. Eigentlich ist das bis heute eines meiner Lieblingsessen. Aber die anderen Kinder schauten mich komisch an. Außerdem hatte ich extrem trockene Haut im Gesicht, meine Mutter schmierte mich deshalb dick mit Penatencreme ein, die wie Schminke auf der Haut sitzt. Sie meinte es auf ihre Art sicher gut. Aber ich sah aus wie ein Clown. So saß ich oft ziemlich allein, mit meiner Milchsuppe und meinem Clownsgesicht. Kindergarten und Grundschule waren so. Freunde hatte ich da nicht.

Aber mit den Kindern aus unserem Block waren Ela, Hannes und ich eine verschworene Gemeinschaft. Nachmittags zogen wir zum Spielen oft zum nahen Wäldchen um das Wasserwerk. Die Kinder aus dem Block gegenüber waren schlimme Feinde, mit denen wir uns Schlachten lieferten. Inge hatte Arbeit ganz in der Nähe in einer Wäscherei, die Uniformen von Bundeswehr-Soldaten säuberte. Nach der Schule waren wir manchmal bei ihr, spielten oder machten Hausaufgaben. Wenn sie die wöchentliche Lohntüte bekam, ging sie mit uns Kindern in die Stadt. Es gab Kekse oder Bockwurst mit Kartoffelsalat. Es waren unbeschwerte Zeiten. Es blieben kurze Episoden.

Großschwätzer, Fabulierer, autoritäre Ansager

Inge war auf der Suche nach dem passenden Mann und verfiel immer wieder den gleichen Typen. Es waren die Großschwätzer und Fabulierer, die autoritären Ansager, die im Frust oder im Suff auch zuschlugen. Anders als bei unserem Vater erwischte es nicht nur Inge, sondern auch uns. Immer war Alkohol im Spiel. Einmal, ich war knapp acht, schickten mich die Erwachsenen zum Kiosk an der Ecke, um Nachschub zu kaufen. Auf den Stufen hoch zu unserer Wohnung fiel ich hin, die Schnapsflasche ging zu Bruch. Das letzte Geld weg, der letzte Stoff verschüttet, das gab Schläge. Die gab es aber auch, als ich mal aus Versehen auf die neue Fernsehzeitung kritzelte oder nachts ins Wohnzimmer kam, wenn ich nicht schlafen konnte. Zack, hatte ich eine sitzen.

Im Gedächtnis blieben vor allem Schülke, ein grober Kerl, der in den Fischfabriken am Hafen arbeitete und dort Hering oder Kabeljau filetierte, und Stolle, den meine Mutter sogar heiratete. Stolle fuhr zur See und kam zollfrei billig an Schnaps. Drei Wochen war er unterwegs, dann drei Tage Landgang. Er kam mit Flaschen über Flaschen, und wenn er da war, tranken er und Inge gemeinsam. Dann ging er wieder an Bord, aber er hinterließ so viel Schnaps, dass es gut und gerne bis zu seiner Rückkehr reichte. Irgendwann machte Inge keine Pause mehr. Die Zeit mit Stolle gab ihr den Rest. Und uns.

Zweimal kamen wir für jeweils sechs Wochen in Pflegefamilien, um Inge Zeit für einen Entzug zu geben. Die Familien waren in Ordnung, ich hatte ein eigenes Bett, sie kümmerten sich. Aber das half nicht gegen das Heimweh. Ich konnte es nicht erwarten, zurück nach Hause zu kommen. In unser chaotisches, brutales Zuhause. Mein Zuhause. Wenn Inge wieder nüchtern war, ging es eine kleine Weile besser, aber nie besonders lange. Ela begann, sich um den Haushalt zu kümmern und Hannes und mich zu versorgen. Sie wusch die Wäsche, kochte, kaufte ein. Manchmal klaute sie das Essen für uns Kinder, wenn kein Geld in der Wohnung zu finden war. Als sie 13 war, war das zu Ende: Ela kam nach mehreren gravierenden Vorfällen mit Stolle mit Hilfe einer Nachbarin in ein Mädchenheim.

Im Herbst 1972, vor meinem zehnten Geburtstag, ging gar nichts mehr. Inge stand nicht mehr auf. Sie lag den ganzen Tag im Bett, hinter verschlossener Tür und zugezogenen Gardinen. Blieben nur Hannes und ich. Keiner kaufte ein, keiner kochte, keiner wusch. Keiner weckte uns. Keiner sagte uns, wir müssen zur Schule. Und so gingen wir auch nicht mehr hin. Stattdessen kochten wir uns morgens Tee und füllten ihn in Flaschen. Mit den letzten Groschen aus der Wohnung kauften wir uns beim Bäcker Schokokussbrötchen. Dann ging es los. Etwa einen Kilometer von unserer Wohnung entfernt wurde damals die A27 gebaut, rechts und links waren riesige Sandberge aufgeschüttet. Die wurden unser Spielplatz für den ganzen Tag. Wir bauten Sandburgen, gruben Tunnel, aßen unsere Brötchen und schauten den Bauarbeitern zu. Erst als es dunkel wurde, gingen wir nach Hause. Am nächsten Morgen zogen wir wieder los.

Ich weiß nicht mehr, wie lange das so ging. Wie lange dauert es, bis die Schule nachfragt? Bis Nachbarn das Jugendamt alarmieren? In meiner Erinnerung war diese Zeit mit meinem großen Bruder endlos, sie schweißte uns zusammen. Vielleicht waren es auch nur ein paar Tage oder Wochen. Ich entsinne mich, dass der Mann in der Wohnung über uns mich im Hausflur fragte, ob wir denn gar nicht in die Schule müssten.

»Wir haben Ferien«, behauptete ich.

»Ferien?«, fragte er. »Das kann doch gar nicht sein.«

Aber ich meinte: »Doch, doch, für uns schon.«

Hat er sich damit zufrieden gegeben? Oder doch mal nachgefragt? Im Haus war natürlich allen klar, dass es bei uns Probleme gab. Morgens suchten wir uns aus dem Wäscheberg im Bad die Klamotten, die uns am wenigsten verdreckt erschienen. Baden, Duschen, Zahnbürste, alles Fehlanzeige. Die Haare verzottelt, die Gesichter verschmiert. Verwahrlost ist das treffende Wort.

Schließlich war es wohl Tante Gerda, die alles ins Rollen brachte. Tante Gerda nannten wir nur so. Sie war unsere Nachbarin im Haus, bis sie ein paar Straßen weiter zog. Danach besuchte sie Inge manchmal und schaute nach uns. Ich erinnere mich, wie sie mit uns zur Familienfürsorge ging, die im Einkaufszentrum in unserer Straße untergebracht war. Tante Gerda wusste, dass es mit Inge und uns zuhause so nicht weiter ging. Sie wusste auch, dass wir nicht zu Oma und Opa konnten, weil die immer monatelang unterwegs waren. Die Frau von der Fürsorge hörte sich das an.

»Dann müssen wir eine Unterbringung machen«, sagte sie.

Unterbringung. Was soll das sein?

Als wir zurück in die Wohnung kamen, waren Oma und Opa da. Meine Mutter war weg, wohl schon im Krankenhaus. Die Großeltern halfen uns, die Sachen zu packen. Am nächsten Tag kam eine Frau vom Jugendamt. Die Erwachsenen waren ernst. Wir waren still. Am liebsten hätte ich mich versteckt, am liebsten wäre ich weggelaufen. Ich spürte, es ging etwas zu Ende. Das war anders als die kurzen Zeiten bei den Pflegefamilien. Die Frau packte unsere Sachen in ihren weißen VW Käfer und fuhr mit Hannes und mir nach Hohewurth. Von unserer Wohnung waren das gerade Mal 15 Kilometer durch Bremerhaven Richtung Süden. Aber es erschien uns wie ein anderer Kontinent. Als ich zum ersten Mal die Stufen zur Villa hinaufstieg, blieb ich kurz stehen und schaute zurück. Jetzt musst du ganz allein klarkommen. Nach außen stark sein. Nicht mehr zeigen, was in dir los ist. Das war mir schlagartig klar. Und im nächsten Moment: Aber immerhin ist ja Hannes da. Wir sind zu zweit. Es könnte schlimmer sein.

Weihnachten seid ihr wieder zu Hause

Es war der 22. November 1972, und ich habe das noch deutlich im Ohr: Weihnachten seid ihr wieder zu Hause. Meine Mutter und mein Vater besuchten uns gemeinsam in Hohewurth, keine Ahnung, wie sie sich dafür zusammengerauft hatten, wie meine Mutter wieder auf die Beine kam. Als wir hörten, dass sie kommen wollten, stellten wir uns ans große Eingangstor des Geländes. Hannes und ich warteten Stunden an diesem Tor, bis sie endlich ankamen. Da waren wir, Mama und Papa und zwei Kinder, zehn und elf Jahre alt. Wir wollten mit nach Hause, wir quengelten und zerrten und heulten und jammerten. »Weihnachten sehen wir uns doch schon wieder«, sagte Inge. Bis Weihnachten ist es ja nicht mehr lang. Das schafft ihr doch.

Mitte Dezember wurde ich krank, ein fieser Schnupfen mit Fieber. Aber natürlich war ich rechtzeitig wieder gesund für Weihnachten. Meine Erzieherin Sabine kam ins Zimmer, um mir packen zu helfen.

»Was willst du denn mitnehmen?«, fragte sie.

»Wieso?«, fragte ich. »Alles natürlich, ich komme ja nicht wieder.«

Sabine schaute groß. Sie ging nach unten ins Büro, um die Akten zu prüfen.

»Da steht nichts«, sagte sie. »Das bedeutet, dass ihr nach den Ferien wiederkommt.«

Aber das konnte ja gar nicht sein. Sabine hatte keine Ahnung. Meine Mutter, die wusste Bescheid, die konnte das bestimmt schnell aufklären.

Die Behörden hatten Inge das Sorgerecht entzogen. Sie hatte die Wohnung in der Hans-Böckler-Straße verloren. Warum? Vermutlich Mietschulden, ich weiß es nicht. Inge musste den harten Weg zurück antreten, zurück zu ihren Eltern nach Oldenburg. Bei Oma und Opa war eigentlich kein Platz. Inge zog über den Winter in den Wohnwagen, mit dem meine Großeltern im Sommer auf den Rummelplätzen campierten. Brauchten sie den Wagen selbst, schlief Inge im Wohnabteil im Anhänger des Jahrmarktgeschäfts zwischen Pfeilbude und Roulette, neben dem Stauraum für die Preise und Utensilien. Nur wenn es zu kalt wurde, übernachtete sie bei meinen Großeltern im Haus. Wo sollten wir Kinder da unterkommen, wie sollte das gehen? Meine Mutter alkoholkrank, ohne Job, ohne festen Boden unter den Füßen, unter der Fuchtel ihres strengen Vaters. Es war alles unrealistisch, das weiß ich heute. Die Erwachsenen hatten sich was zurechtgelogen, um uns plärrende Kinder zu beruhigen. Vielleicht hatten wir auch nur das gehört, was uns irgendwie erträglich schien. Es war jedenfalls alles anders. Wir waren im Heim. Wir blieben im Heim.

Die erste Zeit war ein Gefühlsdurcheinander. Da war die neue Schule mit neuen Freunden. Da war Tischtennis im Aufenthaltsraum im Heim. Das kannten wir nicht, das machte großen Spaß. Da war meine Gruppe mit acht Kindern. Wir hatten eine nette Erzieherin, Anke. Es gab nicht allzu viele Konflikte. Eigentlich alles in Ordnung. Bis auf das schreckliche Heimweh. Es klingt vielleicht unverständlich, aber hätte es eine Möglichkeit gegeben, ich wäre immer sofort zurück gegangen. Zu meiner überforderten Mutter und sogar zu den schlagenden Männern. Keine Sekunde hätte ich gezögert.

Inge tat, was ihr damals möglich war, so sehe ich das heute. Doch blieb für uns wenig Raum in ihrem Leben voller Frust und ihrer selbstzerstörerischen Sucht. Sie suchte sich immer die falschen Männer, sie war verantwortlich für dieses Chaos. Manchmal spielte sie auch uns Kinder gegeneinander aus. Für Hannes, da war er sieben oder acht, richtete sie einmal einen wunderschönen Geburtstagstisch mit Kuchen und Kerzen und Geschenken. Als ein paar Monate später mein Geburtstag kam, freute ich mich schon auf meinen Gabentisch mit meinem heiß ersehnten Geschenk: einem Arztkoffer. Aber als ich morgens aufwachte, war nichts vorbereitet. Kein Tisch, keine Kerzen, kein Kuchen. Inge sah mein enttäuschtes Gesicht und knuffte Hannes, als wäre ihr der beste Scherz aller Zeiten gelungen. Dann deutete sie auf den Winkel hinter der Tür. Dort stand tatsächlich mein neuer Arztkoffer. Nicht verpackt, nicht schön zurecht gemacht. Aber immerhin.

Ich will damit sagen: Meine Mutter rang sich ihre Liebe für uns ab wie ein stotternder Motor. Sie schaffte es, dass ich mich winzig fühlte, unbeachtet, ungeliebt, peinlich, allein. Bis sie mir einen Krümel Zuwendung schenkte. Das Wenige reichte weit, reichte jedenfalls für Sehnsucht nach mehr, für das Sehnen nach zu Hause. Abends lag ich im Heim in meinem Bett wie auf einer Insel und träumte mir meine Welt zurecht. Ich führte zwei unterschiedliche Tagebücher, eines für das, was wirklich passierte, und eines für meine Welt der Fantasie. Da nahm mich meine Mutter in den Arm. Da las sie mir etwas vor. Da feierten wir zusammen Weihnachten mit Kerzenduft und selbst gebackenen Keksen. Da saßen wir alle friedlich zusammen, Oma, Opa, Papa, Mama, Ela, Hannes und ich, eine ganz, ganz, ganz normale Familie, in der sich alle mögen und alle ganz besonders mich.

Das Schlimme klein, das Schöne groß

Ich besitze einfach diese Gabe, das Schlimme klein zu halten und das Schöne aufzubauschen wie eine große wohlige Wolke. Sonst hätte ich die nächsten Jahre nicht unbeschadet überstanden. Denn nach einem guten Jahr wurde im Heim für mich alles anders. Ich wurde zu alt für meine Gruppe mit Grundschülerinnen und wechselte zu »den Mädchen«, zu den Teenagern. Meine Freundin Veronika war dort, das war erstmal gut. Veronika war damals mit Hannes »zusammen«, aber auch mit mir war sie eng. Das half mir über die Zeit. Der Bruch kam, als Veronikas ältere Schwester Patrizia ebenfalls ins Heim kam und in unsere Gruppe. Ich weiß nicht, was bei den beiden zuhause los war, warum sie zu unterschiedlichen Zeiten nach Hohewurth gebracht wurden. Einige Kinder im Heim waren Waisen oder Halbwaisen. Aber meistens waren es Trennungen oder Sucht, Gewalt oder Vernachlässigung, die hinter einer Unterbringung steckten. Jedenfalls stieß Patrizia eines Tages dazu und übernahm das Kommando.

In jeder Gruppe gibt es eine natürliche Hackordnung, in einem Gefüge mit – so würde ich das heute sagen – traumatisierten Kindern umso mehr. Patrizia war weder besonders schlau noch besonders groß oder stark. Trotzdem hatte sie Führungsqualitäten im schlimmsten Sinne. Sie schaffte es, Angst einzuflößen. Dafür hatte sie zwei Tricks drauf. Der eine war, die Gruppe für ihre Machtspielchen einzuspannen. Der andere: Sie schaffte es, sich bei unserer Erzieherin einzuschmeicheln. Patrizia war die Bevorzugte, die mit den Privilegien. Sie spielte sich auf als Hilfserzieherin mit besonderen Befugnissen.

Zum Beispiel übernahm sie morgens manchmal das Wecken und stolzierte, genau wie unsere Erzieherin, von Bett zu Bett. Wenn etwas auf dem Nachttisch lag, fegte sie mit der Hand alles auf den Boden und kommandierte. Hopp, hopp, hopp aufräumen – auch das hatte sie sich von der Erzieherin abgeschaut. Wenn sich jemand Patrizia widersetzte, gab es das, was wir Gruppenkeile nannten. Es war klassisches Mobbing. Die Gruppe suchte sich eine aus und ging gemeinsam auf sie los. Oder Patrizia sagte an, wer wen verkloppen sollte. Es konnte jede treffen. Alle im Schutz der Meute, eine ausgesondert als Opfer. Es funktioniert erschreckend gut. Mich sollte einmal ausgerechnet die kleine Kirsten verprügeln, ein zartes, glubschäugiges Mädchen, das einen halben Kopf kleiner war als ich. Eigentlich war sie chancenlos und selbst auch ziemlich eingeschüchtert, aber sie hatte Patrizia und die Gruppe im Rücken. Also ließ ich mich von Kirsten hauen. Immerhin galt die Regel, dass Schluss ist, wenn eine heult. Nach dem ersten Schlag auf den Arm jaulte ich schonmal vorsorglich auf. Das steigerte sich verblüffend schnell zum Heulen. Danach galt ich als Memme. Aber ich hatte es für diesmal hinter mir.

Patrizia war die Bestimmerin. Zum Beispiel »befahl« sie mir, im Sommer eine Strickjacke zu tragen. Denn ich hatte schon einen kleinen Busen, und die

Jungs sollten nicht nach mir gucken, sondern nach ihr. Als die sechsjährige Grundschule zu Ende ging, hatte ich eine Realschulempfehlung. Aber Patrizia drängte mich, mit ihr auf die Hauptschule zu gehen. Und ich ging tatsächlich mit. Unfassbar, eigentlich.

Alle zwei Wochen durften Hannes und ich »nach Hause«. Das hieß, entweder zu Oma und Opa nach Oldenburg, wo wir dann mit unserer Mutter im Wohnwagen oder im Wohnabteil schliefen, oder zu einem der Rummelplätze, wo sie gerade standen. Jedes Mal musste meine Mutter meinen Opa um Erlaubnis fragen. Manchmal telefonierten wir mit Inge und fragten, ob wir kommen dürften, und sie sagte: »Opa hat noch nichts gesagt.« Manchmal fiel die Heimfahrt deshalb aus, meistens willigte er aber doch noch ein. Ging es zu meinen Großeltern, lief ich jedes Mal durch die ganze Wohnung. Ich machte jeden Schrank auf, jede Schublade, im Schlafzimmer, Wohnzimmer, in Küche und Bad. Einmal rausziehen und nachschauen. Beweisen, dass die Welt in Ordnung war und so wie immer.

Weil wir eine weite Anreise hatten, ließ uns das Heim schon freitagnachmittags losfahren – alle anderen durften erst Samstagfrüh weg. Oft setzten wir mit der Weserfähre über von Bremerhaven nach Blexen, dann weiter mit dem Zug oder Bus. Wenn Oma, Opa und Inge unterwegs waren, fuhren wir eben dorthin. In Wilhelmshaven oder Jever oder sonstwo fragten wir uns durch bis zum Rummelplatz. Abgeholt wurden wir selten. Die Erwachsenen hatten zu viel zu tun. An den Wochenenden fuhren wir Autoscooter oder halfen an der Wurfbude oder hingen einfach herum. Meine Mutter trank immer noch, manchmal bekamen wir nicht viel von ihr zu sehen. Sonntagnachmittags ging es dann für uns zurück nach Hohewurth, mit dem Zug, mit dem Klumpen aus Frust und Angst im Bauch.

Diese Wochenenden waren oft enttäuschend, aber viel schlimmer waren die, die wir im Heim blieben. Sie zogen sich endlos. Patrizia diktierte den Tagesablauf. Sie wollte »Schule« spielen, was im Prinzip nur hieß, dass sie wieder die Ansagen machte. Sie war natürlich die Lehrerin. Ein wahnsinnig langweiliges Spiel. Patrizia »spielte« auch Vergewaltigung, und zwar sehr realistisch. Alles hing davon ab, welche Laune Patrizia hatte, was sie gerade im Sinn, auf wen sie es gerade abgesehen hatte. Wenn ich von draußen ins Haus kam, nahm ich Witterung auf. Ich fuhr alle Antennen aus, um die Stimmung zu erspüren und mich darauf einzustellen. In Patrizias Fall hieß das, gute Miene zum bösen Spiel zu machen, mich zu arrangieren. Mit jeder Situation irgendwie klarkommen – mein Überlebensgen.

Patrizias Terrorregime hätte natürlich nicht funktioniert ohne die schützende Hand der Erzieherin. Ingeborg. Eine kleine, gedrungene Frau mit graublondem Haar, bieder gekleidet in selbst gehäkelten Pullovern und Polyesterhosen. Sie war streng, hart in den Ansagen, konsequent in den Strafen. Zugleich hatte sie immer ein Lieblingskind. In dieser Zeit war das Patrizia. Die bekam oben unter dem Dach der Villa ein Zimmer, das sie sich nur mit einem Mädchen teilen musste – während wir unten zu sechst in einer Art Schlafsaal waren. Patrizia durfte sich aussuchen, was sie anzog. Wir hatten hingegen strenge Regeln und ohnehin nicht viel Auswahl an Klamotten. Für Patrizia brachte Ingeborg Süßigkeiten mit, von denen sonst niemand etwas abbekam. Beim Essen saßen die beiden beieinander und tuschelten. Alles zusammen aus professioneller Sicht eine Katastrophe, eine absolute Fehlleistung der Erzieherin.

Doch ist das alles kein Einzelfall. Das wurde mir klar, als mir vor einiger Zeit der Bericht »Und keiner hat sich gekümmert« zur Bremer Heimerziehung der Jahre 1945 bis 1975 in die Hände fiel. Machtspiele, Gewalt, sexuelle Übergriffe auch unter Kindern, Demütigungen, psychischer Druck, alles wird darin ausführlich beschrieben. Auch Hohewurth kommt vor. In den 1950er- und 1960er-Jahren galt das Heim als besonders rückschrittlich. Die Kinder wurden gezwungen, ihr Essen aufzuessen. Wenn sie sich vor lauter Abscheu übergeben mussten, wurde ihnen das Erbrochene wieder vorgesetzt. Eine frühe Heimleiterin hatte den Ruf, bei jeder Gelegenheit zu schlagen. Bei Bettnässen wurden Kinder gedemütigt. Die Aufsicht bemängelte die hygienischen Verhältnisse und die winzigen Schlafräume. Alle beschriebenen Heime hatten zu wenig Erzieher. Teils wurden die Lücken gefüllt mit versehrten Kriegsheimkehrern, die alles waren nur keine Pädagogen.

Von solchen Zuständen waren wir Anfang der 1970er-Jahre dann doch weit entfernt, nicht nur in Hohewurth. Unsere Erzieherinnen und Erzieher waren keine Grobiane, es wurde nicht geschlagen. Die Räumlichkeiten in der Villa waren in Ordnung. Wir hatten das parkähnliche Gelände, den kleinen See, die Tiere, die Ausflüge zum Schwimmbad oder in die Stadt, Nachtwanderungen, Filmvorführungen, Konzerte, Tischtennisturniere. Das Heim war keine Besserungsanstalt mit Isolation oder Karzerhaft. Wir gingen auf öffentliche Schulen, durften in den Fußball- oder Handballverein, besuchten Schulfreunde außerhalb. Wir lebten nicht hinter Gittern.

Trotzdem zeigt nicht nur die schräge Symbiose der Erzieherin Ingeborg mit ihrem jeweiligen Lieblingskind, welch verworrener Kosmos so ein Heim ist. Es ist ein Machtgefüge mit oben und unten. Die Aufgabe zieht idealistische Menschen an, aber auch verschrobene Persönlichkeiten. Sie arbeiten manchmal mit zu hohem Anspruch und manchmal mit zu wenig Kontrolle. Macht macht einige kleine Menschen groß und einige Idealisten zu Autokraten. Das System ist so. Sie arbeiten mit Kindern, die fast alle lieber woanders wären. Die herumgereicht und herumgeschubst wurden, deren Zuhause sich aufgelöst hat, die zerfledderte Familien überlebt haben, Sucht, Trennung, Gewalt und Verlassenheit. Kinder, die »untergebracht« werden, die aber eigentlich die Wärme eines sehr großen Herzens bräuchten und enorm viel Geduld. Ich kann nur sagen: Unser Heim wurde dem nicht gerecht.

Erdbeermarmelade ohne Erdbeeren

Wir waren 45 Kinder in fünf Gruppen. Zehn Erzieherinnen und Erzieher wechselten sich in Schichten ab. Für sie gab es in Hohewurth einen kleinen Wohnblock auf dem Gelände. Eine Nachtschwester war dafür zuständig, dass ab 20.00 Uhr in unseren Schlafsälen Ruhe herrschte. Notfalls holte sie ein kicherndes oder quatschendes Kind aus dem Bett und ließ es auf dem kalten Gang stehen, bis es spurte. Morgens liefen wir in Zweierreihen geordnet zum Schulbus, ohne dass uns jemand wirklich triezen musste. Der Bus brachte uns rüber zur Schule nach Wulsdorf und holte uns auch wieder ab –

wenn man nicht gerade etwas länger Unterricht hatte und die schier endlosen vier Kilometer zurück zum Heim zu Fuß gehen musste. Die Wäscherei wusch unsere Sachen, die Großküche kochte für uns, übrigens immer nach demselben Schema – Sonntag Fleisch und Kartoffeln, Montag Gulasch mit Nudeln, Dienstag Eintopf, Mittwoch Kartoffelpuffer, Donnerstag Griesbrei oder Milchreis, Freitag Fisch, Samstag Suppe. Und dann wieder von vorn. Morgens gab es diese billige Erdbeermarmelade, in der nur selten eine einzelne gedunsene Erdbeere zu finden war. Abends Brot mit Schmelzkäse oder Mortadella und Kakao.

Wir wurden ernährt und gekleidet und versorgt. Die Nachtschwester, die Erzieherinnen und Erzieher bewegten sich alle im Rahmen, sie machten nichts »Schlimmes« im Sinne von kriminell. Einige waren freundlich zu uns. Aber im Nachhinein kommt es mir vor, als seien wir vor allem verwahrt worden. Es gab kein ersichtliches pädagogisches Konzept und keine psychologische Hilfe oder Therapie. Es waren 45 Kinder aus allen Lebenslagen, jedes mit riesigem emotionalem Gepäck, viele sehr allein und verzweifelt. Einige schwelgten in Machtfantasien wie Patrizia, einige machten mit, einige litten. Und einige Erzieherinnen drückten beide Augen zu. Es war eine Welt mit eigenen Regeln, die Kinder von einem Tag auf den anderen aufsog und dann Jahre später wieder ausspuckte, hoffentlich unversehrt.

Als ich 14 war, schaffte es meine Mutter endlich, vom Alkohol loszukommen, übrigens für den Rest ihres Lebens. Sie arbeitete bei Oma und Opa im Geschäft. Sie war wieder solo und hatte eigenes Geld. Mein Vormund beim Jugendamt gab Hannes und mir den Hinweis, wir sollten mal mit unserer Mutter sprechen. Es gebe gute Chancen, dass sie das Sorgerecht zurückbekommen könnte. Für uns hieße das: Raus aus dem Heim, aus dem ganzen Schlamassel mit Patrizia, raus aus der Scham, als Heimkind aufzuwachsen, abgeschoben und armselig, weniger wert als alle Kinder auf der Welt. Natürlich wollten wir das. Natürlich redeten wir mit unserer Mutter. Aber es ging anders aus, als wir dachten.

Wo wir denn zusammen leben sollten, fragte sie uns. Und wovon? Wenn wir da wären, könnte sie nicht mehr mit Oma und Opa auf dem Rummel arbeiten. Dann müsste sie Geld für eine Wohnung ausgeben. Und wo sollte das herkommen? Wenn wir nicht mehr im Heim lebten, dann müsste sie putzen gehen. Ob wir das denn wollten? Und außerdem: Das Amt hatte ihr ja das Sorgerecht weggenommen, dann sollten sie es auch von sich aus zurückgeben.

»Was soll ich da einen Antrag stellen?«, gab sie sich trotzig. »Sehe ich überhaupt nicht ein.«

Will ich, dass sich meine Mutter für uns opfert und putzen geht? Bin ich so grausam? Natürlich nicht, wer will sowas verlangen. Dann lieber »freiwillig« im Heim bleiben, oder? Es war ein tiefer Stich, es tut bis heute weh. Unsere Mutter hätte uns zurückhaben können und wollte nicht. Sie versteifte sich auf diesen trotzigen Hochmut, dass das Amt auf sie zukommen müsste. Und sie verkaufte uns das alles wie eine gemeinsam gefundene Lösung: Ihr findet das doch auch besser, oder? Wir wurden manipuliert.

Andererseits änderte sich danach fast alles für mich. Ich wusste nun: Es gibt kein Zurück nach Hause, darauf brauchte ich nicht mehr zu warten. Dieser verrückte Dreh, dass wir jetzt ja angeblich »freiwillig« im Heim waren, wirkte bei mir. Das half mir beim Schönreden und Schönträumen. Aber noch viel wichtiger: Patrizia und Veronika verließen Hohewurth. Irgendwas hatte sich in ihrer Familie geklärt, so dass sie nach Hause konnten. Als sie ihre Sachen in den Kinderbus des Heims gepackt hatten und sich die Türen schlossen, schauten alle aus der Mädchengruppe bedröppelt. Einige heulten. Dann fuhren die Schwestern vom Hof. Und alle atmeten auf. Endlich frei.

Freiheit mit Taiga

Mein eigentliches Zuhause wurde der Pferdehof gegenüber vom Kinderheim. Jeden Nachmittag war ich da. Kurioserweise hatten Hannes und ich mehr Geld als die übrigen Heimkinder. Meine Mutter wollte uns wohl beweisen, wie sehr es sich für uns alle lohnte, dass sie weiter auf dem Rummel arbeiten konnte. Sie steckte uns immer ein paar Scheine zu. Es war ihre Art, uns Zuneigung zu zeigen. Ich investierte einen Teil in Pferdebilder, die es beim Kiosk auf dem Schulweg von Wulsdorf nach Hohewurth gab. Der Rest floss in Reitstunden.

Fünf Mark kostete eine Stunde auf einem der Privatpferde, die im Stall untergebracht waren, sieben Mark auf einem der Schulpferde. Mein Vermögen wurde umgerechnet in Stunden. Ich wurde gut. Ich ritt Turniere. Manchmal gewann ich.

Kurz nach Ende des Patrizia-Terrors bekam ich sogar ein eigenes Pflegepferd, eine Stute namens Taiga. Ich fütterte und putzte sie, ich durfte sie reiten, wann ich wollte. Ich ritt in der Halle und auf dem Platz, ritt mit ihr den Sandweg am Gelände des Kinderheims vorbei. Es war großartig. Taiga gehörte einem Kapitän, der im Hafen als Lotse arbeitete. Er hatte eigentlich kaum Zeit für Taiga, aber großen Ehrgeiz. Er wollte, dass aus ihr ein echtes Turnierpferd wird. Dafür heuerte er den Trainer des Stalls an, der Taiga zum Springen triezte. Mir tat sie leid. Sie war einfach nur ein freundliches, durchschnittliches Pferd, überfordert von den Ambitionen ihres Besitzers. Ich hatte sie in Pflege, bis ich 19 war. Dann stürzte sie bei einem Turnier und verletzte sich so, dass sie nie mehr auf die Beine kam.

Trotz der Reiterei hatte ich Zeit für Schule, Freunde, Sport. Ich nahm alles mit, was ich kriegen konnte. Handball, Fußball, Volleyball, jede AG, die in der Schule angeboten wurde. Wegen der allmächtigen Patrizia war ich ja von der Grundschule auf die Hauptschule gewechselt. Aber als sie weg war, ging es für mich auf der Realschule weiter. Dahinter steckte meine Sport- und Handarbeitslehrerin, Frau Schmied. Sie hatte selbst kein Studium, sondern war Quereinsteigerin nach einer sogenannten Sportschule, auf die man mit dem Realschulabschluss gehen konnte. Sportlehrerin, das wurde mein Traum. Oder zur Polizei. Das wollte meine Freundin Eva. Im Handarbeitsunterricht beim Häkeln oder Stricken redete unsere Lehrerin freundlich auf uns ein. Wir sollten das versuchen. Der Klassenlehrer und der Schulleiter trauten uns das ebenfalls zu. Nach der Realschule könnte man sogar weiter aufs Gymnasium, sagten sie.

Gymnasium. Abitur. Keiner aus meiner Familie hatte das gemacht. Niemand, den ich kannte. Von den Kindern aus dem Heim gingen die meisten auf die Förderschule. Realschule und Gymnasium. Ich? Ja klar.

Über meine ganze Kindheit war da dieses doppelte Ich. Das Gefühl von klein an, nicht gemocht und ungenügend zu sein, ich schämte mich für meine chaotische Familie. Aber ich war auch immer Klassensprecherin, die gesamte Zeit. Schon im ersten Jahr im Heim wählten mich meine Mitschülerinnen und Mitschüler in der Grundschule in Wulsdorf. Mir war das gar nicht so lieb, ich war nervös, wenn ich aufstehen und reden musste, bis ins Erwachsenenalter hatte ich dieses wahnsinnige Herzklopfen auf offener Bühne. Ich konnte mir auch gar nicht erklären, warum die mich als Sprecherin haben wollten. Aber offensichtlich wussten sie, was sie an mir hatten. Ich setzte mich ein. Ungerechtigkeit konnte ich nicht ertragen, da wurde ich mutig, klar und laut. Anfangs dachte ich: Naja, wenn die mich wählen, dann mach ich das eben. Aber über die Zeit ahnte ich, dass ich das konnte, und zwar besser als andere.

Ich hatte immer Freundinnen außerhalb des Heims. Meine beste Freundin war Asta, die mit ihrer Familie in der Nähe der Schule wohnte. Ihre Oma hatte zwölf Finger, an jeder Hand über dem Daumen noch einen Minidaumen zusätzlich. Als Kind fand ich das faszinierend, wie sie sich mit dem praktischen Zusatzfinger kratzen konnte. Astas Eltern hatten nicht viel Geld, aber sie behandelten mich, als gehörte ich zur Familie. Ich durfte dort oft mitessen, auch übernachten. In der Schule wussten natürlich alle, dass ich im Heim war. Mir war es peinlich, morgens mit dem orangenen Bus aus Hohewurth herangeschafft zu werden. Am liebsten wäre ich zwei Straßenecken vorher ausgestiegen und den Rest zu Fuß gegangen, um zu sein, wie alle anderen. Aber meine Freundinnen störte das nicht. Als Jugendliche hatte ich auch immer einen Freund, also: mal diesen und mal jenen, wie es so ist mit 14 oder 15. Ich war normal. Ich wurde gemocht. Ich war gut in der Schule und gut im Sport. Ich hatte diese Leidenschaft für Pferde, die mich froh machte. Und ich hatte elende Zeiten heil überstanden. Ich hatte plötzlich das Gefühl, dass ich jede Situation meistern könnte.

1979 zog das Heim aus Hohewurth weg in einen Neubau, das Helene Kaisen Haus, das zufällig ganz in der Nähe unserer ehemaligen Wohnung in Leherheide entstand. Genau genommen waren es vier Häuser mit Platz für je zwölf Kinder, alles modern, alles nagelneu und irgendwie auch pädagogisch entstaubt. Im Haus, in dem der Heimleiter sein Büro hatte, gab es ein voll eingerichtetes Fotolabor und eine Töpferstube mit Brennofen. Ich bekam mein eigenes Zimmer und durfte eigentlich kommen und gehen wie ich wollte, ich musste nur Bescheid geben, wo ich war.

Nach dem Realschulabschluss wechselte ich tatsächlich aufs Gymnasium in Surheide, Leistungskurse Deutsch und Chemie. Und ich war immer noch jeden Nachmittag im Stall. Eine der Haushälterinnen wohnte weiter in der Nähe des früheren Heims in Hohewurth und nahm mich nach ihrer Schicht in der Heimküche nachmittags mit. Abends brachte mich der Reitlehrer zurück in die Stadt. In den Ferien jobbte ich für den Führerschein und für mein erstes eigenes Auto. Als ich mit dem Opel Kadett zur Schule und dann in den Reitstall abrauschte, ätzte der stellvertretende Heimleiter: »Du bist mit Sicherheit das einzige Heimkind mit eigenem Auto«. Er meinte das abschätzig, aber mir waren solche Kommentare längst egal.

Ausgerechnet Ingeborg, die uns zeitweise mit Patrizia das Leben so schwer gemacht hatte, wurde mir später viel zugewandter. Sie war es, die mich fragte, ob ich nicht Lust hätte, das Leben in einer eigenen Wohnung auszuprobieren. Eigenständiges Wohnen mit Begleitung, das war damals etwas Neues. Ich war die Erste, die das versuchen durfte. Das Jugendamt stimmte zu und übernahm die Kosten für Miete und Lebensunterhalt. Ich ging auf die Suche. Ich hätte gern in einer der kleinen Straßen von Altlehe gewohnt, um die Ecke vom Amtsgericht, wo sich meine Eltern scheiden ließen. Ich mochte die Gegend. Aber den Vermietern war eine 18-jährige Schülerin mit Mietgarantie des Jugendamts nicht geheuer. Bei der Wohnungsgesellschaft Gewoba lief es anders. Da gab es eine Warteliste und ich rückte über die Zeit vor, bis ich ein Angebot bekam. Zwei Zimmer, Küche, Bad, direkt gegenüber vom Magistratsgebäude, in dem auch das Jugendamt saß. Immer wenn ich mein Halbjahreszeugnis vorlegen musste, brauchte ich nur über die Straße zu gehen. Der Hafen war nah. In den Kneipen der Alten Bürger traf ich am Wochenende meine Freunde aus der Schule. Bei Wind und Wetter lief ich an der Weser entlang. Ich liebte das Getriebe mit den großen Schiffen und Kränen. Ich war erwachsen.

Scharfe Schnitte

Für die erste Wohnungseinrichtung sammelten mein damaliger Freund Jan und ich Kostbarkeiten vom Sperrmüll. Ich fand die Sachen toll, ein paar Stücke habe ich bis heute. Jan wohnte quasi fest bei mir. Er war Fliesenleger und hielt sich mit Jobs über Wasser. Zeitweise zog dann auch noch Hannes mit ein. Dann warf ich sie beide raus. Hannes, weil er zu viel trank. Jan, weil er fremdging. Ich packte seine Sachen in die alte Seekiste, die wir auf der Straße gefunden hatten und als Wohnzimmertisch benutzten, und stellte sie vor die Wohnungstür. Jan entschuldigte sich wortreich, es war nur ein einziges Mal, es werde nicht wieder vorkommen. Er jammerte, wo er denn nun hinsolle. Aber für mich war Ende. Null Bedarf an emotionalem Chaos in meinem Leben. Genug davon.

Solche Schnitte habe ich später immer wieder vollzogen. Streitigkeiten mit meinen Geschwistern, Trennungen von Partnern, von Leuten, mit denen ich arbeitete. Viele kennen mich als freundlich, ruhig und geduldig, langmütig. Und das stimmt auch, das bin ich. Aber es gibt eine andere Seite. Es gibt immer noch einen kleinen inneren Ort, in dem das verletzte, das verlassene Kind wohnt. Es gibt wunde Punkte, und wer sie reizt, trifft bei mir auf sehr wenig Toleranz. Als Kind waren das Wutanfälle, Frust und Kloppereien. Als Erwachsene musste ich oft gegensteuern, damit mir in bestimmten Situationen nicht die Sicherungen durchbrannten. Oft war die einzige Bremse zu sagen: Es reicht, stopp, das tue ich mir nicht an. Das gilt auch für meine beiden Eltern.

Mein Vater starb 2016 in Brandenburg. Eines Tages kam Post von seiner staatlichen Betreuerin aus Jüterbog. Vorher hatte ich fast 30 Jahre nichts von ihm gehört. Nachdem er und meine Mutter geschieden waren und sich die Schlacht um den Unterhalt geliefert hatten, zog er nach Travemünde. Einmal noch war ich in den Ferien bei ihm. Er wohnte zur Untermiete. Mit der Tochter der Familie ging ich zum Reiterhof in der Nähe, wir machten Ausritte am Strand, es war wunderbar. Mein Vater schmiedete aber den Plan, dass wir beide zusammen groß in die Stadt gehen. 50 Mark. »Da kaufst du dir mal was Schönes zum Anziehen«. Das passte zu ihm. Große Geste, aber dann auch die Erwartung großer Dankbarkeit. Ich dachte nicht dran. Wir gingen in die Stadt, aber ich kaufte mir nichts. Die 50 Mark waren längst umgerechnet in Ausritte beim Reiterhof. Ich war reitfanatisch. Meinen Vater interessierte das nicht. Er war sauer. Zwei Tage vor meiner geplanten Abreise ging er auf Sauftour. Und kam nicht wieder. Am nächsten Tag sollte die Rückfahrt ins Heim sein und ich hatte kein Geld für die Fahrkarte. Mein Vater war weg. Die Wirtsleute wollte ich nicht fragen. Ich rief in Hohewurth an, denn die Ferien waren zu Ende, ich würde den Schulanfang verpassen. Am frühen Morgen des Tags meiner Abreise kam mein Vater dann doch noch angetorkelt. Er wankte zum Bett und schlief sofort ein. Ich zog ihm das Bahngeld aus der Tasche und nahm den Bus zum Bahnhof. Gesprochen haben wir nicht mehr.

Einmal musste ich ihn später noch suchen, als ich im Studium für den BaföG-Antrag seine Unterschrift brauchte. Ich fand ihn schließlich in Lübeck, wo er mit einer Lebensgefährtin in einem der alten kleinen Scheibchenhäuschen in der Innenstadt wohnte. Er schien damals einigermaßen beieinander, das Formular mit seiner Unterschrift war tatsächlich irgendwann bei mir in der Post. Das letzte Mal sah ich ihn bei meiner Hochzeit mit Leas Vater Mitte der 90er-Jahre. Er kam betrunken an und machte große Sprüche. Es machte mich wütend. Ich bat meinen Mann, ihn in den Zug nach Lübeck zu setzen. Das war das letzte Mal.

Ich weiß nicht, wie er in Brandenburg gelandet ist. Aus den Akten seiner Betreuerin geht hervor, dass er hilflos vor einem Supermarkt in Treuenbrietzen gefunden und ins Krankenhaus gebracht wurde. Die Ärzte diagnostizierten Lungenkrebs, Darmkrebs, Gastritis, Vorhofflimmern, Herzinsuffizienz und das Korsakow-Syndrom, ein von Alkohol verursachter Gedächtnisverlust. Mein Vater sagte seiner Betreuerin, er sei Hochseefischer gewesen. Einmal erzählte er ihr, er sei kinderlos. Ein andermal erinnerte er sich anders. Er habe zwei Kinder gehabt, aber die seien gestorben.

Meine Mutter wurde 85 Jahre alt. Als sie ihre Alkoholsucht überwunden hatte und wir auf Dauer im Heim versorgt waren, war sie zuerst noch mit meinen Großeltern auf dem Rummel unterwegs. Dann hatte mein Opa einen schweren Unfall mit dem Jahrmarktswagen. Als er endlich wieder gesund war, setzte er sich zur Ruhe. Inge fuhr mit einem kleineren Wagen umher, für den sie keine Hilfe brauchte. Nach ihrem ganzen Männerchaos entschied sie sich mit etwas über 40, solo zu bleiben. Keiner bestimmte mehr über sie. Der Job machte ihr Spaß. Alles zusammen gab ihr so etwas wie Selbstvertrauen. Erst über 70 gab sie das Wanderleben auf und blieb in Oldenburg, im Haus meiner damals schon verstorbenen Großeltern. Als es darum ging, sie für das Alter abzusichern, machten wir ab, dass ich das Haus kaufe. Sie konnte in der Einliegerwohnung im Parterre bleiben. Ich zog selbst in eine der drei Wohnungen im Haus, nachdem ich mich endgültig von meinem Mann getrennt hatte. Nach all den Jahren lebten meine Mutter und ich tatsächlich noch einmal unter einem Dach.

Auch meine Mutter kämpfte gegen Ende ihres Lebens mit diversen Krankheiten. Diabetes, Herzkranzverengung, die Lungenkrankheit COPD, es kam einiges zusammen. Mehrfach lag ich in der Wohnung über ihr im Bett und hatte ein ungutes Gefühl – wieder so eine Ahnung, davon sprach ich ja schon. Und tatsächlich fand ich sie mehrfach schwer unterzuckert. Hätte ich sie nicht entdeckt, wäre sie womöglich ins Koma gefallen. Morgens ging ich dann regelmäßig zu ihr, um ihren Blutzucker zu messen und ihr Frühstück zu machen. Ich kaufte für sie ein und kümmerte mich um ihre Banksachen. Ich fand das normal. Sie war schließlich meine Mutter. Aber es blieb kompliziert. Unsere Geschichte stand zwischen uns, meine wunden Punkte und ihre Schuldgefühle. Nie konnten wir in Ruhe über das sprechen, was passiert war. Sie wollte sich ihrer und unserer Vergangenheit nicht stellen, irgendwie war sowieso immer jemand anderes schuld. Es blieb ein Pingpong von Halbsätzen und Andeutungen.

Tröstlich fand ich, dass sie sich mit meiner Tochter so gut verstand. Für Lea und die Tochter von Hannes war sie die beste Oma der Welt. Sie hockten zusammen auf ihrer Couch und quatschten, scherzten und lachten. Mit mir redete Inge nur wenig. Manchmal brach es bitter aus ihr heraus. Als ich ihr einmal morgens den Blutzucker maß, sagte sie mir:

»Ja, das gefällt dir, mich so zu quälen.«

Einmal wollte sie zum Einkaufen und bat mich, ihr 20 Euro von ihrem Konto zu geben. Ich dachte, 20 Euro, reicht das denn? Und klar, ein paar Tage später stellte sie mich zur Rede und warf mir vor, dass ich ihr das eigene Geld vorenthalte. Das war's für mich. Danach zog ich mich aus ihrem Leben raus. Ich suchte ihr eine verlässliche Haushaltshilfe, die sie auch dabei unterstützte, ihren Zucker unter Kontrolle zu halten. Ich versuchte, meinen Frieden zu finden, indem ich Abstand hielt.

Kurz vor Weihnachten 2021 kam meine Mutter mit Organversagen ins Krankenhaus. Sie konnte kaum noch atmen und nur mühsam sprechen. Eine Nacht saß ich allein an ihrem Bett und noch eine halbe Nacht mit meiner Tochter. Inge hatte offenbar Visionen, sie sprach von schwarzen Schatten und dunklen Vögeln.

Ganz am Ende sagte sie: »Ich habe euch doch alle geliebt.«

Immer wieder, vielleicht fünf, zehn, fünfzehn Mal.

»Ich konnte nicht alle gleich lieben. Aber ich habe euch alle geliebt.«

* * *

Ich denke, aus Inges Sicht stimmte das. Sie versuchte über lange Zeit einfach zu überleben, und sie gab das, was sie an Liebe erübrigen konnte. Nur war das als Kind für mich sehr wenig. Es hat lange gedauert, bis ich damit umgehen konnte. Das bringt mich zurück zu meinen vielen Fortbildungen als Hebamme und Bestatterin. Trauer- und Sterbebegleitung, Hypnose, Psychotherapie, Supervision – vieles in diesen Kursen ist Selbstreflexion, zurück in die Kindheit. Du leuchtest die eigenen Winkel aus, um andere sehen zu können. Ich habe über die Jahre meine Druckpunkte lokalisiert und gesichert. Wenn mich jemand triggert, gehe ich auf Distanz. Ich habe es geschafft, meine Zündschnur bis zur Explosion so lang zu ziehen, dass es nicht mehr knallt. Ich kann mich beruhigen und sagen: Du siehst das so. Ich sehe das anders. Beides hat seine Berechtigung. Das stellt mich nicht mehr in Frage.

Ich fände es seltsam zu sagen, ich habe mit meiner Kindheit abgeschlossen. Die hat stattgefunden, sie wird nicht ungeschehen, sie war damals Mist und fühlt sich heute immer noch genauso an. Aber ich verstehe das als Teil meines Lebens. Ich bin durch die schlimmsten Zeiten durchgekommen mit dem Wissen: Es ist wie es ist. Wenn ich einen Tag aushalte, dann ist der schonmal vorbei. Und da er irgendwie ertragbar war, klappt auch der nächste. Auch aus der schlimmsten dunklen Ecke geht es wieder raus. Es kommt wieder etwas Gutes. Man muss nur weiter gehen, Schritt für Schritt. Alles, was ich heute bin und was ich tue, ist so, weil es war, wie es war.

6. Selbst bestimmen – Wie ich als Bestatterin arbeite

Frau Frank ist gestorben

Der Anruf erreicht mich an einem sonnigen Nachmittag, als ich mit einer Bekannten und mit meinem Hund auf einem Spaziergang durch die grünen Wiesen in der Nähe meines Hauses in Oldenburg streife – in meiner Gegend am Stadtrand, wo niemand die Haustür abschließt, wo Nachbarn auf der Straße klönen und sich mal auf eine Tasse Kaffee treffen. Frau Frank ist gestorben.

»Ach Mensch«, sage ich dem Pfleger aus dem Heim, wo die alte Dame zuletzt lebte, »das ging ja jetzt doch schneller, als wir alle dachten.«

Es ist Samstagnachmittag. Eigentlich finde ich es immer schön, den Verstorbenen einen Moment Ruhe zu lassen und den Angehörigen einen Moment Zeit, zu sich zu kommen. Auf einige Stunden kommt es nicht an. Aber das Heim möchte, dass ich Frau Frank rasch abhole. Vielleicht wird das Zimmer gebraucht, für die nächste Bewohnerin oder den nächsten Bewohner. Vielleicht wollen es die Mitarbeiter einfach hinter sich bringen. Für die Abholung brauche ich Hilfe. Wir müssen die Verstorbenen ja heben. Ich könnte einen meiner Kollegen anrufen. Stattdessen frage ich meine Bekannte: Könntest du vielleicht? Kommst du mit?

Wir fahren also in mein Bestattungshaus und bereiten einen der Särge vor. Sie stehen gestapelt an der Wand neben der Kühlung, einfache, unbehandelte Kiefernsärge, die wir selber innen auskleiden. Eine biologisch abbaubare Folie, ein schönes, zartes Baumwolltuch, ein Polster. Wir haben einiges ausprobiert. Es soll sich angenehm anfühlen, Würde wahren, für die Angehörigen natürlich wirken, nicht fremd und auch nicht überdreht luxuriös. Am längsten haben wir nach einer geeigneten Unterstützung für den Kopf der Verstorbenen gesucht. Es musste etwas sein, das auch bei einer Verbrennung keine Rückstände oder Schadstoffe hinterlässt. Dann brachte uns ein Bestatterkollege drauf. Die Lösung ist eine Küchenrolle.

Mit dem vorbereiteten Sarg fahren wir zu zweit im Bestattungswagen zu Frau Frank. Ein Pfleger erwartet uns am Hinterausgang des Heims. Mit dem Sarg passen wir nur mit Mühe in den Lastenaufzug. Der Pfleger nimmt die Treppe. Im zweiten Stock sind die Gänge sehr ruhig an diesem Nachmittag. Der Pfleger läuft geräuschlos über das Linoleum, nur der große Schlüsselbund klirrt leise. Er schließt Frau Franks Zimmer auf. Es ist ein winziger Raum. Frau Frank liegt auf dem großen Pflegebett in der Mitte. Alles andere scheint aus dem Fokus, an die Wände gequetscht – die Kommode mit den Enkelfotos, der kleine Tisch, der Sessel am Fenster. Darauf haben die Angehörigen ein blaues Spitzenkleid zurechtgelegt für die Bestattung und ein Foto der Söhne, das mit in den Sarg soll.

Wir betten Frau Frank in den Sarg, schließen den Deckel, rollen sie durch die verlassenen Gänge und nach unten in den Bestattungswagen. Dann fahren wir sie zum Bestattungshaus in die Kühlung. Morgen werden wir sie waschen, umziehen, vorbereiten. Dann können Angehörige sie in den nächsten Tagen jederzeit besuchen und Abschied nehmen. Nicht jeder will das. Manche aber kommen viele Male. Bei uns gibt es dafür keine Regeln. Die Menschen bestimmen selbst. Sie dürfen das halten, wie sie möchten.

Ich erzähle das hier, weil ich weiß, dass viele diese Einzelheiten gar nicht kennen, diese Handgriffe ausblenden wie das Sterben an sich. Wir schieben den Tod möglichst weit weg, unseren eigenen und auch den Tod in der Familie. Selbst wenn er absehbar ist bei Mutter oder Vater oder bei Schwerkranken, wirft uns die Wucht um – die Endgültigkeit des Abschieds, das Erlöschen einer Liebe vielleicht oder die Wehmut über verpasste Gelegenheiten, das Erschrecken über die eigene Vergänglichkeit. Es ist eine Extremsituation, wie die Geburt, jedoch ohne die Vorfreude, stattdessen Trauer und Schock. Der Tod öffnet eine Flanke der Hilflosigkeit. Viele sind unendlich dankbar für jede Unterstützung.

In meiner Rolle als Bestatterin fühle ich mit den Angehörigen wie als Hebamme bei einer Geburt. Aber so, wie es nicht meine Wehen sind, ist es nicht meine Trauer, nicht mein Schock. Meine Aufgabe ist es, zu funktionieren, wo Angehörige das gerade nicht können. Der Transport, der Totenschein, die Leichenschau, die Grabstätte, die Trauerfeier, die Karten, die Todesanzeige, das Krematorium. In dieser Krise zu helfen, macht mich genauso zufrieden wie die Unterstützung einer Geburt. Manchmal sind es sogar dieselben Menschen, die ich in beiden Lebenslagen begleiten darf.

So plötzlich, ohne Abschied

Birgit und Matthias habe ich bei der Geburt ihrer Kinder kennengelernt, die Tochter ist inzwischen fast 20, der Sohn 18. Nun sitzt das Paar vor mir am großen Tisch in unserem Bestattungshaus. Matthias' Vater ist gestorben. Die Hinterbliebenen machen sich Vorwürfe.

Sie waren unterwegs auf einer Radtour, als der Vater sonntags auf der Tribüne beim Fußballspiel ohnmächtig wurde und in eine Klinik kam.

»Sollen wir sofort zurückkommen mit dem Zug?«, fragten sie die Klinikärzte am Telefon.

Doch die sagten: »Kein Grund zur Besorgnis, alles stabil, er ist nur zur Beobachtung hier.«

Kaum mit dem Rad zurück zu Hause, fuhr Matthias abends zum Krankenhaus. Doch drang er nicht vor zu seinem Vater und auch nicht zu einem Arzt. Am nächsten Tag war der Vater tot.

Plötzlich hieß es: Covid-19. Aber wie kann das sein, so schnell?

»Uns hat niemand etwas gesagt«, erzählt Matthias. »Manchmal wundert man sich.«

Und Birgit: »Es ist so furchtbar, so plötzlich, ohne Abschied.«

Der Vater, Mitte 70, lebte nur ein paar Schritte entfernt von Birgit und Matthias. Die Enkel sah er recht häufig, zum Zuschauen ging er noch manchmal auf den Fußballplatz. Aber er blieb auch sehr für sich, litt unter Angstzuständen. Was hätte der Vater gewollt? Es wurde nie darüber gesprochen. Ein Grab auf dem Friedhof in seinem Dorf in der Nähe von Oldenburg? Oder einen Platz im Begräbniswald? Mit Namenstafel oder anonym? Wohl eher ohne Pfarrer, denn er ging zuletzt nicht mehr in die Kirche. Oder? Matthias ist sich nicht sicher, es ist jetzt gerade alles zu viel.

Birgit sagt, sie fühle sich seltsam gefasst, aber auch wie im Schwebezustand, leer.

»Es ist ein gutes Gefühl, mit jemandem zu sprechen, der uns kennt«, sagt sie mir.

Sie erinnert sich an die beiden Geburten, die wir zusammen durchlebt haben. »Damals war die Entscheidung, ob man ins Geburtshaus geht oder ins Krankenhaus. Jetzt geht es um die Wahl des Friedhofs. Seltsam, oder?«

Matthias ist einen Moment still. Dann sagt er:

»Wir wissen, dass du das Beste für uns willst, so wie damals.«

Die Entscheidung, wirklich neben der Arbeit als Hebamme auch mit Bestattungen zu beginnen, bahnte sich bei mir sehr lange an. Die Erfahrung mit Susanne und Marius legte den Keim, jene traumatischen Tage, als das Baby gestorben war und alle immer nur auf Regeln pochten und Susannes Wünsche ignorierten. Der erste Schritt war für mich eine Ausbildung zur Sterbe- und Trauerbegleiterin 2002, kurz nach Marius' Tod. Ich wollte besser vorbereitet sein, um Müttern in einer solchen Extremsituation beistehen zu können. Krankheit und Tod, das habe ich ja schon beschrieben, waren für mich auch als Hebamme immer wieder Teil meiner Arbeit. Ich hatte nie Berührungsängste.

Dass ich dann tatsächlich mit Bestattungen anfing, war ein ähnlich plötzlicher Entschluss, wie der Moment auf dem Fahrrad, als ich wusste, ich will Hebamme werden. Es gab keinen wirklichen Auslöser, nur eine lange Vorgeschichte und das Gefühl: Jetzt ist die Zeit. Ich habe ja schon erzählt, dass ich an so etwas wie Fügung glaube. Manchmal kommt mir das Leben vor wie das Wirrwarr von Schienen einer Märklin-Eisenbahn. Mal kreuzen sie sich, mal streben sie auseinander. Am Ende führen sie dann doch wieder zum Bahnhof – zu dem Ziel, das man irgendwann ohnehin im Blick hatte.

Zur Vorgeschichte gehört meine lange Freundschaft mit Regina, die als Koordinatorin und Sterbebegleiterin einen ambulanten Hospizdienst aufgebaut hat. Unsere Töchter sind etwa gleich alt, und wenn wir uns zu viert verabreden wollten, sagte ihre Tochter:

»Wir treffen uns – wenn keiner stirbt.«

Und meine sagte: »Wir treffen uns – wenn kein Kind geboren wird.«

Oft war es dann tatsächlich so, dass das eine oder das andere dazwischen kam, die Kinder kannten das, und im Nachhinein wird mir klar, dass sie einiges weggesteckt haben. Mit Regina jedenfalls sprach ich über Jahre immer mal wieder über Bestattungen. Sie gab mir den Hinweis auf ein Netzwerk sogenannter alternativer Bestatter. Über dieses Netzwerk fand ich eine Kollegin in Köln und einen Kollegen in Kassel, die mir alles genau erklärten. Die beiden erzählten mit so viel Überzeugung, dass ich wusste: Das ist jetzt richtig, das machst du.

Der Bestatter-Kollege in Kassel hatte eine Zusammenarbeit mit einem Geburtshaus begonnen, um Eltern bei Totgeburten oder verstorbenen Babys zu begleiten. Sternenkinder, das war auch mein Thema. Und ich dachte mir: Was die zu zweit können, schaffe ich auch alleine. Ich habe mein Pippi-Langstrumpf-Prinzip ja schon erwähnt: Das haben wir noch nie probiert, also geht es sicher gut. Anfangs war das vielleicht nicht ganz ernst gemeint, aber am Ende lief es darauf hinaus.

Bestatterin und Bestatter ist in Deutschland keine geschützte Bezeichnung. Auch wenn es inzwischen eine anerkannte Ausbildung für den Beruf und einen Lehrfriedhof im unterfränkischen Münnerstadt gibt, kann theoretisch jeder und jede damit anfangen. Eine Gewerbeanmeldung genügt. Was alles zu beachten ist, die Vorgaben und Abläufe, das steht alles im Gesetz. Ich begann ganz ähnlich wie bei meinem Start als Hebamme: Ich wusste nichts, las alles, was ich finden konnte, fragte mich durch. Eine sehr zugewandte Mitarbeiterin des Oldenburger Standesamts, die ich von der Registrierung von Geburten kannte, erklärte mir, was nach einem Sterbefall mit Blick auf die Papiere zu tun ist. Später machte ich ein ausgedehntes Praktikum bei einem Kollegen. Ich half ihm und seinem Team bei Bestattungen, begleitete aber schon alleine Familien in Oldenburg, holte Verstorbene ab, organisierte Überführungen. Ich wuchs in kleinen Etappen in den neuen Beruf hinein. Zweifel hatte ich nie. Für mich stehen im Mittelpunkt nicht die technischen Handgriffe, der Transport oder die Erstversorgung der Verstorbenen, auch nicht die kaufmännische Seite. Für mich ist das Wichtigste die Begleitung, und nach jahrzehntelanger Arbeit als Hebamme wusste ich, dass ich etwas geben kann.

Tote im Haus? Eher nicht

Trotzdem brauchte mein Bestattungshaus mehrere Anläufe. Zuerst fragte ich einen eingesessenen Bestatter in Oldenburg nach einer Kooperation. Denn für den Transport Verstorbener ist gesetzlich ein Spezialwagen vorgesehen, das geht nicht im Privatauto. Als der Kollege hörte, dass ich mit Bestattungen von Kindern beginnen will, herrschte am Telefon erstmal Schweigen. Genau genommen dauert das bis heute, denn ich habe nie wieder etwas von dem Bestatter gehört. Ich sprach mit einer Bekannten über einen gemeinsamen Start, die wollte dann doch nicht. Mit der Idee, in meinem Geburtshaus zugleich ein Abschiedshaus unterzubringen, kam ich ebenfalls nicht weit. Mein Vermieter sagte Nein. Geburten sind schön, aber Tote im eigenen Haus? Eher nicht.

Also machte ich den ersten Schritt allein und kaufte einen gebrauchten Bestattungswagen. Er ist blau, was ich sehr passend finde. Näher am Alltag als das übliche Schwarz mit den Vorhängen. Im Kreis der Hebammen, Gynäkologen und Kliniken, mit denen ich zusammenarbeite, machte ich bekannt, dass ich auch Bestattungen anbiete und die Begleitung von Eltern, die eine Totgeburt zu erwarten haben oder deren Kind sterbenskrank ist. Ich sprach mit den Müttern in meinen Nachsorge- und Rückbildungskursen über meine Pläne und fragte sie nach ihrer Meinung. Findet ihr das seltsam? Schreckt euch das ab? Macht euch das Angst? Keine der Frauen, mit denen ich redete, sah das so. Sie kannten mich ja schon ein bisschen und fanden das stimmig.

Monatelang ging mein Alltag als Hebamme wie gewohnt weiter, bis mich eines Tages die Email eines Vaters erreichte. Er schrieb, sein Sohn sei »lebensverkürzend erkrankt«. Ein kleines Kind, kaum zwei Jahre alt. Seine Frau und er hätten viele Fragen, schrieb der Vater, ob wir uns zum Gespräch treffen könnten? Als wir am nächsten Tag zusammen saßen, stellten die beiden tatsächlich viele Fragen, aber sie wussten auch sehr genau, was sie sich wünschten. Beide waren in einer Ausbildung zu Kapitänen zur See und wollten für ihr Kind eine Seebestattung. Sie wollten ihren Sohn nach dessen Tod noch einige Stunden zuhause haben, sie wollten ihn selbst waschen und kleiden, den Sarg selbst innen ausstatten. Sie wollten das Kind ins Krematorium begleiten. Ob ich ihnen helfen könnte? Noch lebte der Junge, aber die Eltern wollten den kleinen weißen Sarg schon bei sich zuhause haben. Ich besorgte einen und brachte ihn ihnen. Schwieriger war es, ein Krematorium zu finden, das die Begleitung der Eltern akzeptierte und am Tag der Verbrennung die gesetzlich vorgeschriebene zweite Leichenschau organisierte. Das sei sehr ungewöhnlich, hieß es. Aber schließlich ließ sich das Krematorium in Wilhelmshaven darauf ein.

Als das Kind gestorben war, lief es genauso, wie sich die Eltern das vorgenommen hatten. An einem Dienstag fuhren wir gemeinsam nach Wilhelmshaven. Um 8.00 Uhr morgens war die vorgeschriebene zweite Leichenschau, um 14.00 Uhr die Verbrennung. Die langen Stunden dazwischen brachten wir irgendwie herum, jeder für sich. Dann folgten die Eltern ihrem Sohn bis vor den Einäscherungsofen.

Das war meine erste Bestattung, 2017, rund 15 Jahre nach dem ersten Impuls bei Marius' Geburt. 2018 gründete ich Stern Bestattungen und fand auch Räume: das ehemalige »Blumenhaus Renate« in Oldenburg. Ich fand es ideal. Viel Licht und große Fenster. Der Vermieter ließ sich darauf ein mit den Worten:

»Naja, gestorben wird ja immer.«

Im Frühjahr war die Renovierung fertig und wir feierten Eröffnung.

Anfangs waren es nur wenige Bestattungen, meine Arbeit als Hebamme nahm viel mehr Raum ein. Beides ging gut zusammen. Wenn ich nach einer Geburt aus dem Kreißsaal kam, legte ich die weiße Kleidung ab und zog mich um in gedeckte Farben, dann fuhr ich zur Familie eines Verstorbenen. Oder umgekehrt: Nach der Beerdigung einer Frau ging es weiter in die Klinik, weil eine

Geburt anstand. Für mich wurde das ganz normal. Hausbesuche hatte ich bei Schwangeren immer gemacht, jetzt kamen auch welche bei Sterbefällen dazu. Wenn eine Schwangere dringend Rat brauchte oder nicht warten wollte, bat ich sie, zur Vorsorge ins Bestattungshaus zu kommen. Dort richtete ich eine Ecke für die Untersuchungen und die Gespräche ein. Die Frauen fanden das völlig unproblematisch.

Einmal machte eine Ärztin im Krankenhaus eine Bemerkung: »Meinst du nicht, das ist komisch für Eltern, wenn du morgens einen Toten anfasst und abends ihr Baby badest?« Das ließ mich ein bisschen grübeln. Die Einwände der anderen brachten mich auf Gedanken, die mir sonst nie gekommen wären. Eine zeitlang war ich zurückhaltend, sprach bei Geburten mit den Kolleginnen nicht allzu viel über meinen anderen Beruf. Aber den Menschen, die ich begleitete, schien das nie etwas auszumachen. Im Gegenteil, sie fragten mich neugierig aus.

Zu Bestattungen von Sternenkindern kamen schnell auch die von Erwachsenen. Zuerst baten mich Freunde und Bekannte, wenn Mutter, Vater oder Schwiegervater gestorben waren. Dann sprach sich herum, dass ich etwas anders herangehe als andere Bestatter. Inzwischen kommen viele. Die Gewichte haben sich verschoben. Anfangs arbeitete ich im Team mit meiner Tochter, die die Buchhaltung machte. Jetzt sind wir zu sechst. Die Hebammenarbeit wird weniger. Inzwischen ist es vor allem die Vor- und Nachsorge für Frauen, deren Babys im Mutterleib gestorben sind oder wahrscheinlich sterben werden. Bestattungen beschäftigen mich immer mehr.

Wem soll das nützen?

Das passt zu meinem Lebensalter. Mit Anfang 60 bin ich biografisch der Beschäftigung mit dem Tod näher als der mit der Geburt. Trotzdem sind für mich meine beiden Berufe wie zwei Teile eines Ganzen. Nicht nur, weil Leben und Tod zusammen gehören, nicht ohne einander denkbar sind. Nicht nur weil beides Unterstützung in Extremsituationen bedeutet, für die ich, wie ich gemerkt habe, eine besondere Gabe habe – ich kann anderen in diesen Krisen etwas geben, ohne selbst etwas einzubüßen. Auch die äußeren Umstände beider Berufe sind sehr ähnlich.

Als Hebamme habe ich mich immer an Vorgaben gerieben, die Geburten bequemer für Kliniken machten und Bedürfnisse der Frauen übergingen. Als Bestatterin verlasse ich eingetretene Pfade und die Das-Macht-Man-So-Regeln, die für viele keinen Sinn ergeben. Hebammen kämpfen oft mit der Geringschätzung durch Ärzte, bei Bestatterinnen sind es Standeskollegen und die Kirche, die Neues kritisch beäugen. Ich habe mich in beiden Berufen immer gefragt: Wer steht hier eigentlich im Mittelpunkt und wem soll das nützen? Es geht für mich in beiden Extremsituationen darum, was sich die Menschen gerade wünschen und was sie brauchen. Sie sollen selbst bestimmen. »Abschied – so einzigartig wie das Leben«, das ist mein Leitspruch bei Stern Bestattungen.

So können Angehörige bei uns zum Beispiel Särge oder Urnen selbst bemalen oder bekleben. Manchmal äußern Sterbende vor ihrem Tod ihre Wünsche, manchmal sind es die Angehörigen, die sich dransetzen und einige Stunden lang zusammen diesen besonderen Abschiedsgruß gestalten. Wir haben kein »Sargprogramm«. Nur wenn sich jemand das ausdrücklich wünscht, kann er oder sie auch ein teures Modell wählen. Genauso ist es bei der Urne. Wir haben schöne Aschekapseln, die auch für die Bestattung genutzt werden können, wenn jemand keine zusätzliche Urne kaufen möchte. Die Verstorbenen können in der eigenen Kleidung bestattet werden, die Angehörigen können sie selbst waschen, wenn sie das möchten.

Das alles können wir klären. Aber es geht nicht alles im ersten Gespräch. Nach einem Todesfall sind die ersten 24 Stunden für Zurückgebliebene ein Ausnahmezustand. Das ist nicht die Zeit für alle Details und schon gar nicht für Verkaufsgespräche. Früher lagen zwischen Tod und Bestattung nur wenige Tage, heute kann es länger dauern. Manchmal ist es gut, das Tempo rauszunehmen. Wichtig ist auch hier, auf das eigene Gefühl zu vertrauen.

Bei Trauerfeiern versuchen wir, alle Wünsche zu erfüllen, Ort, Musik, Reden. Eine Verstorbene bahrten wir im Sommer unter ihrem Lieblingsbaum in ihrem Garten auf, die Angehörigen nahmen dort Abschied. Es waren friedliche, fast heitere Stunden. Eine andere Feier hielten wir an der Mauer einer Kirche – bewusst vor dem Haus, nicht drinnen, das schien dem Ehemann passender für die zwiespältige Haltung der Verstorbenen zur Kirche.

Zeit ist manchmal sehr wichtig. Annette, deren Sohn mit Anfang 20 plötzlich während eines Telefonats tot zusammenbrach, kam über Wochen immer wieder zu ihm ins Bestattungshaus. Erst dann war sie einigermaßen bereit, loszulassen. Der Verlust und dieser rätselhafte Tod verfolgten sie noch viel länger. Monate später bat sie mich noch einmal um Hilfe, um von Ärzten und Behörden endlich Auskunft über die Autopsie zu bekommen. Trauer kennt keine Regeln und keine Fristen. Wir sind so lange wie nötig für die Menschen da.

Es passiert vieles gleichzeitig

Wir arbeiten natürlich nicht im luftleeren Raum. Wie gesagt: Es gibt inzwischen Netzwerke sogenannter alternativer Bestatter – wobei auch das ein einigermaßen schwammiger Begriff ist. Ich spreche eher von »individuellen Bestattungen«. Die Anfänge gehen zurück bis in die 1960er-Jahre, als die amerikanische Psychiaterin Elisabeth Kübler-Ross ihr Modell der fünf Phasen des Sterbens bekannt machte. Auch wenn sich an Kübler-Ross die Geister scheiden – sowohl ihr Fünf-Phasen-Modell als auch ihre spätere Selbstdarstellung als »Geistheilerin« sind bis heute umstritten –, erregte ihre weltweite Verbreitung zumindest Aufmerksamkeit für das Tabuthema Tod. In den 1970er-Jahren begann die Hospizbewegung zur intensiven Betreuung sterbenskranker Menschen und eine Debatte über den Verzicht auf medizinische Intervention. In den USA entwickelten sich das Death Acceptance Movement und der Trend zu Home Funerals, also das Aufbahren Verstorbener zuhause. In einigen Regionen der USA etablierten sich im Rückgriff auf die Kulturen der Ureinwohner auch sogenannte Death Doulas als ehrenamtliche Sterbebegleiterinnen. Man nennt sie übrigens auch Death Midwives oder »Hebammen des Todes«, denn Doulas gibt es auch in der Geburtshilfe.

Seit 2011 existieren ebenfalls in den Vereinigten Staaten der »Order of the Good Death« und das »Death Positive Movement«, bekannt gemacht von der jungen Bestatterin Caitlin Doughty in ihrem Bestseller »Fragen Sie Ihren Bestatter« und ihrem gleichnamigen YouTube-Kanal »Ask A Mortician« mit mehr als 200 Millionen Aufrufen. Sie prangert den »bestattungsindustriellen Komplex« an und wirbt für Alternativen: das Aufbrechen des Schweigens über den Tod, die Vorbereitung auf das eigene Sterben, das Eingehen auf die zu Lebzeiten geäußerten Wünsche der Verstorbenen und die intensive Betreuung der Hinterbliebenen. Die aggressive Vermarktung dieser Ideen sehe ich kritisch. Das macht sie trotzdem nicht falsch.

In Deutschland sah sich vor allem der ehemalige Manager und Bestattungs-Quereinsteiger Fritz Roth aus Bergisch Gladbach als Vorreiter einer neuen Bestattungskultur. 1983 übernahm er das Bestattungshaus Pütz und warb ebenfalls für einen neuen Ansatz: mehr Gehör und Betreuung für Angehörige, individuellere Bestattungen. Roth gründete einen »Privatfriedhof« ohne amtliche Vorgaben und eine private »Trauerakademie«. Er schrieb Bücher und wurde als Ratgeber und Freund des CDU-Politikers Wolfgang Bosbach bekannt. Als Roth 2012 an Krebs starb, galt er in plakativen Schlagzeilen als »Deutschlands bekanntester Bestatter«. Auch bei Roth habe ich persönlich Vorbehalte gegen die Kommerzialisierung seiner Ideen. Aber er hat sicher dazu beigetragen, dass sich bei Bestattungen in Deutschland einiges verändert.

Dazu kommen die gesellschaftlichen Umbrüche der vergangenen Jahrzehnte. Regelmäßige Feuerbestattungen gibt es in Deutschland nach einem jahrhundertelangen kirchlich geprägten Verbot erst seit Ende des 19. Jahrhunderts – 1878 öffnete das erste Krematorium in Gotha. Die katholische Kirche erlaubt sie erst seit 1963, und in den 1960er-Jahren lag der Anteil der Feuerbestattungen in Westdeutschland noch bei rund zehn Prozent. Inzwischen hat sich das Bild gedreht. 2021 waren es 77 Prozent Kremierungen, so hat es die Gütegemeinschaft Feuerbestattungsanlagen in einer Umfrage unter ihren Mitgliedern ermittelt. Der Einfluss der Kirchen schwindet. Sie sind heute nur noch an jeder zweiten Bestattung beteiligt.

In einer 2022 veröffentlichten Forsa-Umfrage für die Verbraucherinitiative Aeternitas sagten noch 12 Prozent der Teilnehmerinnen und Teilnehmer, sie wollten für sich selbst ein klassisches Sarggrab auf einem Friedhof – im Vergleich zu 39 Prozent 2004. Aktuell wünschten sich in der Umfrage 25 Prozent eine Urnenbeisetzung in einem Bestattungswald und weitere 18 Prozent in einer pflegefreien Grabanlage auf Friedhöfen, also in Gemeinschafts-, Rasen- oder Baumgräbern oder in Urnenwänden. 18 Prozent hätten gerne, dass die eigene Asche in der freien Natur verstreut wird, weitere 8 Prozent möchten, dass Angehörige sie zuhause oder im Garten verwahren – was allerdings in Deutschland meist nicht erlaubt ist. Bremen ist eine Ausnahme.

Hinter diesem Wandel stehen viele Gründe, und vielleicht nur der geringere Teil ist eine aktive Auseinandersetzung mit dem Tabuthema Tod. Der Bedeutungsverlust der Kirchen und ihrer Regeln spielt eine Rolle, aber auch ein verbreiteter Wunsch, den Hinterbliebenen nicht zur Last zu fallen: keine Grabpflege, keine dauerhaften Kosten für die Grabstätte, kein physischer Ort, zu dem die oft weit verstreute Familie regelmäßig kommen müsste, kein Erinnerungsstein, keine Namensplakette. Sparsamkeit scheint in Deutschland ein wichtiger Beweggrund. Viele finden es offenbar unsinnig, 10.000 Euro oder mehr zu zahlen für Zeremonie, Bürokratie, Grabstätte und Grabstein. Oder ihnen fehlt schlicht das Geld. Da scheint eine Seebestattung als preisgünstigste Option oder das Verstreuen der Asche auf einem Friedhof. Eine Urne, so geht die Rechnung, braucht im Grab weniger Platz als ein Sarg. Wird sie anonym bestattet, wird es preiswerter. Für die Kremierung reicht ein einfacher Holzsarg statt eines teuren Modells. Ganz ohne Sarg geht es nach geltender Rechtslage noch nicht, aber das ist vielleicht nur eine Frage der Zeit. Fast alle Bundesländer erlauben inzwischen als Ausnahme, dass Muslime in Leichentüchern bestattet werden.

Es passiert also vieles gleichzeitig. Die Folgen der gesellschaftlichen Vereinzelung sind spürbar und der Wunsch, Traditionen aufzubrechen und Verstorbenen einen individuellen Abschied zu gestalten, mit mehr Achtsamkeit, mit individueller, intensiver Begleitung. Gleichzeitig gibt es den Trend zu Billigangeboten, von denen die wenigsten wirklich seriös und transparent sind. Die

Branche mit einem Umsatz von rund zwei Milliarden Euro und rund 5500 Bestattern hat insgesamt nicht den besten Ruf.

So tauchen sie auch in Fernsehserien auf – als windige, manchmal schrullige Totengräber.

»Die Bestatter verbinden drei essentielle Dinge: eine latente Geldgier, die Suche nach potenziellen Toten und die Faszination für den Tod«, sagt etwa die Schauspielerin Regine Hentschel über ihre Rolle als Bestatterin Ellen Bleckmann in der Serie »Nord bei Nordwest«.

Gierige Bestatter, Marihuana anbauende Bestatter, mordende Bestatterinnen, die Verstorbene unsanft in den Sarg zwängen – wenn ich mal ganz nüchtern drauf schaue, geht es hier immer um ein ironisches Spiel mit einem morbiden Schaudern, das in Unterhaltungsfilmen als gerade noch zumutbar gilt. Es hat mit der Realität so wenig zu tun wie ein Krimi mit Polizeiarbeit. Aber das Klischee prägt.

Oft bleibt die Vermutung oder Unterstellung, dass die »Pietät« aus der Not und Trauer anderer Profit ziehen möchte. Der Verband Deutscher Bestatter, in dem sich 3200 Unternehmen organisiert haben, wirbt um Vertrauen und distanziert sich von sogenannten Discount-Bestattern mit irreführenden Lockangeboten, die nicht alle Kosten umfassen. Aber die eigene Kalkulation und die Gewinnmargen bleiben auch bei vielen alteingesessenen Unternehmen nebulös.

Klar ist, dass wir als Bestattungsunternehmen von unserer Arbeit auch leben müssen. Sie ist etwas wert. Wenn kein Geld da ist, finden wir immer eine Lösung, die Menschen gut und mit Würde zu bestatten. Im Notfall springt das Sozialamt ein. Entscheidend ist für mich Transparenz. Die Menschen sollen wissen, was auf sie zukommt, auch finanziell. Im Idealfall bereiten sie lange vor der Zeit alles vor. Vielen wird dabei klar, dass es Ängste nimmt, die letzten Dinge für sich selbst zu regeln.

***

Frau Hinrichs empfängt mich mit Tee und Keksen, den guten Haferkeksen vom Wochenmarkt. Die alte Dame mit dem dezenten Make-up und der kerzengeraden Figur ist über 80, sie macht alles allein in ihrem kleinen Apartment in einem Haus, das auch betreutes Wohnen anbietet. Ihr Alter merkt man ihr kaum an. Nur manchmal beim Sprechen. Sie spricht sehr leise und sehr langsam, lässt lange Pausen.

Ein erstes Treffen hatten wir schon vor einigen Wochen, um zu klären, wie sie bestattet werden will. Heute will Frau Hinrichs ihren Vorsorgevertrag unterschreiben.

»Sollen wir alles noch einmal gemeinsam durchgehen?«, frage ich sie. »Naja, vielleicht im Schnelldurchgang?«, sagt sie. Es klingt entschuldigend.

»Also«, sage ich, »Sie haben festgelegt, dass sie verbrannt werden möchten, in unserem Naturholzsarg, in eigener Kleidung und mit einer eigenen Decke. Sie möchten nicht aufgebahrt werden, Sie möchten auch keine Trauerfeier, keine Traueranzeige, keine Trauerkarten. Ihre Urne soll anonym auf dem Friedhof bestattet werden. Benachrichtigt werden Ihr Sohn und Ihre Tochter, so haben Sie es hier festgelegt.«

Dann die Kosten: »Da ist der Sarg drin und die Beratung. Wir organisieren alles für Sie, zum Beispiel die Sterbeurkunden und die zweite Leichenschau. Dann gibt es Überführungsleistungen, das heißt, wir holen Sie ab und bringen Sie zu uns ins Bestattungshaus und dann ins Krematorium und zurück und schließlich auf den Friedhof. Sie werden, wenn Sie verstorben sind, bei uns gewaschen und versorgt, damit alles schön frisch ist. Alles zusammen ist die Bestattungsgrundleistung, so nennen wir das, das sind aktuell 2838 Euro.«

Frau Hinrichs folgt alldem gefasst und weitgehend stumm, manchmal sagt sie »hhm« oder »ach so«.

Und einmal: »Das ist so toll.«

Ich muss lächeln, denn es klingt, als käme es wirklich aus ihrem Innersten.

Noch ist es aber nicht zu Ende mit den Kosten, es kommen Gebühren dazu, mit denen die Bestatterin nichts zu tun hat – für die erste und die zweite Leichenschau durch Ärzte, für die Sterbeurkunden, das Krematorium, für Verwaltungsgebühren, für den Friedhof, für das Öffnen und Schließen des Grabes. Das alles summiert sich noch einmal auf 1700 Euro, so dass am Ende rund 4600 Euro zusammenkommen. Dass es in der Summe dann doch so viel ist, kommt für viele überraschend.

»Kann man bei Ihnen in Raten zahlen?«, fragt Frau Hinrichs.

»Da müssen Sie sich jetzt gar nicht drum kümmern«, sage ich. Denn das ist ja sowieso nur der heutige Preis. Wenn noch zehn Jahre bis zum Tod vergehen, kann sich das ändern. Wichtiger noch: Die nächsten Angehörigen, in dem Fall Sohn und Tochter, sind »bestattungspflichtig« – sie kämen gar nicht drum herum, die Kosten zu tragen.

»Keine Sorge, wir werden Sie schon gut bestatten«, beruhige ich sie.

Aber Frau Hinrichs möchte das geklärt wissen. Von ihren Hinterbliebenen erwartet sie nichts. Von ihrem früheren Mann ist sie schon seit Anfang der 1970er-Jahre geschieden. Und ihren Kindern will sie nicht zur Last fallen. Sie will Geld von ihrem Sparbuch auf ein Treuhandkonto einzahlen, das dann für ihre Bestattung reserviert und unantastbar ist.

Bei ihrer eigenen Mutter hat sie damals das Erbe ausgeschlagen und wurde auch nicht für das Begräbnis herangezogen. Frau Hinrichs erzählt, wie das damals war. Mit ihrer Mutter hatte sie sich zerstritten über eine Perlenkette. Es wird nicht ganz klar, worüber so erbittert gezankt wurde, es ging wohl um die Teilung der Kette mit Frau Hinrichs Schwester. Aber am Ende blieb ein Satz übrig, eingeätzt in ihr Gedächtnis wie Säure:

»Schade«, habe ihre Mutter gesagt, »dass ich nicht mehr miterleben kann, wenn ihr beide euch an meinem Grab die Köpfe blutig haut.«

Frau Hinrichs schluckt. »War das nicht furchtbar? Das verfolgt mich heute noch.«

Mit ihren Kindern, so ist es bei Frau Hinrichs herauszuhören, ist das Verhältnis auch nicht einfach. Bei ihrer Tochter ist sie sich nicht sicher, ob sie mit der Bestattung überhaupt etwas zu tun haben wollen würde.

»Das ist mir egal, wird sie sagen«, vermutet Frau Hinrichs.

Ihrem Sohn habe sie vor einem halben Jahr einen langen Brief geschrieben.

»Er hat immer noch nicht geantwortet, nichts«, sagt sie. »Jeden Tag laufe ich zum Briefkasten, und das jetzt schon sechs oder sieben Monate.«

Frau Hinrichs unterschreibt den Vertrag über die Bestattung mit ihren Wünschen und die Einwilligung zur Einäscherung. Dann schaut sie auf und lächelt.

»Danke, dass Sie mir helfen«, sagt sie. »Die Sorge bin ich dann los.«

7. Ich wäre gerne Kindersterbeverhüterin

Als könnte die Wunde nie verheilen

Als ich von Frau Hinrichs zurück ins Bestattungshaus komme, sagt mir mein Kollege Dennis: »Es gab da einen Anruf aus Bremen. Es ist wohl ein Baby gestorben. Ich habe gesagt, du rufst zurück.«

Wir arbeiten, wie gesagt, zu sechst im Bestattungshaus, jeder und jede übernimmt jede Aufgabe, wir sind ein enges Team. Aber wenn es um Sternenkinder geht, Kinder die vor oder kurz nach der Geburt sterben, dann übernehme meist ich. Dennis ist Mitte dreißig, er tastet sich an das Thema heran. Manchmal übernimmt er Elterngespräche, manchmal wäscht und versorgt er die kleinen Verstorbenen und er macht das sehr liebevoll und wertschätzend. Aber allen ist klar, dass Sternenkinder mein großes Anliegen sind. Die Jahrzehnte als Hebamme, die Erfahrung als Heilpraktikerin für Psychotherapie, als Supervisorin, als Trauer- und Sterbebegleiterin, all das gibt mir das Gefühl, besser vorbereitet zu sein als andere, um Eltern beizustehen.

Es ist keine Situation, die ich suche. Ich habe oft gesagt, ich wäre gerne Kindersterbeverhüterin. Stirbt ein Kind, reißt das für Eltern eine Wunde, die sich anfühlt, als könnte sie nie verheilen. Es ist für sie so wahnsinnig ungerecht, so sinnlos, so unfassbar. Eine zerstörte Hoffnung, eine verlorene Zukunft, ein Traum, der nie gelebt werden durfte.

Die kleine Sana etwa liebte Einhörner, bevor sie mit vier Jahren an Leukämie starb. An Sanas rosa bemalten Kindersarg hatten wir einen Einhorn-Luftballon befestigt. Als wir den Sarg ins Grab ließen, schaute zuletzt noch das Einhorn über die Kante. Bis sich jemand ein Herz fasste und den Ballon von Sana trennte. Wir banden ihn an das Kreuz, das an sie erinnert.

Den kleinen Erin fand seine Mutter abends tot in seinem Bett. Er war vier Jahre alt. Die Mutter versuchte noch, ihn zu reanimieren, aber es half nichts. Weil niemand verstand, woran Erin gestorben war, nahm ihn die Kriminalpolizei zur Obduktion mit. Aber Gewissheit brachte auch die nicht. Die Eltern glauben, Erin habe sich wohl übergeben und sei am Erbrochenen erstickt. Sicher wissen werden sie es nie.

Die Mutter des kleinen Tamaro, der mit neun Jahren starb, besuchte ihren Sohn jeden Nachmittag um 17.00 Uhr bei uns im Bestattungshaus, um ihm eine Gute-Nacht-Geschichte vorzulesen. Tamaro war eines jener Kinder, die mit einer unheilbaren Krankheit geboren wurden. Lebensverkürzend, sagen die Ärzte. Sie gaben dem Jungen zwei bis drei Jahre. Er wurde neun. Neun Jahre, die seine Mutter rund um die Uhr für ihn sorgte. Aus Zufall oder Fügung dauerte es nach Tamaros Tod besonders lang, bis die Sterbeurkunde vom Amt kam, zehn Tage vielleicht. Für die Mutter war das ein Trost. Jeden Nachmittag besuchte sie Tamaro. Sie nahm den Sargdeckel weg. Las ihrem Sohn vor. Schob den Deckel wieder zu. Bis morgen dann.

Könnte ich Eltern das ersparen, ich würde es tun. Wäre dies möglich, dann wäre das meine Lebensaufgabe. Aber das geht leider nicht. Kinder sterben. An irgendeiner fehlgesteuerten chemischen Reaktion, die zu einem tödlichen Gendefekt führt, an Krebs, an Keimen, bei Unfällen. Wenn ich das schon nicht verhindern kann, dann will ich zumindest ihren Familien helfen, nach ihren Wünschen Abschied zu nehmen und weiter zu leben.

Es läuft dabei oft so viel schief, nicht nur damals bei Marius und Susanne. Die Eltern sind in allergrößter Not, doch die Umgebung findet nicht den richtigen Umgang. Manchmal wird Außenstehenden die Konfrontation mit der Trauer zu viel, manchmal sind sie schlicht ahnungslos. Beim kleinen Erin zum Beispiel, dem verstorbenen Vierjährigen, wussten die Eltern tagelang nicht, wo ihr Kind war und was die Rechtsmediziner herausgefunden hatten. Schließlich fragte ich als Bestatterin nach und hörte, dass das Ergebnis – in diesem Fall das Nicht-Ergebnis – der Obduktion längst vorlag. Die Polizisten hatten es zurückgehalten, sie hatten sich nicht getraut, weil es ausgerechnet Erins Geburtstag war. Man wollte die Eltern schonen. Dabei war das Warten für sie die viel größere Tortur in diesem Moment.

Oft wird nicht klar kommuniziert. Den Tod zu benennen ist einigen schon zu viel. Ein Verstorbener ist eben nicht »eingeschlafen« – er ist tot. Ein Baby in einer sehr frühen Schwangerschaftsphase ist für mich nicht ein »Fötus«, sondern ein Kind, auch wenn es stirbt. Die Medizin flüchtet sich in scheinbar neutrale Begriffe. Große Apparate wie Ämter oder Kliniken verharren in scheinbarer Routine.

Allein gelassen in der Not

Als Larissa erfuhr, dass ihre Tochter Lia in der 26. Schwangerschaftswoche im Bauch gestorben war, musste sie ihr Kind ja trotzdem auf die Welt bringen. Solche Geburten sind für Schwangere extrem, nicht nur wegen des emotionalen Ausnahmezustands. Die Geburt wird eingeleitet. Die Frauen bekommen Wehenmittel zu einem Zeitpunkt, wenn der Körper noch nicht bereit ist. Die Wehen sind deshalb außergewöhnlich heftig und schmerzhaft. Eigentlich hätte Larissa besonders viel Unterstützung gebraucht. Das Gegenteil war der Fall.

Was sie im Krankenhaus erlebte, hat sie Monate später, immer noch fassungslos, in einem Brief an die Klinikleitung festgehalten: Die Aufnahme auf die Station verzögerte sich, die Einleitung der Geburt ebenfalls, es gab wohl zu wenig Personal. All das in einem Moment, wo die trauernden Eltern das Unausweichliche möglichst schnell hinter sich bringen wollten. Nach Einleitung der Geburt wurden die versprochenen Schmerzmittel zu spät gewährt, immer mit dem Unterton, so schlimm werde das ja wohl jetzt nicht sein. Als Larissa um eine PDA bat, wurde sie abgebügelt. Die Hebamme huschte nur kurz vorbei und wieder davon. Sie verschätzte sich mit dem Verlauf. Larissa wurde mit der Geburt ihres Kindes – ihres ersten Kindes – buchstäblich allein gelassen, so beschreibt sie es in ihrem Brief. Alles wirkte wie: Das Kind ist ja tot, das geht mal eben nebenbei. Auch danach stundenlang kein ärztliches Gespräch, keine Seelsorge, keine Informationen, wie es weiter geht mit Überführung und Bestattung.

»Ist ein verstorbenes Kind plötzlich nichts mehr wert?«, fragt Larissa in ihrem Brief. »Hat eine Mutter eines Sternenkindes keinen Anspruch auf eine fürsorgliche und liebevolle Betreuung und Versorgung?« Als menschenunwürdig empfanden die Eltern den Umgang mit ihnen. »Ich hoffe für jede still gebärende Mutter / Familie, dass sie anders, sensibler, emphatischer, hilfsbereiter und schlichtweg besser behandelt wird, als wir es wurden.«

Larissa beschreibt die fehlende Unterstützung, das Allein-gelassen-werden, ihren Zorn über diese professionelle Kälte. Der eigene Schmerz, ohne ihre verstorbene Tochter weiter leben zu müssen, ist nach ihren Worten noch etwas ganz anderes. Nicht alle Eltern reagieren darauf gleich, gehen auf dieselbe Weise damit um. Wir sind nicht immer automatisch trauriger, weil ein Kind stirbt. Und wir sind auch nicht automatisch umso trauriger, je kleiner das Kind ist. Auch wenn Sohn oder Tochter schon Mitte 20 sind wenn sie sterben, sind Eltern untröstlich. Manche Töchter oder Söhne sind bei der Bestattung ihrer schon sehr alten Eltern völlig aufgelöst, während manche Eltern äußerlich gefasst wirken, wenn sie ihre kleinen Kinder bestatten. Vielleicht ist das nur eine Maske für diesen öffentlichen Moment, vielleicht halten sie sich nur aufrecht, indem sie funktionieren. Vielleicht verdrängen sie den Schmerz. Trauer kennt keine Regeln, das sagte ich schon. Jeden und jede berührt sie unterschiedlich. Sie schleicht sich an in unerwarteten Momenten, sucht sich verborgene Wege. Die Trauerbegleiterin Stefanie Kreye verteilt in ihren Kursen sogenannte Trauerplopper. Das sind kleine bunte Figuren mit einer Sprungfeder, die sich plötzlich löst, so dass der Plopper in die Höhe schießt. Alles ist scheinbar gut. Und dann springt einen dieses Gefühl doch wieder unvermittelt an.

Manchmal gewinnt der Kopf die Kontrolle. Manche Eltern finden Trost in der Gewissheit, dass ihr Kind nicht mehr leidet. Manchmal hilft auch der Glaube an einen höheren Sinn. Als Hebamme betreute ich eine afghanische Flüchtlingsfamilie, die ein sehr schwer krankes Baby bekam. Sie sagten: »Warum hat Allah mich mit einem solchen Kind gestraft?« Sie konnten nicht verstehen, dass wir in Deutschland alles daran setzen, schwer kranke Kinder am Leben zu erhalten und über Jahre und Jahrzehnte mit enormen Aufwand zu versorgen. In Afghanistan hätte ihr Baby nicht überlebt, weil die medizinischen Möglichkeiten fehlen. Sie sagten: »Allah hätte das nicht gewollt.« Es war nicht so, dass die beiden ihr Kind nicht liebten, mit all seinen Problemen. Wenn der kleine

Junge unruhig war, schaffte es die Mutter, ihn zu beruhigen. Da gab es eine innige Verbindung. Auch die Familie hielt eng zusammen. Und doch zweifelten die Eltern an diesem Eingriff in die Natur, in Gottes Plan.

Ich selbst war zum Glück nie in dieser Lage. Sicher hätte auch ich alles daran gesetzt, mein Kind am Leben zu erhalten, wenn es krank gewesen wäre. Andererseits wage ich nicht zu beurteilen, wie es sich für ein Kind anfühlt, ein Leben lang ums Überleben zu kämpfen, Krämpfe zu haben, Medikamente zu schlucken, von Hilfe abhängig zu sein, nicht selbst bestimmen zu können. Ich komme hier für mich persönlich auf sehr dünnes Eis, zu Fragen, für die es keine einfachen Antworten gibt. Manchmal gibt es noch nicht einmal richtig oder falsch. Die Medizin gibt uns Möglichkeiten, die uns als Menschen überfordern.

Das Baby aus Bremen

Das verstorbene Baby aus Bremen heißt Mia. Das erzählt mir ihr Vater, als ich ihn zurückrufe. Er hat sich an uns gewandt, weil ein befreundetes Bremer Bestattungshaus uns empfiehlt. Auch dort kümmert sich nur eine Kollegin um die Bestattung von Sternenkindern. Die übrigen Mitarbeiterinnen und Mitarbeiter fühlen sich dem noch nicht gewachsen. So helfen wir einander aus, auch wenn zwischen Bremen und Oldenburg 50 Kilometer liegen. Wenn mich so ein Anruf erreicht, versuche ich immer, die Begleitung zu übernehmen. Eltern von Sternenkindern, finde ich, sind einfach nicht gut aufgehoben bei Bestattern, die damit keine Erfahrung haben.

Sind die Babys schwerer als 500 Gramm, gilt in den meisten Bundesländern Bestattungspflicht. Viele Kollegen in anderen Häusern versuchen, es möglichst schnell hinter sich zu bringen. Ich mache das daran fest, dass viele solche Bestattungen oft unentgeltlich abwickeln. Sie scheuen sich, dafür eine Rechnung zu schreiben. Das wirkt erst einmal freundlich und kulant. Aber ich finde es falsch, und zwar nicht wegen des Geldes. So fremd das klingt: Die Rechnung mit dem Namen des Babys ist für die Eltern auch ein Beweis, dass es diesen Menschen in der Familie einmal gab. Denn sehr kleine tot geborene Kinder werden nicht automatisch amtlich erfasst. Das Ehepaar Barbara und Mario Martin, Eltern dreier Sternenkinder, kämpfte jahrelang darum, dass eine Registrierung beim Standesamt nun zumindest möglich ist. 2013 wurde das Personenstandsrecht auf ihre Initiative hin geändert. Nun kann das Standesamt auch für tot geborene Kinder unter 500 Gramm eine Bescheinigung ausstellen, und es gilt ein Recht auf Bestattung.

Jeder noch so kleine Hinweis auf die Identität hilft bei der Verarbeitung der Trauer. Die Hinterbliebenen haben oft nur wenige Stunden oder Tage.

Wir müssen in der kurzen Zeit so viele Erinnerungen schaffen wie möglich. Deshalb gibt es professionelle Sternenkinder-Fotografen. Eltern wird geraten, Fingerabdrücke zu nehmen, vielleicht eine Totenmaske zu machen oder eine Haarlocke aufzuheben. Am Ende ist es das, was Gewissheit schafft, es gab diesen Menschen und jetzt ist er nicht mehr da.

Am Telefon sagt mir der Vater der kleinen Mia nur, dass sie in der 34. Schwangerschaftswoche tot geboren wurde. Vater und Mutter sind wieder zu Hause. Die Kleine ist noch in der Klinik. Ob ich sie abholen könnte? Es sei kein Problem, dass unser Bestattungshaus in Oldenburg ist. Ein bisschen Abstand sei vielleicht ganz gut. Sie kämen dann in den nächsten Tagen vorbei.

»Danke, dass wir Sie begleiten dürfen«, sage ich dem Vater am Telefon.

Ich nehme einen kleinen Weidenkorb mit nach Bremen, ein hölzerner Kindersarg wäre zu groß für so ein kleines Baby. An der Pforte des Klinikums Bremen-Nord bekomme ich die Papiere zur Überführung und Instruktionen, wo ich das Baby abholen kann. Ich fahre mit dem Wagen zum Hintereingang, ein großes Rolltor neben der Notaufnahme gibt Einlass zur Pathologie. Nur ist da niemand. Ich suche eine offene Tür, frage nach dem Weg. Eine Krankenschwester öffnet mir mit ihrer Codekarte einen Durchgang. Wieder ein langer, leerer Flur im Untergeschoss. Ich suche die Türschilder ab, begegne wieder einer Frau in Klinikkleidung.

Kinderpathologie?

»Da kann ich Ihnen leider nicht helfen.«

Schließlich finde ich den Raum. In die Wand sind drei gekühlte Schubfächer aus Edelstahl eingelassen. Aber auch die wären zu groß für Mia.

Das Baby liegt in einem Kühlschrank. Ein kleines Bündel, gehüllt in eine Decke mit Sternen. Ich ziehe den Stoff etwas zurück, um Mia ins Gesicht zu sehen. Ein kleiner, verzerrter Mund unter der kleinen Nase und den winzigen Augen. Ach Mensch, du kleine Maus, was ist dir widerfahren? Ich ziehe ihr die Decke wieder über das Gesichtchen, bette Mia in den Weidenkorb, schließe den Deckel. Suche den Rückweg durch die Gänge im Untergeschoss des Klinikums Bremen-Nord. Im Wagen schaue ich mir die Papiere an. Todesursache: Fetozid.

Leben oder nicht

Fetozid, das ist ein sehr technischer Begriff. Spätabtreibung ist geläufiger, aber auch das klingt abstrakt. Gemeint ist: Wenn während der Schwangerschaft festgestellt wird, dass das Kind Behinderungen oder Fehlbildungen hat oder mit großer Wahrscheinlichkeit nicht lebensfähig sein wird, kann die Schwangerschaft beendet werden, auch noch kurz vor dem Geburtstermin. Geregelt ist das in Paragraf 218a des Strafgesetzbuchs. Die Perspektive ist die der Mutter. Erlaubt ist der Abbruch demnach, »um eine Gefahr für das Leben oder die Gefahr einer schwerwiegenden Beeinträchtigung des körperlichen oder seelischen Gesundheitszustandes der Schwangeren abzuwenden«. In der Praxis ist es so, dass solche Gefahren für die Mutter bei bestimmten Diagnosen des Kindes als gegeben gelten. Dazu gehört Trisomie 21, das sogenannte Downsyndrom.

Ehrlich gesagt: Es gab eine Zeit, als ich solche Spätabbrüche rundweg abgelehnt habe, vor allem bei Down-Kindern. Ich fand das einfach keinen ausreichenden Grund, das Kind zu töten. Nach meinen ersten zwei oder drei Jahren als Hebamme begleitete ich eine Frau, die schon ein kleines Kind mit einem Herzfehler hatte. Als sie wieder schwanger war, wurde bei dem ungeborenen Baby das Downsyndrom festgestellt. Sie entschloss sich zum Abbruch. Für mich bedeutete das, ich kann sie nicht weiter begleiten. Sie brauchte Geburtsbetreuung und Nachsorge, aber ich wusste damals, ich kann das nicht. Ich suchte eine Kollegin für sie und stieg aus.

Ich habe Kinder mit Trisomie 21 kennengelernt, die arbeiten heute als Schauspieler oder sie organisieren Kampagnen gegen Abtreibungen. Ich hatte auch die erstaunliche Erfahrung mit Aaron, bei dem das Downsyndrom nach der Geburt fünf Monate lang nicht erkannt wurde. Das Baby trank ganz normal, was bei Trisomie-21-Kindern selten vorkommt. Es wuchs etwas langsamer, aber alles noch im Rahmen. Es waren die Eltern, die schließlich einen Gentest machen ließen und die Diagnose schwarz auf weiß hatten. Aaron entwickelte später große Schwierigkeiten, er braucht bis heute rund um die Uhr Betreuung. Aber die ersten fünf Monate seines Lebens war er einfach nur Aaron, ohne düstere Zukunft, ohne die dunkle Wolke ständiger Sorge. Ich bin natürlich im Nachhinein erstaunt, warum der Kinderarzt und ich selbst die äußeren Anzeichen nicht sahen, die tief anliegenden Ohren, die Mandelaugen, die verkürzten Finger. Aber ich fand es auch enorm, wie sehr das den Umgang mit dem Baby prägte. Aaron war erstmal kein Problemfall, der Fokus lag nicht auf seiner Krankheit, sondern er war einfach da. Ich wünschte, wir hätten häufiger diesen offenen Blick auf die Stärken.

Über die Jahre hat sich meine Haltung zu Spätabtreibungen verändert. Ich weiß, dass diese Entscheidungen geradezu übermenschlich schwer sind. Und ich kann sie gar nicht einschätzen, wenn ich nicht selbst in der Lage bin. Wenn eine Frau schon ein sehr betreuungsintensives Kind hat und sich ein zweites nicht zutraut, ihr älteres Kind nicht vernachlässigen will, um ihre Partnerschaft bangt – wer bin ich, das zu beurteilen? Die Frau braucht Begleitung und Betreuung. Inzwischen kann ich das mittragen. Bittet mich jemand um die Bestattung eines Babys nach einem Abbruch, dann übernehme ich das und auf Wunsch auch die Nachsorge als Hebamme. Ich urteile nicht, ich biete Unterstützung und zwar ohne jeden Vorbehalt.

Trotzdem finde ich die Vorstellung eines Fetozids grauenhaft. Bei sehr weit fortgeschrittenen Schwangerschaften wird dabei das Kind im Mutterleib getötet. Durch die Bauchdecke wird eine dünne Kanüle in das Herz des Babys gestochen und Kaliumchlorid gespritzt, was binnen weniger Minuten zum Herzstillstand führt. Danach wird die Geburt eingeleitet.

Das Oldenburger Baby Tim

Dass diese Kindstötung im Mutterleib heute bei Abtreibungen nach der 22. Schwangerschaftswoche üblich ist, hat auch mit dem Fall des sogenannten Oldenburger Babys zu tun: Tim. Der 1997 geborene Junge ging in die Geschichte ein als das Baby, das seine eigene Abtreibung überlebte. Seine leibliche Mutter hatte bereits ein gesundes Kind bekommen und eine Fehlgeburt hinter sich. Weil sie bei ihrer erneuten Schwangerschaft schon 35 Jahre alt war und das als Risiko galt, wurde eine Fruchtwasseruntersuchung gemacht. Das Ergebnis in der 25. Schwangerschaftswoche: das Ungeborene hatte das Downsyndrom. Die Frau fühlte sich dem nicht gewachsen und entschied sich für eine Abtreibung, die auch unmittelbar darauf eingeleitet wurde. Nach 30 Stunden Geburtswehen gebar sie ihren Sohn. 650 Gramm schwer, 32 Zentimeter lang. Das Kind lebte, aber die Ärzte erwarteten seinen Tod. Die Mutter entschied sich dagegen, den Jungen anzuschauen. Ziel der Abtreibung war ja, das Baby zu töten. Ärzte und Schwestern wickelten es in gewärmte Decken, doch sonst wurde das Kind nicht weiter versorgt. Neun Stunden lang kämpfte der winzige Junge ums Überleben. Die Ärzte steuerten schließlich um und brachten das Baby auf die Intensivstation. Die Körpertemperatur lag bei nur noch 28 Grad.

Tim. Schwerste Schädigungen des Gehirns und der Lunge, durch die genetische Krankheit, aber auch durch die heftigen Folgen der eingeleiteten Geburt und die Nichtbehandlung danach. Die leibliche Mutter sah sich außer Stande, das Kind anzunehmen. Nach sechs Monaten Behandlung auf der Intensivstation und mehreren Operationen suchte das Jugendamt eine Pflegefamilie. Das Ehepaar Simone und Bernhard Guido aus Quakenbrück, Eltern zweier leiblicher Söhne, nahm Tim auf und umsorgte den Jungen als wäre er ihr eigener, wie eine WDR-Reportage von 2005 zeigt. Sie hätten nie vorgehabt, ein behindertes Kind in Pflege zu nehmen, sagten die Guidos damals. Aber es sei Liebe auf den ersten Blick gewesen. Niemals hätten sie auch nur einen Moment an ihrer Entscheidung gezweifelt – die Entscheidung für ein Kind, das rund um die Uhr Aufmerksamkeit, Pflege und Therapien braucht, das jahrelang über eine Sonde im Magen ernährt werden muss, weil es nicht isst, das immer im Mittelpunkt steht, das alles andere in den Schatten stellt, auch die leiblichen Söhne. »Man nimmt jedes Kind so, wie es ist«, sagt Bernhard Guido im Film.

Tim starb 2019 im Alter von 21 Jahren an einem Lungeninfekt. »Wir sind sehr traurig und wissen noch nicht, wie wir den Verlust unseres einzigartigen, lebensfrohen und Freude verbreitenden Sohns verkraften sollen«, schrieben die Guidos damals in einer Mitteilung.

In Tims Todesanzeige hieß es: »Wir haben gemeinsam für ein Leben mit dir gekämpft. Du hast uns unendlich viel gegeben. Du bist immer bei uns.«

So berührend ich Tims Geschichte finde, so sehr mich die Familie Guido beeindruckt – auch hier wage ich nicht zu sagen, wie ich mich entschieden hätte. Klar ist für mich nur, wie in jeder Lebenslage: Die Betroffenen sollten selbst bestimmen können. Und da wünschte ich mir mehr Unterstützung und mehr Transparenz für die Eltern vor einer extrem schwierigen Entscheidung.

Meist hat eine Spätabtreibung einen längeren Vorlauf. Frauen gehen ganz normal während der Schwangerschaft zum Ultraschall. Dann gibt es eine Auffälligkeit. Empfohlen wird ein Spezialist, eine genauere Diagnostik, bis dann wirklich feststeht: Da ist ein Problem. In diesem Moment, das ist meine Erfahrung, werden Eltern oft einseitig beraten. Es wird vielen auch nicht klargemacht, was ein Fetozid bedeutet. Wüssten die werdenden Eltern die Details, würden sie sich vielleicht anders entscheiden?

Einmal wandte sich eine Frau an mich, nachdem sie die Diagnose eines Gendefekts bei ihrem ungeborenen Kind bekam. Eine Hebammenkollegin hatte den Kontakt vermittelt. Als ich mich mit der werdenden Mutter traf, spürte ich bei ihr ein großes Bedürfnis nach Information in einem Umfeld, das sich schon entschieden hatte: Das Kind wird abgetrieben. Ich fand es befremdlich, dass ausgerechnet ich mehr oder weniger zufällig die Rolle der Beraterin übernahm, dass keiner der professionell Beteiligten dieses Bedürfnis stillte. Oft bekommen Zweifel wenig Raum, es herrscht plötzlich scheinbarer Zeitdruck, der

Drang, den angeblichen Makel schnell zu bereinigen. Aber so viel sollten die Betroffenen zumindest wissen: Selbst wenn das Kind sterbenskrank ist, gibt es Alternativen.

Die Mutter der kleinen Edda etwa, die ich als Bestatterin begleiten durfte, erfuhr während der Schwangerschaft von einem tödlichen Gendefekt ihrer Tochter.

Sie sagte: »Ich kann keinen Abbruch machen, ich schaffe das einfach nicht.«

Obwohl sie wusste, dass ihr Kind keine Lebenschance hatte, entschied sie sich abzuwarten. Als Edda tatsächlich im Bauch gestorben war, musste auch diese Mutter das tote Kind zur Welt bringen. Sie sagte trotzdem, sie sei dankbar, dass das Kind seine eigene Zeit zum Sterben gewählt habe und sie nicht habe eingreifen müssen. Es nahm ihr Schuldgefühle. Aber sie sagte auch, sie sei kurz davor gewesen, die Schwangerschaft zu beenden. Auch sie konnte diesen Zustand kaum aushalten und die quälende Frage: »Wann stirbt mein Kind?«

»Eine sehr große Zeit«

Die Hebamme Katja Baumgarten hat Ähnliches erlebt und einen Film über ihre Schwangerschaft und die Geburt ihres Sohnes Martin gedreht: »Mein kleines Kind«. Sie sagt, sie habe auch zuerst nicht gewusst, ob sie ihr todgeweihtes Baby austragen solle. Aber sie habe sich als Hebamme nicht vorgemacht, dass eine Abtreibung der einfachere Weg wäre.

»Man muss so oder so den ganzen Weg durchgehen«, sagte sie in einem Interview 2007.

Viele Frauen seien nicht darauf vorbereitet, was auf sie zukommt. Von einem Abbruch werde sehr behutsam besprochen.

»Das klingt dann so, als könnte man das Kind so wie wegzaubern oder das ganze Problem. Das geht natürlich gar nicht. Man muss Schritt für Schritt da durch.«

Am Ende sei es für sie richtig gewesen, Martin auf natürlichem Wege auf die Welt zu bringen und gemeinsam mit der Familie Abschied zu nehmen. Martin überlebte seine Geburt dreieinhalb Stunden.

»Das war, so kurz es war, für uns auch eine sehr große Zeit«, sagte Katja Baumgarten. Obwohl sie gewusst habe, er werde kurz leben, »habe ich trotzdem versucht, ihm das Schönste vom Leben zu zeigen«. Zur Geburt seien ihre Kinder und ihre Mutter dazu gekommen, alle hätten Martin begrüßt, ein feierlicher Moment.

»Das war auch ein sehr tiefes und sehr schönes Erlebnis«, sagte sie.

Auch den Eltern des kleinen Anton, die ich als Bestatterin kennenlernte, wurde zur Abtreibung geraten, weil ihr Baby wegen eines Genschadens nicht überlebensfähig wäre. Auch sie entschieden sich, das Kind trotzdem auszutragen und auf die Welt zu bringen. Kurz vor dem errechneten Termin wurde die Geburt eingeleitet. Anton lebte. Er bekam auf der Kinderintensivstation sofort die beste Betreuung. Seine Eltern und Geschwister, die zweijährige Maja und der sechsjährige Max blieben bei ihm im Krankenzimmer, manchmal rund um die Uhr.

Aber es war, wie die Ärzte gesagt hatten: Anton hatte keine Überlebenschance, jedenfalls nicht ohne Beatmungsmaschine und ohne künstliche Ernährung über eine Magensonde. Antons Lunge war zu schwach, um ihn selbstständig mit Sauerstoff zu versorgen. Antons Herz war zu schwach, um eine Lungen-OP zu überstehen. Die Eltern, die sich gegen eine Abtreibung entschieden hatten, gaben schließlich ihre Zustimmung, die künstliche Lunge abzustellen und ihren Sohn sterben zu lassen. Vier Wochen war Anton auf der Welt und bei seiner Familie.

Als ich mit dem Kindersarg in die Klinik kam, um Anton abzuholen, saßen Mutter und Vater am Wärmebettchen. Sie hielten ihrem toten Baby die Hand. Es war, als könnten die Eltern noch drei Stunden hier sitzen oder drei Tage oder drei Wochen. Ich kam zur vereinbarten Zeit, es war alles so ausgemacht. Aber ich kam mir vor wie ein Eindringling in diesen geschützten Raum. Es war ein schwieriger Moment zwischen uns, eine intensive Distanz. Ich war die fremde Frau, die ihnen ihr Baby wegnahm. Sie waren nicht bereit, Anton gehen zu lassen, die Zeit war einfach zu kurz. Ist es besser, ein Kind kennenzulernen und gleich wieder zu verabschieden?

Wie gesagt, ich weiß nicht, wie ich entschieden hätte und ich bin froh, dass ich nicht in die Lage gekommen bin. Die Eltern von Mia, dem Baby aus Bremen, haben ihren Weg gewählt und meine Aufgabe ist es, sie bestmöglich zu begleiten.

Abschied von Mia

Die beiden kommen zu mir ins Bestattungshaus nach Oldenburg, der Vater reserviert, die Mutter einigermaßen gefasst. Ihre eigene Mutter ist mit dabei, die Oma der kleinen Mia.

»Wollt ihr euer Kind noch einmal sehen?«, frage ich sie.

Der Vater sagt nein, die Mutter zögert, die Großmutter sagt:

»Ja, bitte.«

Wir holen Mia aus dem gekühlten Ruheraum, bahren sie auf in einem kleinen Raum, in dem wir Kerzen anzünden. Mias Oma geht voran, Mias Mutter entschließt sich, dann schaut auch Mias Vater seine Tochter noch einmal an.

»Wollt ihr Mia vielleicht noch einmal auf den Arm nehmen?«, frage ich sie.

Wieder ist es die Oma, die nickt. Sie nimmt Mia, in eine Decke gewickelt, ein Mützchen auf, ein winziges Bündel Mensch. Die Oma wiegt sie in der Armbeuge. Schaut auf sie und was vielleicht einmal hätte sein können, wenn alles anders gekommen wäre. Mias Mutter lehnt sich an die Schulter ihrer eigenen Mutter, streicht mit einem Finger über das Mützchen. Sie schluchzt fast lautlos, als wäre jeder Ton erfroren. Die drei, vereint in einem furchtbaren und doch innigen Moment. Es wirkt trotz allem, als fänden sie Trost darin, das Unerträgliche miteinander zu tragen.

Trauer kommt in Wellen. Sie schwillt an wie auf dem Weg zu einem Gipfel. Sie wächst manchmal bis zu einem Punkt körperlicher Schmerzen. Ein Stich in der Brust, ein verschnürter Magen, ein lastender Druck auf dem ganzen Körper, der sich gebeugt anfühlt und wie geschunden. Aber das Gefühl steigert sich nicht ins Unendliche, sonst stürbe man wohl daran, das hielte niemand aus. Es zieht sich wieder ein wenig zurück. Du lässt dich ablenken, irgendwas bringt dich zum Lachen, instabil wie du bist. Der Alltag bietet kleine Notausgänge. Das dumpfe Gefühl ist nicht weg. Aber für den Moment bist du wieder etwas gefasster.

Trauer zu begleiten bedeutet, diese Welle gemeinsam auszuhalten. Trauernde sollten nicht alleine sein, sondern einen Menschen haben, der sie hält, sie berührt, der signalisiert: Ich bin da. Das Wichtige ist nicht, etwas Bestimmtes zu sagen oder zu tun. Es geht darum, sich nicht zu entziehen. Begleiterinnen und Begleiter können das aushalten, wenn auch sie sich klarmachen: Kein Gefühl dauert ewig.

Es gibt wunderbare Selbsthilfegruppen wie die Sterneneltern Achim bei Bremen, ein Verein von Betroffenen, die schon kurz nach einer Diagnose oder Totgeburt sofort Hilfe und praktischen Rat bieten. Die Begleitung in Gesprächskreisen mit Menschen in ähnlicher Lage kann über Jahre gehen und Mut machen, trotz und mit der Trauer weiter zu leben. Manchmal läuft diese Aufgabe auch auf mich zu. Dann bin ich nicht nur Bestatterin, nicht nur Hebamme für die Nachsorge der Mutter, sondern auch Trauerbegleiterin. Ich übernehme das, wenn die Angehörigen das wollen. Ich bin ja oft die erste Kontaktperson, die Hinterbliebenen vertrauen mir ohnehin viel an. Manchmal wollen sie nicht mit jemand anderem wieder bei Null anfangen. Dann gehen wir ein Stück des Wegs gemeinsam.

Die Zeit heilt alle Wunden? Das sehe ich anders. Trauer ist nicht wie eine blutende Wunde am Bein, die irgendwann nicht mehr spürbar oder sichtbar ist. Sie bleibt. Aber wenn Trauernde sagen, es wird nie wieder gut, dann sage ich: Es wird immer wieder Momente geben, die ganz besonders schlimm sind, dann gibt es auch welche, in denen man mit diesem Schmerz besser umgehen kann. Manchmal muss ich Menschen an diese etwas besseren Zeiten erinnern. Warum war es besser, was hast du da gemacht? Einen Waldspaziergang? Ein Bild gemalt? Dann weißt du, das tut jetzt gut, mach das öfter, vielleicht auch länger. Das ist ein Anfang. So wird es Stück für Stück möglich, mit dieser Trauer zu leben, auch wenn sie nie ganz aufhört.

Auch Menschen, deren Kinder vor 30, 40 oder 50 Jahren gestorben sind, entschließen sich manchmal nach all den Jahrzehnten, sich einer Trauergruppe anzuschließen. Manche konnten nie darüber reden, manche haben den Schmerz verdrängt, manchen wurde er auch ausgeredet. Lange wurde über Fehl- oder Totgeburten nicht gesprochen, das wollte niemand hören. Das hat sich nach meiner Erfahrung in den letzten 20 Jahren geändert. Schwierig bleibt es, wenn Kinder für die Umgebung noch nicht wahrnehmbar waren. Die Mutter hat sie gespürt, ihr Körper hat sich darauf eingestellt, doch für Angehörige und Freunde bleibt der verstorbene kleine Mensch wie ein Phantom.

Bisweilen hören Eltern auch heute noch: Das ist doch jetzt schon sechs Wochen her, jetzt ist es auch mal gut. Dass die Trauer möglicherweise nie aufhört, das will man nicht sehen. Die Trauernden bekommen den Eindruck, irgendetwas mit ihrem Gefühl sei nicht richtig. Manche schieben es weg. Ich hatte schon Bestattungen, bei denen ich dachte, ich fühlte mich betroffener als die Eltern. Ich erinnere mich an ein junges Paar nach einer Fehlgeburt, die beiden kamen mir in allen Gesprächen vor wie Eisklötze. Aber als wir das Baby in den Begräbniswald trugen, brach alles auf, alle weinten. Es braucht Mut und den rechten Moment, sich zu offenbaren, vor allem, wenn man annimmt, dass die anderen am liebsten wegsähen. Oder wenn man sich fürchtet vor Mitleid. Manchmal kann es helfen, sich eine Zeitlang wegzuducken und für sich zu sein.

Manchmal müssen die Trauernden selbst Trauerbegleiter sein. Katrin und Jürgen hatten schon zwei Kinder, sechs und vier, als sie bei der dritten Schwangerschaft von der schweren Fehlbildung ihrer Jüngsten erfuhren. Die beiden entschieden sich für eine Spätabtreibung. Nach der Geburt nahmen sie ihr totes Kind mit nach Hause, damit auch die Geschwister Abschied nehmen konnten. Katrin hatte für Julias Beerdigung einen winzigen Sarg gebaut, eine Halbkugel aus rosa Pappmaschee, wie eine kleine Eihülle für ihre Tochter. Bevor ich das Baby mit dem Bestattungswagen abholte, gab es eine kleine Zeremonie. Die Familie saß mit der kleinen Julia auf dem Sofa.

»Unser Baby war leider schwer krank und konnte nicht leben«, sagte Katrin. »Ich bin sehr traurig, dass unser Baby nicht bei uns leben kann. Aber ich bin froh, dass es jetzt keine Schmerzen mehr hat.«

Die Eltern weinten, die Kinder waren traurig, aber man spürte, dass sie das zusammen durchstehen würden.

So war es auch bei Antons Familie. Nach dem schwierigen Moment bei der Abholung in der Klinik kam ich am nächsten Tag zu ihnen, um über die Bestattung zu sprechen. Von der abweisenden Stimmung war nichts mehr zu spüren, alle waren traurig, aber auch offen und dankbar. Antons Eltern hatten einen großen Wunsch: Am Montag sollte die große Faschingsfeier sein, auf die sich Max und Maja schon seit Wochen freuten. Ob wir die Beerdigung solange verschieben könnten? So haben wir es gemacht. Die Trauer bleibt, aber das Leben bleibt eben auch.

***

Mia, das Baby aus Bremen, wird später kremiert und im Familiengrab beigesetzt. Die Urne ist ein kleiner gelber Stern. Ein Teddy schmiegt sich an das kleine Gefäß.

8. Das Schwere und das Leichte

Einiges, von dem ich hier erzähle, ist nicht leicht zu ertragen, mir ist das bewusst. Einiges geht auch mir sehr nahe. Aber die Wahrheit ist: Es gibt das alles. Es passiert auch, wenn wir nicht hinschauen, wenn wir uns vormachen, es liefe immer alles glatt, unser Leben wäre ewig und das Sterben etwas für die anderen. Hinzuschauen hilft.

»Wie schaffen Sie das eigentlich alles?«

Die Kombination meiner Berufe macht nicht nur viele Menschen neugierig. Sie weckt auch eine kuriose Art von Fürsorge – kurios, weil ich ja eigentlich diejenige bin, die von Berufs wegen für andere da ist und nicht umgekehrt. Frau Hinrichs etwa, die Dame, die mich mit Haferkeksen und Tee zum Vorsorgegespräch empfing, fragte mich zum Abschied:

»Wie schaffen Sie das eigentlich alles?«

Ob ich genug zu Essen bekomme? Wie ich abschalten kann? Meine Antwort ist dann immer: Machen Sie sich mal keine Sorgen, ich habe nichts auszustehen, ich komme gut durch.

Das empfinde ich wirklich so, meine Kolleginnen und Kollegen im Bestattungshaus übrigens auch. Wir wären ja verrückt, diese Arbeit zu tun, wenn sie uns auffräße, wenn sie uns jeden Tag ein Stückchen Lebensqualität nähme und uns in eine Depression führte. Niemand hat uns dazu gezwungen. Wir wurden nicht in einen Familienbetrieb geboren, den wir übernehmen mussten. Wir waren nicht arbeitslos. Dennis hat einen gut bezahlten Job gekündigt, weil er bei mir Bestatter werden wollte. Nicole könnte alles Mögliche machen, sie ist gut ausgebildet, kreativ, gewissenhaft, fürsorglich. Aber sie hat sich ebenfalls für diese Arbeit entschieden. Ich selbst hätte mich darauf beschränken können, weiter Babys auf die Welt zu begleiten, Vor- und Nachsorge zu machen, glückselige Mütter und süße, rosa Babyhaut um mich zu haben. Aber die Aufgabe als Bestatterin gibt mir mehr, als sie mir nimmt. Sie macht mich dankbar, demütig und bewusster.

Dankbar, dass ich genau das tun kann, was ich möchte. Demütig, dass Menschen sich ausgerechnet mir in solchen Extremsituationen anvertrauen. Bewusster. Wir holen Menschen ab, die einfach umgefallen sind, die einen Autounfall hatten, einen Herzinfarkt oder Schlaganfall. Es kann so wahnsinnig schnell gehen. Ich bin Anfang 60. Wenn ich Mitte 80 werde, wie in meiner Familie üblich, dann habe ich vielleicht noch 25, 26 Jahre. 26 Mal Weihnachten. 26 Mal in Urlaub. Das ist nicht viel. Muss ich mich dann wirklich heute mit irgendwem streiten? Habe ich so viel überschüssige Kraft? Oder schaue ich lieber auf das Positive? Nehme ich mir Zeit für Menschen und Dinge, die ich liebe? Wie die Hinterbliebenen bei einer Trauerfeier habe ich die Chance, einen Schritt zurückzutreten und zu sehen: Ich bin noch da, ich lebe. Noch kann ich mich bewegen, etwas tun, gestalten, Schönes erfahren. Das Schwere hilft mir, das Leichte zu spüren.

Das Leichte. Dazu gehören die Spaziergänge mit meinem Hund Bubi. Das klingt banal. Aber der Kerl muss vor die Tür und ich muss mit. Bei den ersten Schritten hänge ich noch meinen Gedanken nach, dann bleiben sie irgendwie auf der Strecke. Ich fange an, die Umgebung wahrzunehmen, die Vögel, das Licht, die Farben. Ich spüre, wie die Kälte in mir hochkriecht, wie Hände und Füße klamm werden und dann wieder wärmer, wenn ich schneller laufe. Wie mein Körper arbeitet, wie mein Blut pulsiert.

Bubi trabt auf seinem eigenen Pfad, er macht wenig Extratouren, aber er kümmert sich auch kaum um mich. Er ist ein griechischer Straßenhund, den ich über eine Tierschutzorganisation bekam. Eigentlich hieß er anders. Aber Bubi passt einfach sehr gut. Wenn er die Nackenhaare hochstellt und sich aufplustert und irgendeinen Kumpan beeindrucken will, dann erinnert er mich an Dieter Bohlen. Wobei dieser Vergleich ein bisschen ungerecht ist, denn eigentlich ist Bubi ein richtig lieber Kerl. Diese Spaziergänge mit ihm sind für mich meditativ, beruhigend und entlastend.

Entlastend ist für mich bei Bestattungen auch die Arbeit im Team. Bei Geburten bin ich ja allein verantwortlich, was bei lebensbedrohlichen Situationen für Mutter oder Kind sehr fordernd sein kann. Bei Blutungen etwa oder schwachen Herztönen, ist es manchmal eine Frage von Minuten, die Gebärende in die Klinik oder in den Operationssaal zu bringen. Bei Bestattungen gibt es nie diese Hektik und nie diesen Entscheidungsdruck. Bei schwierigen Einsätzen können wir uns gegenseitig stärken.

Als ich zum ersten Mal nachts zu einem Suizid an eine Bahnstrecke gerufen wurde, kam Nicole mit. Das Drama einer solchen Verzweiflungstat rückt in einem solchen Moment in den Hintergrund. Es ist ein extrem schwieriger Einsatz für Lokführer, Polizei, Feuerwehr, Rettungskräfte und eben auch für Bestatterinnen. Der Ort, wo sich der Mann vor den Zug gestellt hatte, ließ sich nur noch daran erahnen, dass an den Gleisen eine Wasserflasche stand mit einigen Zigarettenkippen daneben. Der Körper lag 50 Meter weiter, Arme und Beine entlang der Strecke. Irgendwer muss auch hier den Tod amtlich bescheinigen, irgendwer die sterblichen Überreste zusammentragen. Nicole und ich bewiesen, dass wir auch in einer solchen Extremsituation professionell und effizient funktionieren und dass wir uns zu 100 Prozent aufeinander verlassen können.

Als wir wieder am Bestattungshaus waren, saßen wir noch einen Moment in der lauen Nacht vor der Tür. Wir mussten reden, runterkommen. So ging keine allein mit den schrecklichen Bildern nach Hause. Trotz des Grauens hatten wir das Gefühl, gute Arbeit geleistet zu haben. Am Anfang und am Ende steht immer die Erkenntnis: Es muss sich jemand kümmern und wir können das besonders gut.

Frau Stern und Herr Mond

Auch wenn uns Trauer und Schock im Alltag begegnen und wir alles versuchen, um Hinterbliebenen beizustehen – es gibt bei unserer Arbeit auch heitere oder tragikomische Momente, in denen die Anspannung sich Ventile sucht. In meiner Anfangszeit etwa, als ich noch nicht alle Friedhöfe der Umgebung genau kannte, verliefen wir uns auf dem Weg zum Grab. Es war keine alte Familiengruft, sondern eine neue, anonyme Grabstelle. Auch die Angehörigen wussten nicht Bescheid. Die ganze Trauergemeinde lief hinter der Urne her, aber niemand kannte den Weg. Im Zickzack über den Kirchhof. Später habe ich mir kleine Zweige oder dezente Wegweiser an die Ecken gelegt, wo man auf dem Weg zum Grab abbiegen musste. Einmal hatte ich im Begräbniswald die falsche Musik dabei und mir fiel auf die Schnelle keine andere Ausrede ein als: Die Technik streikt. Für die Angehörigen war das wie Ironie.

»Der Papa war einer, der sowieso keine Technik mochte«, sagten sie. Sie sangen dann einfach a capella.

Im Bestattungshaus, wie in jedem Unternehmen, beglückt uns eine schier unendliche Zahl von Vertretern und Callcentern mit Angeboten aller Art – neue Stromtarife, Krankenversicherungen, Telekom, Briefbögen, Spenden, Mitgliedschaften. Bisweilen leisten wir uns einen Schabernack.

»Ist jemand von der Geschäftsführung zu sprechen?«, fragen sie bedeutungsschwanger.

Dann sage ich: »Nein, leider niemand da. Die lassen uns hier immer alleine.«

Oder sie fragen nach Frau Stern – Frau Stern von Stern Bestattungen. Damit ist klar, dass sie keine Ahnung haben, denn eine Frau Stern gibt es bei uns ja nicht, der Name geht zurück auf die Sternenkinder.

»Frau Stern ist gerade nicht da, vielleicht versuchen Sie es nächste Woche noch mal?«, sage ich dann.

Und manchmal, wenn ich gerade Spaß dran habe: »Aber Herr Mond, der wäre zu sprechen, darf ich verbinden?«

Ich will hier nicht so tun, als liefe bei uns hinter den Kulissen Kabarett. Wir sind keine Vorabendserie à la »Six Feet Under«. Und nicht immer hilft Hape Kerkelings Motto: »Ich nehme gern noch ein Eierlikörchen. Das Leben muss ja irgendwie weitergehen«. Wir arbeiten ernsthaft und konzentriert. Aber es ist eben nicht alles schwer und niederdrückend. Mitgefühl ist nicht gleich Mitleid. Würde ich selbst an jedem Trauerfall leiden, könnte ich nicht helfen. Ich nehme die Trauer der anderen an und lasse sie wieder los. Bei meinen Gängen mit Bubi oder beim Laufen oder bei lauter Musik.

Ganz selten habe ich den Eindruck, ein Schicksal geht mir zu nahe oder die Beziehung zu Angehörigen. Dann ziehe ich Grenzen. Annette, die Mutter des jungen Mannes, der plötzlich während eines Telefonats tot zusammenbrach, brauchte mehr oder andere Hilfe, als ich sie leisten konnte. Sie war gemartert von Ängsten und dunklen Ahnungen. Sie war überzeugt, mit ihrem toten Sohn in Kontakt zu stehen und von ihm Hinweise aus dem Jenseits zu bekommen. Von mir erhoffte sie sich Unterstützung, diese Zeichen zu deuten. Ich stellte ihre eigene Wahrnehmung nicht in Frage. Aber ich hatte keine Antworten. Ich musste passen und mich zurückziehen. Andere Begegnungen lasse ich an mich heran, weil sie mich inspirieren und beglücken.

Das hellste Zimmer für Nadja

Nadja schickte mir eine Nachricht, weil sie eine Bestatterin suchte. Ob ich vorbei kommen könnte? Wir waren uns früher schon einmal begegnet. Nadja war damals in der Kulturszene in Oldenburg aktiv und kannte unheimlich viele Leute. Wir hatten ein, zwei Mal miteinander geredet, sehr lose Bekannte. Dann ging sie für einige Jahre nach Portugal. Jetzt war sie zurück, zum Sterben, wie sich herausstellte. Der Krebs fraß sie auf, eine Frau mittleren Alters, jünger als ich. Bei unserem ersten Gespräch war sie schon abgemagert auf 42 Kilo, zerbrechlich wie eine Puppe, aber im Kopf glasklar.

Ich fragte sie, ob sie Angst habe.

»Nein, ich habe keine Angst«, sagte sie. »Ich hatte ein gutes Leben. Ich bin bereit.«

Nadja war bei ihren alten Freunden Paula und Patrick eingezogen. Die beiden nahmen sie auf und an, als wäre es das Natürlichste der Welt, sie beim Sterben zu begleiten. In ihrem Haus räumten sie das sonnige Zimmer im Obergeschoss für Nadja, weil sie sich nach Licht sehnte. Wenn es ihr zu grell wurde oder nachts der Mond blendete, kam einer nach oben und zog die Vorhänge zu. Wenn sie gerne mit anderen zusammen sein wollte, trug Patrick sie die Treppe hinab in die große Wohnküche, denn zum Gehen war sie zu schwach. Wenn sie müde wurde, trug er sie wieder nach oben.

Als ich zum Gespräch kam, saßen wir zusammen, aßen Käsekuchen, tranken Port, sprachen, lachten. Ich hatte das intensive Gefühl, dass ich diese Frau gerne besser kennen würde, dass wir Freundinnen hätten sein können. Und dass diese Begegnung zugleich ein Abschied war. Wie schade. Ich hätte gern mehr für sie getan, aber auch da war sie ganz klar:

»Ich brauche dich später.«

Meine Aufgabe war die der Bestatterin, die Rollen waren verteilt.

Mich berührte ihre Stärke, aber auch die Hingabe ihrer Freunde, die mit ihr diesen Weg zu Ende gingen. Es war nicht ihre Herkunftsfamilie, aber es war ihr Zuhause. Es schien mir wie der Inbegriff von Liebe und Frieden. Wenn wir sterben müssen, dann vielleicht so.

***

Sterben muss gelingen, das ist mir über die Jahre klar geworden. Ich habe vor dem Tod keine Angst. Aber der Weg dorthin macht mir manchmal Sorge. Es kann so viel falsch laufen. Oder richtig gemacht werden. Einmal bin ich den Weg mitgegangen, mit meinem Bruder Hannes.

9. Hannes – Vom selbstbestimmten Leben

Es fing an zwischen Daumen und Zeigefinger. Hannes konnte die kleinen Muttern in der Fahrradwerkstatt nicht mehr richtig greifen. Wenn sie ihm runterfielen, schaffte er es kaum, sie vom Boden aufzulesen. Und dann diese unglaubliche Müdigkeit. Hannes kam von der Arbeit in der Werkstatt nach Hause zu seiner Freundin und seiner Tochter und musste sich erstmal hinlegen. Oft schlief er den ganzen Abend. Dazu kamen Krämpfe in Beinen und Füßen. Dagegen nahm er hoch dosiertes Magnesium und wurde noch müder. Niemand hatte eine Erklärung. Schließlich ließ er sich krank schreiben. Es wurden viele Wochen. Ich brauchte sehr lange, bis ich verstand, wie krank er war.

Vereint und verstrickt

Hannes, mein großer Bruder. Einiges habe ich schon erzählt. Ein paar Dinge möchte ich vorab noch sagen, nicht um ihn bloß zu stellen, sondern um ihn besser zu erklären. Seine Geschichte ist für mich eine von radikaler Selbstbestimmung – selbstbestimmt leben bis zum Schluss, mit aller Kraft und allen Konsequenzen. Ich bewundere das. Aus meiner Sicht sollte das für alle möglich sein, jeder sollte selbst sein Leben gestalten dürfen und die dafür nötige Unterstützung bekommen. Aber es braucht vielleicht einen wie Hannes, das vorzuleben.

Mein Bruder war nur 16 Monate älter als ich. Bevor wir als Kinder gemeinsam ins Heim kamen – er war elf, ich zehn – schweißte uns das Chaos in unserer Familie zusammen. Die intensivste Zeit waren die Wochen, die wir gemeinsam auf den Sandbergen an der Autobahnbaustelle herumstreunten. Wir hatten nur uns. Wir waren Geschwister, vereint und verstrickt in dieser schwierigen Familiengeschichte, unser ganzes Leben lang. Unsere Verbindung riss nie ganz ab, obwohl es manchmal kompliziert wurde.

Keiner von uns wollte damals weg von zu Hause, wir waren beide tief verletzt und traurig, voller Heimweh. Trotzdem ging die erste Zeit in Hohewurth eigentlich noch. Hannes hatte die beste Erzieherin von allen: Mary. Sie hatte lange schwarze Zöpfe, ein herzliches Lachen, sie nahm die Jungs in ihrer Gruppe auch mal in den Arm und machte gleichzeitig klare Ansagen. Hannes war ein schmaler, ruhiger Junge, aber er war beliebt, mit seinen schulterlangen braunen Haaren und seinem verschmitzten Gesicht. Ich habe ein Bild von ihm, da liefert er sich einen Schaukampf mit seinem besten Freund auf unserem Sportplatz des Heims. Die Boxhandschuhe wirken fast größer als die Jungs, mit ihren dünnen Kinderärmchen und dem Draufgängergrinsen. Sie sehen glücklich aus. Wie es Hannes wirklich ging, machte er nur mit sich aus.

Schwierig wurde es für ihn, als er mit 15 umziehen musste ins sogenannte Lehrlingsheim. Das war für die älteren Jungs so vorgesehen. Zum ersten Mal waren Hannes und ich getrennt. Ich konnte noch weniger einschätzen, wie es ihm ging. Im Nachhinein sehe ich, dass das neue Heim für ihn eine sehr ungute Mischung brachte. Wenig Struktur, wenig Betreuung, wenig Aufsicht und zugleich eine Menge emotional verwundeter Teenager, die mit allem Möglichen experimentierten, vor allem mit Alkohol und Drogen. Es wurde viel getrunken, alles Greifbare ausprobiert, möglichst viel Schule geschwänzt. Ich hatte im Heim meine eigenen Schwierigkeiten, das habe ich ja schon beschrieben. Aber ich hatte auch das deutliche Gefühl: Bei Hannes läuft etwas schief.

Er ging auf die Realschule, dazu hatte Mary ihn ermuntert, und er schaffte auch den Abschluss mit Leichtigkeit. Später nannten wir ihn oft den Denker der Familie. Er las Hegel und Hieronymus Bosch, konnte aus wichtigen Texten frei zitieren, er erklärte gerne die Welt oder seine Sicht darauf, spielte leidenschaftlich gern Schach. Trotzdem scheiterten alle seine Anläufe, die Handelsschule und das Abitur zu machen. Über die Jahre versuchte er es an diversen Schulen und über diverse Wege sicher vier, fünf Mal in Bremerhaven und dann auch in Oldenburg. Immer ging ihm die Puste aus. Meist kam eine Menge Alkohol dazwischen.

Ich kann im Nachhinein nicht genau erklären, warum wir unser Trauma der Jugend im Heim so unterschiedlich attackierten – ich mit diesem trotzigen, oft kratzbürstigen Überlebenswillen und er so häufig mit Rückzug und Betäubung. Am Ende waren wir vielleicht gar nicht so verschieden, denn später war er es, der einen ungeheuren Willen zum Leben und zum Überleben aufbrachte. Aber als junger Erwachsener wirkte er ziellos.

Als ihn mit 18 die Bundeswehr einzog, verpflichtete er sich für vier Jahre und begann die Laufbahn als Unteroffizier in der Luftabwehr. Ein Jahr war er zur Fortbildung in Texas. Ein Foto von dort zeigt ihn in Lederjacke mit Kippe in der Hand, gutaussehend, verwegen, abenteuerlustig. Nur wurde auch beim Bund nach Dienst mehr getrunken, als es für Hannes gesund war. Nach seinen vier Jahren ging er mit einer Abfindung, aber er fand einfach keinen Tritt.

Mehrfach verlor er seine Wohnung, weil er kein Einkommen hatte und die Miete nicht zahlte. Und jedesmal stand er bei mir auf der Matte. Er konnte darauf vertrauen, dass ich ihn niemals hängen lassen würde. Wochen und Monate kampierte er bei mir, bis er neue Hoffnung schöpfte, bis er eine neue Freundin hatte, irgendwo eine neue Chance sah, einen neuen Versuch machte, das Abitur doch noch zu bekommen und zu studieren. Es war ein schier endloser Kreislauf, bis mir die Kraft ausging.

Der Bruch kam, als er betrunken zu einem Job auftauchte, den ich ihm verschafft hatte. Er sollte Türsteher bei einem Benefizkonzert sein, das ich half zu organisieren. Aber in seinem Zustand kontrollierte er keine Tickets, er ließ jeden rein und quatschte großspurig herum. Ich konnte nicht mehr. Konnte ihn nicht retten, ihn nicht halten, nicht ertragen.

Ich sagte: »Das war's jetzt.«

Über Jahre herrschte Funkstille. Einmal kam ein Anruf vom Krankenhaus, dass mein Bruder mit einer Alkoholvergiftung auf der Intensivstation sei. Aber selbst da konnte ich mich nicht rühren. Ich war wie festgefroren. Mir fiel kein Dreh mehr ein, keine Antwort, keine Rettung.

Wenn der Körper wankt

Hannes überlebte, weil er es wollte. Um die 40, wie damals unsere Mutter, kam er endlich los vom Alkohol, mit Entzug und Therapie. Er machte eine Ausbildung zum Zweiradmechaniker, und zwar mit Bravour, seine Arbeit machte ihm Spaß. Er zog mit seiner Freundin zusammen. Und er bekam eine Tochter, die er vergötterte. Hannes stand mit beiden Beinen endlich auf festem Grund. Bis er 2016 merkte, dass sein Körper wankte.

Wir beide, er und ich, waren in der Zeit schon wieder enger. Erst hatten wir nur hie und da Kontakt, etwa zum Geburtstag seiner Tochter. Manchmal trafen wir uns sonntags bei unserer Mutter, die für alle kochte. Wir begannen, uns Whatsapp-Nachrichten zu schreiben. Erst über das Alltägliche. Dann auch über unsere ganze verkorkste Geschichte.

Als Hannes mir von seiner ständigen Müdigkeit erzählte, dachte ich erstmal an nichts Schlimmes. Hannes war Mitte 50, vielleicht hatte er Stress mit einem Vorgesetzten bei der Arbeit und brauchte eine Auszeit, vielleicht war es ein verschleppter Infekt. Mein Blick auf Krankheit war: Man sucht und findet die Ursache, selbst wenn es vielleicht eine Weile braucht, selbst wenn man vielleicht unkonventionell von verschiedenen Seiten drauf schauen oder alternative Therapien suchen muss. Es gibt Handlungsoptionen. Dass gar kein Mittel hilft, war mir fremd.

Bei Hannes waren die Ärzte ratlos. Er wirkte gesund, er lebte seinen Alltag, brachte seine Tochter zur Schule, machte den Haushalt, half mir im Bestattungshaus. Seine Symptome schienen harmlos. Aber sie gingen nicht weg. Schließlich rang er sich durch, zu intensiver Diagnostik ins Evangelische Krankenhaus zu gehen. Da gab es schon einen Verdacht: Motoneuronen-Erkrankung. Ich hatte keine Ahnung, was das war.

Die Blutuntersuchung ergab nichts. Im MRT und CT ebenfalls keine Auffälligkeiten. Erst die Lumbalpunktion – also die Entnahme von Nervenwasser aus der Wirbelsäule – und weitere Tests brachten nach drei Wochen Gewissheit. Es war eine Diagnose nach der Ausschlussmethode. Andere Krankheiten mit denselben Symptomen wurden nach und nach von der Liste gestrichen. Am Ende blieb: ALS. Amyotrophe Lateralsklerose. Auch das war erstmal eine große Unbekannte. Die Oldenburger Ärzte überwiesen Hannes an eine Spezialistin nach Osnabrück. Der Termin brachte etwas Licht ins Dunkel. Aber das ließ alles nur noch düsterer erscheinen.

Das Krankheitsbild ALS wurde schon vor 150 Jahren beschrieben vom französischen Neurologen Jean-Martin Charcot. Heilung gibt es bis heute nicht. Bis heute sind auch die Ursachen weitgehend unbekannt – bis auf eine erbliche Variante, die aber selten ist. 2014 beteiligten sich Zehntausende weltweit an der sogenannten Ice Bucket Challenge und kippten sich Eiswasser über den Kopf, um Spenden für die ALS-Forschung zu sammeln. Es wirkte wie ein Sommerspaß, erregte aber zumindest Aufmerksamkeit für die Krankheit. 2022 wurde als Erfolg der Kampagne vermeldet, dass in den USA ein lebensverlängerndes Medikament namens Relyvrio auf den Markt kam. Einige Monate länger leben, immerhin ein kleiner Schritt. Doch bis heute gilt: Wer die Diagnose bekommt, dem geben Ärzte noch drei bis fünf Jahre. Dass der vielleicht berühmteste ALS-Patient, der Astrophysiker Stephen Hawking, mehrere Jahrzehnte damit lebte, ist ein Strohhalm, an den sich viele klammern, der aber selten trägt.

Mindestens 6000 Menschen in Deutschland haben die Krankheit, bei jährlich etwa 2000 wird sie neu entdeckt. Einfach gesagt, verlieren bei ALS im Gehirn und im Rückenmark jene Nervenzellen ihre Funktion, die die Muskulatur steuern. Deshalb können Erkrankte ihre Muskeln immer weniger nutzen und werden immer schwächer. Meist beginnt es in Händen und Armen, manchmal auch in den Beinen. Kau- und Schluckmuskulatur folgen. Kritisch wird es bei der Atemmuskulatur, oft bewahrt nur künstliche Beatmung vor dem Ersticken.

Wenn ich Hannes fragte, wie es ihm geht, sagte er: Jeden Tag ein bisschen schwächer. Für mich war das von außen kaum zu erkennen. Noch konnte er alles. Erst über Tage und Wochen addierten sich die Trippelschritte rückwärts. ALS ist die sehr zähe Geschichte Hunderter kleiner Abschiede vom bisherigen Leben.

Als 2017 die endgültige Diagnose stand, hatte Hannes schon so starke Einschränkungen. Er half mir bei Bestattungen und Trauerfeiern, aber bald konnte er keinen Sarg mehr heben. Der Bestattungswagen fuhr mit einem Zündschlüssel, den Hannes nach einiger Zeit nicht mehr mit der Hand drehen konnte. Er, der Mechaniker, baute sich einen kleinen Hebel an den Schlüssel, so konnte er ihn doch noch betätigen. Zumindest einige Wochen lang.

Finanziell wurde es wieder knapp für ihn. Längst war er ins Krankengeld gerutscht und hatte 40 Prozent weniger Einkommen. Meine Mutter, mein Ex-Mann und ich halfen mit dem Rest aus, damit er nicht auch noch Geldsorgen hatte. Die Krankheit stellte bereits seine Familie auf den Kopf. Einer fällt aus, dann funktionieren alle anderen doppelt so gut? Das ist einfach zu viel erwartet. Diese Diagnose, die Aussicht auf eine Abwärtsspirale, ist für alle ein Schock. Nicht alle können immer damit umgehen. Zwischen Hannes und seiner Freundin wuchsen die Spannungen, je mehr Hilfe er brauchte. Sie hatte Schwierigkeiten zu akzeptieren, dass er immer weniger wurde und sie immer mehr übernehmen musste. Die Beziehung bekam Schlagseite.

Widerstand und Eigensinn

Als er schließlich einen Pflegedienst einschaltete und die Gutachterin der Pflegeversicherung kam, wurde er direkt in Stufe vier eingruppiert. Stufe vier von fünf. Ich dachte: Wahnsinn. Ich hatte immer noch nicht verstanden, wie schlimm es um Hannes stand. Diese Krankheit ist wie ein Monster, sie lauert im Hinterhalt. Wenn sie entdeckt wird, hat sie schon reichlich Schaden angerichtet. Es gibt kein Entkommen. Du fragst dich, was kommt als nächstes. Die Angst vor dem Ungewissen raubt dir den Schlaf.

Hannes schien das alles ziemlich gleichmütig durchzustehen. Die Krankheit setzte ihm psychisch zu, aber sie weckte auch seinen Widerstandsgeist und seinen Eigensinn. Die Ärzte hatten keine Therapie? Dann recherchierte er eben selbst. 2017 fing er an, sich mit Chlordioxidlösung, also CDL, zu behandeln. Das Mittel ist umstritten. Während der Corona-Pandemie gab es erregte

Debatten, als der damalige US-Präsident Donald Trump Chlordioxid erwähnte. Mediziner warnten vor Verätzungen, bei Giftnotrufen häuften sich Anrufe wegen Überdosierung. Doch geht es bei der CDL-Therapie um extreme Verdünnungen, ähnlich wie bei der Trinkwasserdesinfektion zum Beispiel in den USA. Damit werden Keime abgetötet, das Wasser schmeckt leicht nach Chlor, ist aber für Menschen unschädlich. Ziel bei CDL ist, krank machende Erreger zu bekämpfen, um damit das Immunsystem zu entlasten.

Als Hannes damit anfangen wollte, sagte ich ihm:

»Ist gut, ich unterstütze dich, aber du musst dich selbst informieren. Ich habe mit CDL keine Erfahrung. Du musst rausfinden, wie man das dosiert. Ich kann dir helfen, es zu besorgen und zu verabreichen.«

Erst nahm er es oral. Dann dachte er, es hilft noch besser intravenös. Doch das reizte an der Einstichstelle seine Vene. Deshalb hoffte er auf einen Port, also einen direkten Zugang zur Blutbahn. Das ist im Prinzip ein kleiner Plastikring, der meist unterhalb des Schlüsselbeins gesetzt wird. Von dort erreicht ein Schlauch die herznahe Vene. Als Hebamme kannte ich viele Ärzte. Ich rief einen Bekannten im Krankenhaus an und schilderte ihm, was wir vorhatten. Er setzte Hannes den Port. Hannes gab die Dosierung vor und begann die Therapie.

So haben wir es über die Jahre gehalten. Hannes hatte seinen eigenen Kopf, er wollte nicht stumm und still auf das Ende warten. Er traf Entscheidungen im vollen Bewusstsein und versuchte, sie durchzusetzen. Später wurde das immer wieder Thema. Einmal hatten die Schwestern im Krankenhaus Bedenken, ihm auf Verlangen und in gewünschter Menge Cannabis zu geben – das war zeitweise das einzige Mittel, das er einnahm, weil die bei ALS eingesetzten Arzneien schwere Nebenwirkungen hatten. Auch die Pflegeprofis, die ihn später betreuten, wehrten sich gegen einige seiner Vorgaben mit dem Argument: Das Risiko ist zu hoch. Aber wie groß genau ist das Risiko für einen Menschen, der auf den Tod zusteuert? Der die letzte Etappe nach eigenen Vorstellungen gestalten möchte? Selbstbestimmt bis zum Schluss, das ist für die Umstehenden nicht leicht auszuhalten und für Hilfsbedürftige schwer durchzusetzen. Die Widerstände sind groß. Und wer seinen eigenen Entschlüssen folgt, kann auch daneben liegen.

Hannes fühlte sich mit der CDL-Therapie besser. Er hatte den Eindruck, dass er sich stabilisiert. Und natürlich hoffte er, dass sich das fortsetzt. Dass er mit seiner Krankheit leben kann, noch viele Jahre, oder zumindest länger als die Schulmedizin ihm gab. Das hätte ihm gefallen, den angeblichen Fachleuten eine lange Nase zu drehen. Doch das Experiment ging sehr abrupt zu Ende. Als der Port gewechselt werden sollte, zerfiel er in Einzelteile. Plastiksplitter gerieten in die Blutbahn. Die Ärztin versuchte, sie mit einem Endoskop – einer winzigen Greifzange – zu entfernen, doch sie zerfielen weiter in immer kleinere Partikel. Einer landete in der Lunge, ein anderer im Herzen. Hannes bekam Herzrhythmusstörungen. Er kam auf die kardiologische Intensivstation, musste sogar einmal reanimiert werden. Er überlebte nur knapp. Das Plastikstückchen im Herzen wurde nie entfernt, weil die Ärzte nicht rankamen. Für den Rest seines Lebens eine unberechenbare Zeitbombe.

Hannes hatte eine viel zu hohe Dosierung gewählt, das Chlordioxid hatte den Plastikport zerfressen. Er hatte einen potenziell tödlichen Fehler gemacht. Aber er stand dazu. Es war seine Entscheidung. Und ist es das nicht sowieso immer? Ärzte und Krankenhäuser sichern sich mit Aufklärungsbögen und Unterschriften ab für den Fall, dass eine Therapie nicht anschlägt oder schief geht. Sobald wir über Risiken und Nebenwirkungen aufgeklärt sind, überträgt man uns so oder so die Verantwortung. Wir tragen sie ohnehin immer selbst. Da ist es nur ein kleiner Schritt, sie gleich an sich zu ziehen. Hannes sah es jedenfalls so. Es passte in sein rebellisches Selbstbild. Nach dieser Beinahe-Katastrophe versuchte er allerdings nie wieder, sich CDL über den Port zuzuführen.

Zu Hause in meinem Wohnzimmer

Im Februar 2018 eröffnete ich mein Bestattungshaus und Hannes war dabei. Er konnte noch laufen, er konnte noch helfen. Aber es ging rückwärts. Er wurde schwächer und brauchte immer mehr Unterstützung. Zu Hause wurde die Lage für ihn immer schwieriger.

Seine Freundin fühlte sich der Situation nicht gewachsen. Die Ärzte, die Kliniken, die Hilfsmittel, die Krankenkasse und die Rentenversicherung, Anträge und Beratungen. Schon der Papierkrieg wurde ihr zu viel. Und mit dem Pflegedienst waren ständig Fremde im Haus, sie fühlte sich beiseite gedrängt, hatte das Gefühl, selbst unter die Räder zu kommen, genauso wie ihre gemeinsame Tochter. Hannes kreiste um sich. Es spitzte sich zu zwischen den beiden. Ich bot an, eine Woche einzuspringen, damit Hannes' Freundin mal eine Pause hätte. Dann übernahm ich auch die Bürokratie, die Anträge und die Ärzte. Unsere Schwester Ela half mit. Aber es brachte alles wenig.

Irgendwann sprach seine Freundin es aus:

»Ich kann das nicht, ich will das nicht.«

Und leiser: »Vielleicht wäre es das Beste, wenn Hannes in eine Einrichtung käme.«

Einrichtung. Einrichtung klingt wie Unterbringung. Einrichtung heißt Heim. Ich bin nicht sicher, wie Hannes darauf reagiert hat. Aber für mich war das undenkbar nach dem, was wir als Kinder erlebt hatten. Es war völlig klar, Hannes geht nicht ins Heim.

Stattdessen überlegte ich, ihm mein Wohnzimmer anzubieten. Ich wohnte, wie gesagt, im früheren Haus meiner Großeltern. Dort lebten auch meine Mutter in der Einliegerwohnung und meine Tochter mit ihrem Freund in einer eigenen Wohnung im ersten Stock. Ich sprach mit allen. Ob das wohl ginge, alle unter einem Dach? Wir waren uns einig, dass das nur etwas für den Notfall war. Niemand wollte Hannes und seine Familie auseinanderreißen. Aber es war absehbar, dass er zu Hause nicht bleiben konnte. Er schrieb mir Nachrichten, dass seine Freundin »völlig ausflippt«.

Ich schrieb ihm: »Wenn es schief geht, kannst du zu mir.«

Am 31. Dezember 2018 zog Hannes in mein Wohnzimmer.

Noch immer konnte er gehen, auch auf die Toilette. Doch die Krankheit schritt voran. Hannes war immer sehr schlank, nun magerte er gefährlich ab. Seine Kieferknochen drückten durch die Haut wie Kanthölzer. Seine schwarze Hornbrille wurde jeden Tag größer vor dem schwindenden Gesicht. Die Rippen stachen hervor, die Hüftgelenke.

Sein Arzt sagte: »Sie müssen mehr zu sich nehmen.«

Er verschrieb Hannes hochkalorische Drinks. Drei bis vier sollte er täglich trinken, zusätzlich zu den normalen Malzeiten. Aber das Essen war Hannes inzwischen ohnehin eine Last. Und er hatte wieder seine eigene Theorie:

»Wenn ich so viel liege und mich nicht bewege, dann brauche ich auch nicht so viele Kalorien.«

Er nahm den Arzt nicht ernst und verlor weiter an Gewicht. Wie gesagt: Manchmal lag er mit seinen Einschätzungen schlicht falsch. Vielleicht hätte er länger gelebt, wenn er nicht so schnell an Substanz eingebüßt hätte. Aber es war seine Entscheidung. Er war auch nicht davon abzubringen.

Die Selbstbestimmung der anderen

Hilfe! Er brauchte immer mehr und ich brauchte Unterstützung für ihn und mich. Morgens kam nun der Pflegedienst. Unsere Mutter oder ich kochten ihm Essen und stellten es ihm bereit. Den Rest des Tages blieb Hannes alleine. Er hörte Musik, schaute fern, las, spielte Computerschach. Wir suchten Hilfsmittel, damit er möglichst selbstständig bleiben konnte. Er hatte inzwischen einen elektrischen Rollstuhl, bedient mit der Hand. Er konnte noch alleine aufstehen und sich in den Rolli setzen. Ich brachte ihn auf die Toilette, saugte ihm den Speichel ab, den sein Körper aus irgendeinem Grund nun im Übermaß produzierte und nicht kontrollieren konnte. Sprechen und lächeln, ja. Alleine aus einer Tasse trinken, nein. Der nächste Schritt war der Strohhalm. Der nächste Rückschritt.

Hannes hatte eine Patientenverfügung. Auch da war er sehr entschieden: Keine Hilfsmittel. Kein Katheter, keine Magensonde, keine Beatmung. So hatte er es kurz nach seiner ALS-Diagnose festgelegt. Aber er änderte seine Meinung. Als er nicht mehr allein zur Toilette konnte, begann er, über den Blasenkatheter nachzudenken. Dasselbe bei der Magensonde, den direkten Zugang zum Magen. Essen war inzwischen so mühsam, kauen so schwierig, schlucken so ermüdend, dass er die Sonde nun ernsthaft in Erwägung zog.

Das ist naheliegend. Aber für Hannes war das ein großer Schritt – eine Kehrtwende. Genau genommen war das die Entscheidung, nicht mehr auf den Tod zu warten, sondern weiter zu leben, so lange es irgend geht. Es war das Zeichen, dass er an seinem Leben hing, dass er seine Tochter aufwachsen sehen wollte bis zur allerletzten Minute, die ihm blieb. Es war fantastisch, auch wenn man bedenkt, dass er früher oft so selbstzerstörerisch mit sich umgegangen war.

Ich wusste das alles. Aber es ist nicht alles rational bei pflegenden Angehörigen. Natürlich freute ich mich für ihn. Zugleich war ich ungeduldig. Vielleicht habe ich das erst im Nachhinein verstanden oder eingestanden. Als er zu mir zog, war abzusehen, dass er sterben würde. Er kam zum Sterben zu mir. Mit den Hilfsmitteln war die Perspektive ganz anders. So froh ich war, dass er leben wollte, ich war auch wütend, dass er nie auf die Idee kam, das mit mir zu besprechen oder daran zu denken, was das für mich bedeuten würde.

Hätte ich gesagt, du darfst das nicht, keine Hilfsmittel, bitte sterben, so war es abgemacht? Natürlich nicht, das ist ja Unsinn. Ich wäre nur gerne einbezogen worden. Es fällt mir nicht leicht, das vor mir selbst zuzugeben. Ich schreibe es hier, weil dieser Zwiespalt ja viele Pflegende umtreibt. Man gesteht sich das eigentlich moralisch nicht zu. Meine Situation ist so viel besser. Ich darf leben, ich bin nicht krank. Aber Selbstbestimmung schneidet nun mal auch in die Selbstbestimmung der anderen, seine in meine. Seine Entscheidung machte mich unruhig, bis ich mir klarmachte: Wir warten nicht mehr aufs Sterben, wir leben hier gemeinsam, auf unbestimmte Zeit. Danach ging es uns beiden besser.

Der nächste logische Schritt war die Beatmung. Dafür wird ein Schnitt in die Luftröhre gemacht und ein Zugang gelegt, die sogenannte Trachealkanüle. Daran kann das Beatmungsgerät angeschlossen werden. Bei Hannes war es Anfang 2020 soweit. Er konnte noch selbst atmen. Aber sein Arzt riet ihm, nicht zu lange zu warten. Die Kanüle lieber zu einem Zeitpunkt setzen, wenn man sich noch in Ruhe daran gewöhnen kann, ohne Not und Erstickungsangst. Hannes atmete dann fast bis zum Schluss auch selbst und wurde durch das Beatmungsgerät nur unterstützt.

Bevor er ins Krankenhaus ging, las ich mich ein. Trotz meiner medizinischen Erfahrung hatte ich mit Beatmung noch nie zu tun. Ich sah mir Videos auf Youtube an. Da fährt eine Frau mit ihrer Trachealkanüle im Rolli durch die Gegend. Ein ALS-Patient schildert, wie er trotz Beatmung sprechen kann, und er klingt tatsächlich sehr normal, ein bisschen kurzatmig vielleicht. Ich dachte, na gut, das sieht machbar aus. Ich hatte keine Ahnung, worauf ich mich einließ.

Schon in den ersten Tagen hatte Hannes große Schwierigkeiten mit der Kanüle. Sie schien nicht gut gesetzt. Er klagte über Störgefühle. Wir ließen ihn verlegen in eine auf Beatmung spezialisierte Station eines anderen Krankenhauses. Dort wechselten die Ärzte die Kanüle. Hannes übte das Atmen mit Beatmung, Atemtherapeuten betreuten ihn. Langsam ging es besser. Die Ärzte und Betreuer wollten ihn noch länger da behalten, um mit ihm das Sprechen mit Kanüle zu üben. Aber er lehnte ab. Er wollte sich künftig ganz auf seinen Sprachcomputer verlassen. Ich hörte nie mehr seine Stimme. Ab jetzt sprach nur noch »Tobi«, der Computer, den Hannes mit den Augen bediente. Die Arme konnte er schon nicht mehr bewegen. Den Computer startete er mit den Füßen, auch seinen Alarm und sein Bett steuerte er so. Mit der Kanüle legte er sich nie wieder flach auf den Rücken. Bis zu seinem Lebensende saß er mit aufgestellter Rückenlehne im Bett, aus Sorge, dass die Kanüle verrutscht und er erstickt.

Der Knackpunkt beim Wechsel zur Beatmung ist: Man braucht 24-Stunden-Betreuung. Wegen der Kanüle produziert der Körper große Mengen Schleim, die immer wieder abgesaugt werden müssen. Bevor Hannes ins Krankenhaus ging, nahm ich Kontakt mit einem Pflegedienst auf, der Rund-um-die-Uhr-Betreuung anbietet. Es war gerade kein Pflegeteam frei. Aber als Zwischenlösung bot die Firma einen Platz in einer Pflege-WG für Beatmungspatienten an. Die Bedingungen waren gut. Nur drei Patienten, individuelle Betreuung nach den jeweiligen Bedürfnissen. Hannes bekam ein freundliches, sonniges Zimmer. Zum 1. März 2020 zog er ein. Und die ersten Tage liefen super. Ich wusste Hannes gut versorgt und hatte zu Hause wieder meine Wohnung für mich. Vielleicht ist das ja eine Lösung auf Dauer, dachte ich. Auch Hannes war sehr zufrieden. Erstmal.

Die Probleme begannen mit einer bestimmten Pflegekraft, Dagmar. Sie war 23 Jahre jung, ausgebildete Intensivschwester, sie wusste, was sie kann. Sie wusste es besser. Hannes hatte weiter große Störgefühle wegen der Kanüle und viel Schleim. Er klingelte häufig, um abgesaugt zu werden. Dagmar war sich sicher, dass das so oft ganz bestimmt nicht medizinisch notwendig sei.

»Hannes will vor allem Aufmerksamkeit«, sagte sie.

Ich war sprachlos. Hannes war mit Sicherheit ein eigensinniger Patient, ungeduldig und manchmal herrisch. Aber Aufmerksamkeit von Dagmar war das Letzte, was er wollte. Er wollte in Ruhe gelassen werden, die Rolling Stones oder The Clash hören, Schach spielen. Wenn er klingelte, dann, weil Atemnot ihn ängstigte.

Wer selbstständig und unbewusst 20.000 Mal am Tag Luft einsaugt und ausstößt, wie wir alle, kann sich diese Art von Hilflosigkeit kaum vorstellen. So geht es mir jedenfalls. Die grundlegendste, lebenswichtigste Körperfunktion abhängig von einer Maschine und dem guten Willen einiger Betreuerinnen und Betreuer. Selbstbestimmung wird da schnell zur Floskel. Sie hört da auf, wo es für andere unbequem wird. Hannes nahm es nicht demütig hin, sondern er hielt dagegen. Dafür brauchte er mich.

Er schrieb mir nachts Whatsapp-Nachrichten. »Die saugen mich nicht ab. Ich ersticke.« Oder »D. wieder sehr brutal beim Absaugen.«

Dann rief ich beim Pflegepersonal an.

Wenig später er: »Jetzt hat sie es gut gemacht.«

So ging das in einer Tour. Es wurde ein Nervenkrieg.

Man hatte mir individuelle Betreuung versprochen, aber das wurde nicht eingelöst. Dafür reichte das Personal auch nicht. Drei Beatmungspatienten für eine Pflegende nachts, das kann zu viel werden, wenn alle gleichzeitig Hilfe brauchen. Und selbst in einer so winzigen Einrichtung gibt es dieses Machtgefälle. Die Pflegekräfte bestimmen wesentlich, wie es den Gepflegten geht. Es ist hart, das so auszusprechen, weil unglaublich viele motivierte Pflegende tolle Arbeit leisten. Sie nutzen diese Abhängigkeit nicht aus. Aber das hebt das Gefälle nicht auf. Die Patienten sind in ihrer Hand und es geht nur mit Vertrauen. Bei Hannes fehlte es. Er fühlte sich ausgeliefert und wehrte sich.

Mich trieb das an den Rand des Wahnsinns. Auch ich fühlte mich machtlos. Hannes ging es schlecht, doch ich konnte kaum etwas tun. Wegen der Corona-Pandemie durfte ich nicht mehr in die WG. Es lief alles übers Telefon. Wenn nachts mein Handy brummte, raste mir schon das Herz. Erst rief ich die Pflegekräfte an, dann ging ich an den Dienstleiter, später an die Geschäftsführung. Eine kleine Weile wurde es besser, bis alles von vorne anfing. Es ging nicht mehr. Vom anfänglichen Gefühl der Freiheit von Sorge und Verantwortung war bei mir nichts übrig.

»Ich hol dich da raus«, versprach ich Hannes. »Zum 1. Mai bist du wieder zu Hause.«

Intensivstation im Erdgeschoss

Binnen vier Wochen war es tatsächlich soweit. Binnen vier Wochen hatte ich einen Betreuungsplan, ein Bedarfsgutachten, die Zustimmung der Krankenkasse und ein Pflegeteam. Mein ehemaliges Wohnzimmer im Erdgeschoss war zu einer Art Intensivstation umgebaut. Ich selbst lebte inzwischen in der Wohnung im ersten Stock, meine Tochter und ihr Freund waren umgezogen. In dem Moment spielten alle mit, nicht nur meine Familie. Ärzte, Ämter, Kranken- und Pflegeversicherung, keiner ließ mich gegen Windmühlen kämpfen. Die Finanzierung der 24-Stunden-Intensivpflege zu Hause läuft über das sogenannte Persönliche Budget, das die Einweisung in ein Pflegeheim verhindern soll. Mein Berater bei der Krankenkasse sagte: »Finden Sie das Personal, ich besorge das Geld.«

Nur war es wegen Corona extrem schwierig, Menschen für das Pflegeteam zu finden. Vom 22. März bis 4. Mai 2020 war die Republik im ersten Lockdown. Restaurants, Kinos, Schulen, Kitas geschlossen, Kliniken und Pflegeheime abgeschottet, Kontakte auf ein Minimum beschränkt. Das Land sprach über Klopapier und Inzidenzen, Firmen blieben zu oder schickten ihre Leute ins Heimbüro. Die Menschen saßen eingeschüchtert zu Hause und hatten Angst vor einer Krankheit, die mal harmlos und mal tödlich verlief und unberechenbar schien. Wer sollte sich in einer solchen Situation für die häusliche Pflege eines beatmungspflichtigen Intensivpatienten bewerben?

Zum Glück entschlossen sich zwei Pflegekräfte aus Hannes' WG zu kündigen und zu uns zu wechseln. Sie waren unzufrieden mit den Bedingungen dort. Am wichtigsten war Doris, eine hochmotivierte examinierte Krankenschwester und Palliativ-Fachkraft, die mit dem Ansatz zu uns kam, Selbstbestimmung der gepflegten Menschen zu verwirklichen und nicht nur zu versprechen. Sie war zu Beginn der Kopf des Teams, ohne sie wäre es nicht gegangen. Sie bereitete bei mir zu Hause das Pflegebett und die Geräte vor, passte den für Intensivpatienten üblichen Überwachungsbogen auf Hannes an, bestellte Material und Medikamente. Ich aktivierte mein Netzwerk. Bekannte von Bekannten oder Studentinnen, die wegen des Lockdown nicht zur Uni konnten. Einige Interessenten stiegen nur für wenige Wochenstunden oder für Nachtdienste ins Team ein, andere Vollzeit. Einige hatten Pflegeerfahrung, viele andere aber nicht. Am Ende wurde es ein Team von elf Personen. Ich bot ihnen die beste Bezahlung, die das persönliche Budget zuließ. Doris lernte sie alle an und legte so das Fundament, dass alles klappte. Am 30. April kam Hannes aus der WG nach Hause.

Sofort war die Situation besser für Hannes, er beruhigte sich wieder. Aber er war schon sehr schwach. Allein konnte er sich bald nicht mehr aufrecht halten. Um seinen Kopf war mit doppelseitigem Klebeband ein ringförmiges Kissen geklebt, um ihn zu stabilisieren. Verrutschte der Kopf, verlor er den Augenkontakt mit dem Sprachcomputer Tobi. Der funktionierte so, dass Hannes mit den Augen einzelne Buchstaben fixierte und daraus Wörter zusammensetzte. Es war eine Geduldsprobe für ihn und für uns, aber der einzige Weg. Für Hannes war es eine Horrorvorstellung, nicht mehr sagen zu können, was er wollte. Es war eine neue Stufe des Ausgeliefertseins für einen, der es ohnehin kaum ertragen konnte, sich in die Hand von Fremden zu geben.

Er sagte: »Wenn ich den Tobi nicht mehr bedienen kann, ist es vorbei.«

Auf sein Drängen hin musste ich ein zweites, gleiches Gerät ausleihen, als Reserve.

Mir fiel es nicht ganz leicht, einen Teil meines Hauses einer Truppe fremder Menschen zu überlassen. Die Pflegenden waren meist in der Küche, wenn Hannes gerade nichts brauchte. Dort sah es zeitweise aus wie in einer WG. In der ganzen Wohnung herrschte ein strenger Geruch nach Schweiß und nach Desinfektion. Manche sahen die Arbeit als Job, manche gingen darin auf. Ich selbst behandelte meinen Bruder zeitweise wie ein rohes Ei.

Er lag so schmal und zerbrechlich unter einer leichten Decke in diesem scheinbar riesigen Pflegebett, über ihm der Infusionsbeutel, in seinem Hals die Kanüle, neben sich ununterbrochen das rhythmische Rauschen des Beatmungsgeräts, vor sich der Tobi und darüber ein großer Fernseher. Er wurde so winzig. Manchmal auch weich. Einmal war ich im Zimmer, als ihn jemand fragte, wie es ihm geht.

»Ich unterscheide zwischen mental und körperlich«, sagte er über den Tobi. »Mental geht es sehr gut, körperlich geht es so. Unter dem Strich gut.«

Und dann: »Meine Schwester bedeutet mir alles, weil, meine Familie bedeutet mir alles und Ellen ist Familie. Und weil sie für mich 100 Prozent im Einsatz ist.« Dann grinste er verschmitzt.

Dieses Lob kam aus dem Nichts. Mir schossen Tränen in die Augen.

Seinen eigenen Willen gab er trotzdem nicht auf, im Gegenteil. Nicole, die vom ersten Tag an im Pflegeteam war und heute mit mir im Bestattungshaus arbeitet, erzählte mir später, wie sie anfangs mit Hannes aneinander rasselte. Er pflaumte sie über den Sprachcomputer an, weil der Schlauch an der Kanüle drückte.

»Kannst du denn gar nichts richtig machen?«

Aber Nicole gab kontra.

»Ich habe wirklich Verständnis, wie blöd das alles für dich ist«, sagte sie. »Aber so geht es nicht. Ich muss hier nicht sein, ich kann auch was anderes arbeiten. Ich gehe jetzt eine rauchen und so lange beruhigen wir uns beide wieder, okay?«

Sie machte klare Ansagen und traf damit den richtigen Ton. Später wurde sie die Pflegende, der Hannes am meisten vertraute. Bestimmte Dinge in der Pflege durfte nur sie übernehmen. Sie verstanden sich auch ohne Computer. Mit den Augen konnte er sich mitteilen und sie war auf Empfang.

Sie sagte: »Klar mache ich, was du willst. Aber vielleicht probieren wir auch mal das aus, was ich vorschlage.«

Er öffnete sich dafür.

Nicole hat schwarze Haare. Hannes nannte sie: mein schwarzer Teufel. Was für ein Kosename.

Ausgerechnet mit Doris, die am Anfang den Laden geschmissen hatte, lief es dagegen bald nicht mehr rund. Sie hatte hohe professionelle Standards und enorm viel Erfahrung in der Pflege. Bei einigem, was Hannes wollte, hatte sie Bedenken. Ich erinnere mich an einen sinnlosen Streit über den Caffdruck an der Trachealkanüle. Die Kanüle hat einen kleinen Gummiballon, den man aufpumpt, damit sie besser im Gewebe sitzt. Der Hersteller empfahl einen Druck von 25. Aber als Hannes nur noch Haut und Knochen war, reichte das nicht. Er schlug vor, den Druck auf 40 oder 50 zu erhöhen. Doris lehnte ab.

»Wir müssen auf Langzeitschäden am Gewebe achten«, sagte sie. Langzeitschäden bei einem Menschen, der ohnehin nur noch kurze Zeit hat?

Sie sagte: »Wenn das schief geht, bin ich dran.«

Ich hielt dagegen: »Der Leidtragende ist immer Hannes. Er übernimmt die Verantwortung, er trägt das Risiko. Das ist seine Entscheidung. Das ist Selbstbestimmung.«

Ich stellte allen im Pflegeteam ein Schreiben aus, das sie von jeglicher Haftung für etwaige Gesundheitsschäden befreite. Doris konnte das nicht beruhigen. Selbstbestimmung heißt eben auch, dass die Profis loslassen und sich zurücknehmen. Einige hielten das nicht aus. Doris ging Ende 2020. Drei examinierte Pflegekräfte blieben im Team und akzeptierten Hannes' Ansagen. Die Gruppe organisierte sich zunehmend selbstständig. Gemeinsam machten sie es möglich, dass Hannes zu Hause leben konnte.

Es fühlte sich an, als könnte es so weiter gehen. Ich war zwar immer in der Nähe. Oben in meiner Wohnung konnte ich ständig das Beatmungsgerät hören, die Stimmen der Pflegenden und natürlich den Tobi. Aber ich schaffte es, mal zwei, drei Tage nicht hinunter zu gehen im Vertrauen, dass alles lief. Einmal war ich eine Woche im Urlaub. Ich hatte emotional mehr Abstand, das war gut. Die Zeit, die Hannes und ich gemeinsam verbrachten, hörten wir Musik und unterhielten uns. Wir lachten miteinander. Es war nicht so, als stünde ständig der Sensenmann im Raum.

Ein Unterschied von 21 Gramm

Ich nötigte ihn, mir Fragen zu beantworten.

»Wie fühlt sich das für dich an? Wie ist das Leben mit dem Wissen, dass du morgen sterben könntest?«

Er driftete in Phrasen ab. »Der Übergang vom Leben zum Tod sind 21 Gramm«, zitierte er zum Beispiel oft.

Er meinte das berühmte Experiment von Duncan MacDougall, der 1907 bei sechs Patienten im Moment des Todes einen Gewichtsverlust maß, im Schnitt eben jene 21 Gramm. MacDougall nahm das als Beleg, dass im Todesmoment die Seele den Körper verlässt. Hannes war nicht religiös, ich bin auch nicht sicher, ob er von MacDougalls Experiment überzeugt war. Aber er erwartete schon, dass es nach dem Tod irgendwie weiter geht. Energie geht nicht verloren, sie geht in eine andere Form über – auch so ein Satz von ihm. Er hat nie gesagt, er hat Angst, auch nie:

»Ich will nicht mehr.«

Er zeigte nie, dass er mit seiner Krankheit haderte. Bis zum allerletzten Moment hatte er die Hoffnung, sie zu besiegen oder zumindest mit ihr alt zu werden. Ich fragte ihn auch zu seiner Beerdigung. Aber auch da hielt er sich raus.

»Das sollen die entscheiden, die um mich trauern«, sagte er.

Mit Nicole war er etwas offener. Sie unterhielten sich manchmal die ganze Nacht, wenn sie Dienst hatte. Ihm war klar, dass er bald sterben musste. Er sei traurig, dass er seine Tochter und seine Schwestern zurücklasse, so erzählte es Nicole später. Die Zeit, die er noch lebte, wollte er aber nicht damit verbringen, übers Sterben nachzudenken. Er sprach mit Nicole auch über seine Kindheit und seine Abstürze. Einige davon hätten nicht sein müssen, meinte er. Hätte er gewusst, dass er krank wird, hätte er einige Schleifen nicht gedreht. »Pass auf meine Schwester auf«, bat er Nicole.

Die letzte Whatsapp-Nachricht von Hannes auf meinem Handy stammt vom 23. Juni 2021. Es ging um unsere Mutter. Sie war mit Herz-Problemen im Krankenhaus und er wollte wissen, wie es ihr ging und ob sie alles hatte. Wie seltsam, dass wir uns so kurz vor seinem Tod noch darüber den Kopf zerbrachen, ob Inge genügend Nachthemden und Handtücher hatte und mit dem Essen in der Klinik einigermaßen zufrieden war. Aber wir wussten natürlich nicht, dass das unsere letzten Nachrichten waren. So war es mit so vielen letzten Malen, man sah sie nur im Nachhinein. Das letzte Mal Rad gefahren, das letzte Mal ein Auto gesteuert, Spazieren gegangen. Das letzte Mal auf dem Klo, das letzte Mal einen Bissen Essen zu sich genommen, das letzte Mal selbst die Zähne geputzt. Die vielen kleinen Abschiede. Und nun also der letzte.

Am Morgen des 24. Juni kam ich morgens vom Joggen nach Hause und sah, dass Dunja nach ihrem Nachtdienst immer noch da war. Ungewöhnlich um 10.00 Uhr morgens. An der Haustür passte sie mich ab.

»Hannes geht es nicht gut«, sagte sie.

Als ich an sein Bett kam, war Hannes grau und verschwitzt. Trotz Beatmung war seine Sauerstoffsättigung im Blut auf 80 Prozent gesunken. Er konnte den Kopf nicht mehr halten und den Tobi nicht mehr fixieren. Ihm fielen die Augen zu. Ich dachte an seine Festlegung, dass es »vorbei« sein sollte, wenn er sich nicht mehr verständigen könnte. So stand es in seiner Patientenverfügung. Dann sollten alle lebensverlängernden Maßnahmen eingestellt werden. War es soweit? Sollte jetzt wirklich jemand das Beatmungsgerät ausschalten? Wer? Keiner von uns fühlte sich dem in diesem Moment gewachsen, keiner war sich sicher genug.

Ich dachte an Geburten, wie schwierig es ist vorherzusagen, wann ein Baby kommt – in drei oder in 30 Stunden. So ist auch das Sterben. Selbst wenn es absehbar ist, weiß niemand, wann es wirklich so weit ist. Ich richtete mich darauf ein, dass jetzt eine noch schwierigere Phase kommt, die womöglich Tage oder Wochen dauern würde. Mit Nicole stockte ich die Dienstpläne auf, damit immer zwei Personen da wären. Ich alarmierte seine Tochter, meine Tochter und meinen Ex-Mann. Alle kamen im Laufe des Tages und saßen bei Hannes. Nachmittags ging es ihm etwas besser. Er konnte doch wieder über den Tobi sprechen. Seiner Tochter sagte er:

»Geh nach Hause, heute sterbe ich nicht.«

Ich ging auch nach oben in meine Wohnung. Nichts passierte, keiner rief mich, es war alles ruhig. Aber um halb zehn abends zog es mich zurück an sein Bett. Es war wieder so eine Ahnung, wie bei Geburten, bei denen ich plötzlich spüre, dass ich gebraucht werde. Er saß da mit hochgestellter Rückenlehne wie immer, ganz still, das Gesicht entspannt, die Augen geschlossen. Plötzlich war mir klar, bald ist es soweit. Auf einmal war alles selbstverständlich.

Wieder erinnerte mich das an Geburten. Es gibt dieses lange Hin und Her, den langen Vorlauf der Wehen, den niemand genau bestimmen kann. Doch dann beginnt eine Dynamik, bei der niemand mehr eingreifen muss oder helfen kann. Es läuft ein von der Natur vorgegebenes Programm. Genauso ist die Sterbephase. Manche Menschen mögen noch kurz vorher hadern und bangen. Aber wenn ein bestimmter Punkt überschritten ist, sind alle Widerstände weg, es ist dieselbe Dynamik. Ich spürte das deutlich. Und er auch.

Er atmete nicht mehr selbst, nur noch die Maschine. Seine Hand lag auf meiner. Es wurde Mitternacht, ein neuer Tag. Er hielt Wort gegenüber seiner Tochter. Fünf, zehn, fünfzehn nach zwölf. Plötzlich verkrampfte er sein Gesicht zu einer extremen Grimasse.

»Hannes, alles ist gut«, sagte ich. »Du kannst loslassen.«

Das sollte heißen, jetzt ist Frieden. Wir machen hier weiter. Ich passe auf deine Tochter auf. Und ich bin soweit, dich gehen zu lassen. Es gab keine offenen Fragen. Es gab nichts mehr zu reden. Wir waren an einem Punkt angekommen, wo alles gleichgültig ist. Wie im Moment der Geburt, wenn alle Energie sich bündelt auf diesen letzten Kraftakt. Nichts anderes zählt, alles ausgeblendet, das Ticken der Uhr und das Rauschen des Atemgeräts. Hannes ließ tatsächlich los. Sein Gesicht entspannte sich, er war ruhig. Er war tot. Vielleicht 21 Gramm leichter, wer weiß.

Eine halbe Stunde saß ich an seinem Bett, bevor ich das Beatmungsgerät abstellte. Zum ersten Mal seit eineinhalb Jahren herrschte Stille in diesem Zimmer, in diesem Haus. Ich zog alle Sonden, Kanülen und Schläuche ab und packte alle Geräte ins Bad. Ich wollte, dass nichts mehr an die Intensivstation erinnert und Hannes nicht mehr aussieht wie ein Patient. Zum ersten Mal seit eineinhalb Jahren ließ ich das Kopfteil seines Bettes herunter, zum ersten Mal konnte er wieder liegen. Friedlich. Auch ich fühlte nichts außer Frieden nach der langen Anspannung.

Die Trauer traf mich am nächsten Morgen, als ich Hannes' Tochter anrief, als Menschen aus dem Pflegeteam kamen. Jedesmal, wenn jemand dazu kam, heulten wir noch einmal zusammen. Dann erzählten wir uns Geschichten über Hannes und konnten auch lachen. Zwei Tage behielten wir Hannes zu Hause, es war ein Wochenende. Am Sonntagnachmittag feierten wir gemeinsam Abschied, tranken und aßen, saßen an seinem Bett. Es war eine friedliche, schöne Stimmung. Ich brauchte diese Zeit.

So lange ich mich auf seinen Tod gefasst gemacht hatte, so sehr riss er doch plötzlich ein Loch. Ich erzähle das auch, weil ich nicht den Eindruck vermitteln will, ich hätte irgendwie für alles eine Antwort, ein Patentrezept gegen den Schmerz. Mein großer Bruder war tot, der Mensch, der mir über die Jahre meist am nächsten war. Es tat weh.

10. Tod und Tabu – Sterben muss gelingen

Tröstlich fand ich, dass Hannes genau so gegangen war, wie er es sich gewünscht hatte. Es war kompliziert, es brauchte so viel Kraft und eigenen Willen. Aber er bestimmte tatsächlich bis zum Schluss. Er musste nicht mehr ins Krankenhaus, er wurde nicht sediert. Alle unterstützten ihn, selbst wenn es um den Wunsch ging, in Ruhe gelassen zu werden. Er starb ohne Störungen, ohne fremde Entscheidungen über seinen Kopf hinweg. Sterben muss gelingen: Bei Hannes würde ich sagen, es ist gelungen.

Fast niemand will in der Klinik sterben

Das wünschen sich die allermeisten von uns, aber es ist kein leichter Weg. In einer Umfrage für den Deutschen Hospiz- und Palliativverband sagten Ende 2022 genau die Hälfte der rund 1000 Teilnehmerinnen und Teilnehmer, wenn sie bald sterben müssten, dann zu Hause. 21 Prozent nannten ein Hospiz, 25 Prozent hatten noch nicht so genau darüber nachgedacht. Im Krankenhaus zu sterben, wünschten sich nur drei Prozent, das Pflegeheim nannten gerade mal ein Prozent der Befragten. Neun von zehn erwarteten, dass Angehörige oder Freunde sich um sie kümmern, wenn sie krank sind. Immerhin noch sieben von zehn nahmen das auch für den Fall an, dass sie pflegebedürftig werden.

Die Realität sieht anders aus. Befragt nach dem Tod eines ihnen nahe stehenden Menschen, sagten 44 Prozent, die Person sei im Krankenhaus gestorben, 13 Prozent nannten ein Pflegeheim als Sterbeort. Bei 34 Prozent war es das Zuhause, bei fünf Prozent ein Hospiz. Rund zwei Drittel der Befragten sagten, sie hätten das Sterben der ihnen nahe stehenden Person als würdevoll empfunden – was ich ehrlich gesagt nicht besonders viel finde. Am niedrigsten war der Wert bei einem Sterben im Krankenhaus.

»Hilflos der Apparatemedizin ausgeliefert zu sein« gehört nach wie vor zu den am häufigsten genannten Ängsten, wenn es um das eigene Sterben geht.

32 Prozent der Befragten sprachen 2022 davon. Genauso viele haben Angst vor Schmerzen. 29 Prozent sorgen sich um Hinterbliebene, ebenso viele fürchten, am Schluss jemandem zur Last zu fallen. 17 Prozent haben Angst davor, allein zu sterben, zwölf Prozent fürchten sich vor der Ungewissheit, was danach kommt. 16 Prozent haben nach eigenen Angaben keine Angst.

Die Gewichte haben sich binnen zehn Jahren etwas verschoben. Die Angst vor Apparatemedizin und vor Schmerzen ist seit 2012 ein paar Prozentpunkte zurückgegangen. Deutlich mehr Menschen haben eine Patientenverfügung. 2012 waren es 26 Prozent, 2022 immerhin 45 Prozent, in den höheren Altersgruppen mehr. Auch wissen mehr Menschen von der Möglichkeit, in Hospizen betreut zu werden – obwohl nach meiner Erfahrung nicht alle genau einschätzen können, wie Hospize arbeiten. Es ist etwas in Bewegung gekommen, so interpretiere ich diese Zahlen. Aber Sterben nach eigenen Vorstellungen, so wie es Hannes konsequent durchgezogen hat, dürfte für die allermeisten von uns sehr schwierig werden, zumindest nach heutigem Stand. Es müsste sich einiges ändern.

Der erste Schritt wäre, sich dem Thema Tod und Sterben zu stellen – jeder und jede Einzelne und alle zusammen als Gesellschaft. Es ist neben dem Geborenwerden die größte, wichtigste Etappe, die letzte in unserem Leben. Es sind existenzielle Wünsche und Bedürfnisse. Kümmern wir uns genug darum?

In der schon erwähnten Umfrage für den Deutschen Hospiz- und Palliativverband sagten 60 Prozent der Teilnehmerinnen und Teilnehmer, die Gesellschaft befasse sich zu wenig mit dem Thema Sterben und Tod. Gefragt nach dem eigenen Sterben, sagten aber nur 18 Prozent, sie hätten sich darüber schon häufig Gedanken gemacht, weitere 40 Prozent ab und zu, 27 Prozent selten und 15 Prozent nie. Von den Menschen, die keine Patientenverfügung haben, sagten 36 Prozent, sie hätten das Thema verdrängt oder verschoben und weitere 29 Prozent, sie hätten noch keine Zeit gehabt – was wohl auf dasselbe hinausläuft. Später, später, lieber später, das reicht auch noch, das ist unser Ansatz.

An Appellen fehlt es nicht. Die Debatte »Der Tod soll kein Tabu sein – Wir müssen reden« wird regelmäßig geführt, jedes Jahr aufs Neue. Und es bewegt sich auch etwas. Ähnlich wie in den USA gibt es inzwischen »Death Cafés«, also Treffen, bei denen ohne Vorgaben und freimütig bei einer Tasse Kaffee über den Tod gesprochen wird. Eine Organisation bietet »Letzte-Hilfe-Kurse« als Annäherung an das Thema an. Ich finde diese Bezeichnung irreführend, denn es geht ja nicht um Sterbehilfe, sondern um Begleitung. Ich nenne unsere Kurse lieber »Sterben gut begleiten – Am Ende wissen, wie es geht«. Unser Bestattungshaus in Oldenburg öffnen wir regelmäßig für Vorträge und Diskussionen, ganz ohne den Anlass einer Trauerfeier. Bei Tagen der offenen Tür stellen wir eine Kaffeemaschine vor unser Haus und suchen das Gespräch mit Passanten. Das passiert alles, aber die Wahrheit ist: Es kommen immer nur ein paar, nur nach und nach werden es mehr.

Als Hannes gestorben war, fuhren wir ihn mit einem besonderen Lastenfahrrad durch unser Viertel zum Bestattungshaus. Das hatte sich Hannes so gewünscht. Das Bestattungsrad hat sein Bekannter Michael Olsen aus alten Posträdern gebaut und zwar mit einem klaren Ziel: den Tod in unserer Gesellschaft sichtbar zu machen. Michael spricht darüber gern und ausführlich, er hat jede Menge Geschichten über seine Erlebnisse mit dem Rad. Einmal kam er mit einem Sarg zur Kirche, die Trauergemeinde war aber nicht informiert, dass der Verstorbene mit dem Rad gebracht würde. Die Menschen waren perplex. Leichenwagen, ja, aber sowas? Sie wussten nicht, wie sie damit umgehen, die Sargträger nicht, wo sie anpacken sollten. Schließlich sagten die Träger:

»Wenn du nun schon mal hier bist, fahr doch am besten gleich zum Grab.« Ein kleiner Lacher löste die angespannte Stimmung.

Michael erlebt solche Reaktionen häufig: Erstaunen und Neugier, Abwehr und Kopfschütteln. Manchmal fährt er mit seinem Bestattungsrad und einem leeren Sarg durch Oldenburg, um genau das zu erreichen. Eine Weile stand sein Rad bei uns im Schaufenster im Bestattungshaus. Für manche ist es der erste Anstoß zum Nachdenken, für andere einfach eine Zumutung. Pietätlos, heißt ein Vorwurf. Der Lastenräder-Hype kenne wohl überhaupt keine Grenzen, kritisieren andere.

»Nichts ist so selbstverständlich wie der Tod«

Schon als Jugendlicher habe er die Bestattungskultur in Deutschland als befremdlich empfunden, schreibt Michael auf seiner Webseite. Die Selbstverständlichkeit der Endlichkeit werde aus dem Alltag verdrängt und mit Ängsten belegt.

»Wir müssen darüber sprechen, weil wir damit zu tun haben, zu tun haben werden, immer damit zu tun hatten«, meint Michael »Nichts ist so selbstverständlich wie der Tod. Er gehört nicht nur zum Leben, er ist streng genommen viel selbstverständlicher als leben.«

Er wolle den Tod aus seiner düsteren Nische ins Licht ziehen, auch raus aus der dunklen Jahreszeit in den Alltag.

»Woher kommen diese Ängste, sich mit dem Selbstverständlichsten im Leben, nämlich dem Sterben und dem anschließenden Tod, zu beschäftigen? Warum dieses Verdrängen und Verstecken, warum diese Stigmatisierung durch Begriffe wie schwarz, dunkel und kalt?«

Früher sei es selbstverständlich gewesen, Särge auf einem Karren oder auf den Schultern zu Gräbern zu bringen, oft mit einem langen Trauerzug. Der Tod sei öffentlich sichtbar gewesen, in der Mitte der Gesellschaft.

Tatsächlich existiert ja ein ganzes Musikgenre, das diese Tradition belegt: der Trauermarsch. Die wichtigsten Werke stammen aus dem 18. und 19. Jahrhundert, der berühmteste von allen vielleicht der Marche Funèbre von Frédéric Chopin, der dritte Satz aus seiner zweiten Klaviersonate in b-Moll aus dem Jahr 1839. Das war mit Sicherheit keine Arme-Leute-Musik. Viele der Werke waren Auftragsarbeiten für Begräbnisse der Mächtigen. Aber klar ist: Es wurde marschiert und der Abschied zelebriert. Bis heute gibt es diese Tradition in New Orleans, wo Verstorbene mit Jazz-Musik zum Friedhof begleitet werden. Die Mexikaner feiern den Día de los Muertos Anfang November mit großem Tamtam und fröhlichen Kostümen, während wir in Deutschland zu Allerheiligen verhuscht mal eben zum Friedhof schauen, wenn überhaupt.

Warum? Abgesehen von den kulturellen Unterschieden gibt es gesellschaftliche Bedingungen, die uns Mitteleuropäern das Ausblenden des Sterbens und des Todes erleichtern. Oder anders gesagt: Das Sterben und die Auseinandersetzung damit sind schwieriger geworden. Die beiden österreichischen Palliativ-Experten Andreas Heller und Klaus Wegleitner haben das aus meiner Sicht ganz treffend beschrieben. Früher sei der Umgang mit Sterben und Tod alltäglicher gewesen, weil die Menschen im Durchschnitt schlicht früher starben – sei es an Infektionskrankheiten, Kindbettfieber oder Unfällen bei körperlicher Arbeit. Die Autoren nennen die Pestepidemien mit Millionen Toten in Europa. Ich denke auch an den Zweiten Weltkrieg mit dem millionenfachen Töten und Sterben. Im Krieg ist der Tod Alltag, schon Kinder sehen Verstorbene oder Getötete.

Der Reflex der Nachkriegszeit, das möglichst zu vergessen und zu verdrängen, ist naheliegend. Zugleich regierte der medizinische Fortschritt. Infektionen wurden besiegt, Krankheiten geheilt oder zumindest die Lebenszeit verlängert. Der Tod verschob sich für viele bis ins hohe Alter. Viele Menschen werden 50 oder 60 Jahre alt, bevor ihre Eltern oder andere Angehörige sterben und die Hinterbliebenen zum ersten Mal eine Bestattung organisieren. Heller und Wegleitner weisen darauf hin, dass auch der Sterbeprozess länger sei. Das sei ein Grund, warum er oft in Institutionen stattfinde, im Krankenhaus oder Heim. Das rückt das Thema aus dem Blickfeld. Während der Corona-Pandemie starben viele Menschen zusätzlich und früher als erwartet. Aber auch das geschah abgeschottet. Die alltägliche Begegnung mit dem Tod fehlt, deshalb lässt er sich leichter ignorieren.

Der Schrecken ist dafür umso größer. Die Institution, die für das Erklären und die Rituale zuständig war – die Kirche –, verschwindet aus unserem Leben und damit auch der früher institutionalisierte Trost.

»Wir leben biologisch länger, doch ist unsere Lebenszeit um eine Ewigkeit kürzer geworden«, formulieren Heller und Wegleitner. »Für unsere Vorfahren vor noch zwei- oder dreihundert Jahren bestand das Leben in der Regel aus einem kurzen diesseitigen und einem ewigen jenseitigen Leben. Auf das Jenseits, den Himmel musste man sich vorbereiten.«

Der Tod wurde ständig mitgedacht als Ziel, auch als Wiedervereinigung mit verstorbenen Lieben. Und jetzt?

»Dieser Glaube an eine Kontinuität des Lebens in der Gegenwart Gottes im ›Chor der Heiligen‹ wird heute mehrheitlich in Europa nicht mehr geteilt«, schreiben Heller und Wegleitner. »Die Vorstellungen vom Danach und ob es überhaupt ›Etwas‹ gibt, haben sich geändert, ausdifferenziert und pluralisiert.«

Menschen machen sich selbst auf die Suche, was vom Jenseits zu erwarten ist, sie haben Auswahl aus Philosophien verschiedener Weltregionen und Jahrhunderte. Viele finden für sich eine Antwort, aber dieser selbstbestimmte Prozess kostet viel mehr Kraft als ein vorgebeteter Glaube. Einige kommen auch zu dem Schluss: Nach dem Ende ist nichts. Wozu sich jetzt damit befassen, sich heute den Tag versauen für: nichts.

Ich sehe das anders, das habe ich ja schon deutlich gemacht. In Wahrheit gelingt es auch nur den allerwenigsten, den Tod völlig zu ignorieren. Das Thema zieht unvermittelt auf wie dunkle Gewitterwolken. Ängste werden jedoch kleiner, je normaler das Sterben wird und je offener sich die Menschen dem stellen. So erlebe ich es täglich im Bestattungshaus. Manche kommen beklommen zu uns und stellen dann verwundert fest:

»Mensch, ich sitze im Bestattungshaus und fühle mich trotzdem wohl. Das hätte ich nicht erwartet.«

Sie bemerken die großen Schaufenster, durch die viel Licht in den Raum fällt, in dem unser großer Besprechungstisch steht. Draußen sieht man die Autos vorbeifahren, das Leben geht weiter. Sie sehen auch, dass wir im Team ganz alltäglich und ohne Drama mit dem Tod umgehen, dass das möglich ist. Meine Kolleginnen und Kollegen sind da schrittweise hineingewachsen. Meine Tochter Lea zum Beispiel hatte durchaus Vorbehalte, als sie anfangs im Bestattungshaus mitarbeitete und die Buchhaltung machte. Keinesfalls wollte sie Verstorbene anfassen, noch nicht einmal mit ihnen unter einem Dach sein. Nach und nach änderte sich das. Lea legte ihre Scheu ab.

Das Sterben kommt auf uns zu, es gehört zum Leben, zu einem vollendeten Lebenskreis. Niemand würde die Geburt ignorieren oder Sex oder Essen. Nur weil unser Vertrauen in das ewige Leben nach dem Tod wankt, nützt es nichts, so zu tun, als lebten wir vor dem Tod ewig. Werden wir nicht. Und wenn wir schon sterben müssen, dann doch möglichst so, dass wir die Regeln setzen. Kümmern wir uns nicht rechtzeitig selbst, entscheiden in höchster Not andere für uns. Ohne Vorgaben ist das für Angehörige oft eine erdrückende Last.

»Man muss seine Lebens- und Sterbensgeschichte selber schreiben«, meinen Heller und Wegleitner. Zusammen mit den medizinischen Möglichkeiten und Ansprüchen, Leben immer weiter zu verlängern, wirft das schnell neue schwierige Fragen auf. Die beiden Autoren spitzen das so zu: »Nicht der Tod holt uns, sondern wir holen uns den Tod.« Es entstehe ein »Gestaltungszwang«:

»Wir werden gezwungen, über die Dramaturgie unseres Altwerdens und Sterbens zu ›verfügen‹, den Ort und das Wie des Sterbens zu wählen«.

Im Alltag sehe ich dieses Dilemma nicht. Ich sehe Erleichterung bei denen, die vorgesorgt haben. Es lebt sich einfacher, wenn alles geregelt ist. Wichtig wären die rechtlichen und gesellschaftlichen Bedingungen, dass ihr Wille auch zählt.

Der Mut zu akzeptieren: Es geht dem Ende zu

Dass so viele entgegen dem eigenen Wunsch im Krankenhaus sterben, liegt sicher an den hohen Erwartungen an die Medizin und an der Angst vor dem unbekannten Moment. Wir sind daran gewöhnt, auf Heilung zu hoffen und die Zuständigkeit dafür an Experten abzutreten. Das fängt bei vergleichsweise einfachen Fragen an: Wenn ein Arzt oder eine Ärztin rät, auch bei einer Neunzigjährigen einen chronisch vereiterten Zeh unter Vollnarkose im Krankenhaus operieren zu lassen, wer bringt den Mut auf, sich dem zu entziehen? Wenn Menschen noch selbst mitreden können, liegt es in ihrer Hand. Aber sollte die Neunzigjährige selbst unentschlossen sein, wer würde ihr raten? Wer möchte schuld sein, wenn die eigene Mutter nicht mehr laufen kann oder ständig Schmerzen hat oder das Risiko einer Blutvergiftung droht? Müssen es nicht die Fachleute wissen? Andererseits sagt die Lebenserfahrung, dass Klinikeinweisung und Vollnarkose in dem Alter ein großes Risiko sind. Wer kann das verlässlich einschätzen und wer widerspricht dem ärztlichen Rat?

Im Kern geht es um eine Frage, die viele scheuen: Akzeptieren wir, dass es dem Ende zugeht? Es ist der scheinbar einfachere Weg, sich auf ärztliche Routine zu verlassen. Die aber folgt eigenen Regeln. Im besten Fall ist das die äußerste Anstrengung zur Heilung oder zur Linderung von Beschwerden nach dem Grundsatz »in dubio pro vita«, im Zweifel für das Leben. Im schlechtesten Fall ist es eine unsinnige Überversorgung der Sterbenden. Das sind Behandlungen, die Menschen keinen erkennbaren Nutzen bringen oder ihnen sogar schaden. Experten schätzen, dass dies bei Intensivmedizin am Lebensende 50 bis 90 Prozent der Fälle betrifft.

Der Palliativmediziner Matthias Thöns beschrieb 2016 in seinem Buch »Patient ohne Verfügung«, wie groß für Kliniken die finanziellen Anreize zur Behandlung sind, etwa einer Beatmung, für die Kliniken Zehntausende von Euro bekommen können. Ein Positionspapier der Deutschen Interdisziplinären Vereinigung für Intensiv- und Notfallmedizin (Divi) benennt die Schwächen des Systems genauso klar: »Operative und interventionelle Leistungen werden dabei häufig besser vergütet als konservative Behandlungsmaßnahmen oder ein ausführliches Arzt-Patienten-/-Angehörigen-Gespräch«. Die Klinikbehandlungen insgesamt nahmen demnach zuletzt um 0,8 Prozent pro Jahr zu, Leistungen der Intensivtherapie hingegen um 3 Prozent, vor allem am Lebensende. »Inzwischen erhält jede/r vierte aller Patienten, die in einem Krankenhaus versterben, eine Intensivtherapie«, heißt es in dem Divi-Papier. Eine Studie für den Gemeinsamen Bundesausschuss – das ist das Gremium von Ärzten und Krankenkassen, das aushandelt, was die Kassen bezahlen – ergab, dass Krebspatienten noch kurz vor ihrem Tod Chemotherapie ohne erkennbaren Nutzen oder Verbesserung der Lebensqualität bekamen. Neben aufwändigen Therapien und Beatmung ist auch die künstliche Ernährung per Magensonde immer wieder Streitthema.

Selbst wenn die wirtschaftlichen Zwänge außen vor bleiben, neigen viele Ärzte dazu, auch am Lebensende eher zu viel zu behandeln als zu wenig. Ein Teil ist ärztliches Selbstverständnis. Passive Sterbehilfe – das Weglassen von Behandlung – scheuen viele. Dazu kommt die Sorge vor Haftung oder strafrechtlichen Konsequenzen wegen unterlassener Hilfeleistung, wie die Sozialrechtlerin

Constanze Janda schreibt. Damit wären wir wieder an dem Punkt, den Hannes so oft erlebte: Ärzte und Pflegekräfte vermittelten nicht nur den Eindruck, sie wüssten es besser als er. Sie hatten auch schlicht Angst, dass es ihnen an den Kragen geht, wenn sie die Wünsche der Menschen erfüllen.

Ich denke dabei an Frau Förster, die ich seit der Eröffnung unseres Bestattungshauses kenne. Sie hat uns mit Interesse verfolgt. Einmal zeigte sie mir eine Mappe mit meinem Flyer und Ausschnitten der Zeitungartikel, die über uns erschienen waren, alles sauber abgeheftet. Sie ist die treueste Besucherin unserer Informationsveranstaltungen und Vorträge. Frau Förster lässt keinen aus. Schon vor Jahren machten wir zusammen die Bestattungsvorsorge, aber sie war mit Anfang 70 so energiegeladen, so sportlich, drahtig, quirlig, dass das wirklich sehr weit vorausschauend schien. Sie betreute ehrenamtlich »alte Leute«. Ihr eigener Tod schien weit entfernt.

Dann war plötzlich alles anders. Ärzte fanden bei Frau Förster Krebs der Bauchspeicheldrüse. Weil diese Krebsart meist spät entdeckt wird, ist sie sehr oft sehr schnell tödlich. Meist sind es nur wenige Monate. Bei Frau Förster hatte der Tumor schon in die Leber gestreut. Der untersuchende Mediziner sagte ihr ganz offen:

»Frau Förster, Ihnen bleibt nicht mehr viel Zeit, machen Sie es sich schön.« Ein Satz wie ein Faustschlag. Aber Frau Förster ging mit. Plötzlich war alles so klar, so erzählte sie es mir später. Sie sagte sich:

»Ich hatte mehr als 70 Jahre, das ist nicht wenig, manche Menschen werden gar nicht so alt.«

Die Betreuung der »alten Leute« hätte sie gern noch weiter gemacht.

»Nun ist es einfach, wie es ist.«

Sie wurde sehr ruhig, so beschrieb sie es selbst. Sie konnte sogar endlich wieder durchschlafen.

Doch war das nicht das letzte Wort. Nach einer Besprechung der Ärzte in ihrer Klinik erhielt sie von einem anderen Mediziner eine ganz andere Empfehlung: Chemotherapie zur Eindämmung des Tumors und anschließend eine Operation, um ihn zu entfernen. Eine Heilungschance sah auch der zweite Arzt nicht, wohl aber die Aussicht auf eine längere Lebenszeit. Wie viel länger? Und in welchem Zustand? Mit welchen Nebenwirkungen der Chemotherapie? Das konnte der Arzt nicht sagen, es gibt dafür keine Formel. Aber er war empört, dass sein Kollege einfach aufgeben wollte. Aufgeben? Sich dem Tod ergeben? Einfach so? Für Frau Förster war plötzlich alle Klarheit dahin, auch die Seelenruhe. Sie rief mich an, um Rat zu suchen. Was tun? Welchem Arzt vertrauen? Oder einfach dem eigenen Impuls? Frau Förster schwankte. Aber die erste Chemo war schon terminiert, vorsorglich.

Patienten dürfen bestimmen – eigentlich

Dabei ist die rechtliche Lage klar: Solange Menschen ihren Willen ausdrücken können, müssen Ärzte das befolgen, auch mit Blick auf aus ihrer Sicht notwendige Therapien oder lebenserhaltende Maßnahmen. Für den Fall, dass man sich zeitweise nicht oder überhaupt nicht mehr selbst äußern kann, soll die schriftliche Patientenverfügung das vorwegnehmen, möglichst in Verbindung mit einer Betreuungsvollmacht. Doch selbst bei Menschen, die eine solche Verfügung haben und lebensverlängernde Maßnahmen ablehnen, wird oft weiter behandelt. Die Begründung lautet dann, die Vorgaben seien nicht präzise genug oder nicht genau passend für die Situation. Wieder geht es um Haftung und Standesrecht.

Experten raten, die Verfügung so konkret und explizit wie möglich zu verfassen und schriftlich auch die eigenen Werte zu beschreiben. Zudem sollte man mit Familie und Vertrauenspersonen so klar wie möglich über die eigenen Vorgaben sprechen und Vollmacht erteilen, damit sie im Zweifel für diese Wünsche kämpfen können. Trotzdem ist es genau das: ein Kampf um Autonomie im Widerstreit mit medizinischen Standards, professioneller Überlegenheit und wirtschaftlichem Druck. Er erfordert Mut und Vertrauen ins eigene Urteil, sei es der Menschen selbst oder der Angehörigen.

Die Bertelsmann Stiftung kam in einem Faktencheck zu dem Schluss, dass »Versorgungsstrukturen großen Einfluss auf den Sterbeort« haben. Anders gesagt: Wenn die Bedingungen stimmen, ist die Chance größer, auf Wunsch zu Hause zu sterben. Gemeint ist zum Beispiel die Zahl der ambulant tätigen Ärzte, die auf Palliativmedizin spezialisiert sind. Gibt es dieses Angebot, kommen seltener Menschen zum Sterben in die Klinik. Die Stiftung fand deutliche regionale Unterschiede. Das gilt auch für die Frage, wie lange ältere Menschen im Krankenhaus bleiben. Sind es viele Tage, ist die Wahrscheinlichkeit höher, dass sie auch in der Klinik sterben. Die Palliativbehandlung im Krankenhaus erreiche häufig eben nicht das Ziel, die Menschen nach Hause zu entlassen, schreiben die Autoren der Bertelsmann Stiftung. Regionale Unterschiede gibt es auch im Angebot von Hospizen zur Sterbebegleitung. Fehlt es, bleiben Sterbenskranke häufiger in der Klinik. Oft ist es nicht einfach, in ein Hospiz aufgenommen zu werden. Vorgesehen ist es nur für Sterbenskranke zur palliativen Versorgung. Nötig ist eine spezielle Verordnung, sonst übernimmt die Krankenkasse die Kosten nicht. Manchmal kommt der Tod schneller als die Bescheinigung. Ich habe die Idee eines Sterbehauses für Menschen, die nicht unbedingt schwerkrank sind und mit Schmerzmitteln behandelt werden müssen. So wie ein Geburtshaus ein Mittelweg zwischen Klinik und Hausgeburt ist, könnte ein Sterbehaus eine Alternative zu Klinik, Heim oder Hospiz sein. Ein friedlicher, angstfreier Ort. Ein Konzept habe ich noch nicht, es ist ein Gedanke, der zu reifen beginnt.

Immerhin existiert seit 2007 ein Rechtsanspruch auf ambulante palliative Versorgung durch spezialisierte Teams. 2021 gab es nach Zahlen der Kassenärztlichen Bundesvereinigung gerade einmal 403 dieser sogenannten SAPV-Teams. Der Deutsche Hospiz- und Palliativverband zählte 2023 insgesamt 1500 ambulante Hospizdienste und 260 stationäre Hospize mit 2500 Betten in Deutschland, dazu kamen 340 Palliativstationen in Krankenhäusern. Knapp 15.000 Ärzte hatten 2023 eine Zusatzausbildung in Palliativmedizin. Nach Angaben des Hospizverbands unterstützen 120.000 Menschen haupt- oder ehrenamtlich Schwerkranke und Sterbende. Die Zahl ist hoch – aber nicht, wenn man bedenkt, dass etwa eine Million Menschen pro Jahr in Deutschland sterben.

Die Angebote für eine Versorgung zu Hause haben sich verbessert, auch in der Pflege. Andererseits hinken sie der gesellschaftlichen Entwicklung hinterher. Ende 2021 erfasste das Statistische Bundesamt rund fünf Millionen Pflegebedürftige, von denen 84 Prozent zu Hause versorgt wurden. Die Zahl der Beschäftigten in ambulanten Pflegediensten zur Unterstützung der häuslichen Pflege wuchs binnen 20 Jahren bis 2021 um gigantische 134 Prozent auf rund 443.000. Nur stieg die Zahl der versorgten Patienten noch stärker, nämlich um 141 Prozent. Wenn in der letzten Lebensphase mehr Pflege nötig ist und die Unterstützung fehlt, bleibt für Angehörige dann doch oft nur die Option Heim.

Fast immer sei es das Beste, zu Hause in vertrauter Umgebung zu sterben, sagt Palliativmediziner Matthias Thöns. Und fast immer könne dies mit einem Palliativteam gelingen.

Was ist ein guter Tod?

»Einer, den der Patient akzeptieren kann«, sagte Thöns dem »Stern«. »Wenn ein Mensch während einer schweren Krankheit sagt: Jetzt habe ich alles geregelt, mit allen gesprochen, ich sterbe glücklich.«

Manche sagten, es sei die schönste Phase ihres Lebens.

11. Wer hilft beim Sterben?

Frau Krause am Ende

Frau Krause stirbt am Montag um 14.00 Uhr. So ist es vereinbart. Ein Helfer wird ihr einen Zugang zur Vene legen und einen Infusionsbeutel an einen Ständer über ihrem Kopf hängen. Sie selbst wird ein Rädchen an dem Infusionszugang aufdrehen, damit die tödliche Flüssigkeit in ihre Blutbahn gelangt. Dann wird Frau Krause auf den Tod warten.

Drei Tage sind es noch bis dahin. Ein Wochenende liegt dazwischen. Ein letztes Mal will ich Frau Krause besuchen. Ich habe Fragen. Wie es ist, den eigenen Todeszeitpunkt zu bestimmen? Wie es sich anfühlt, die letzten Dinge zu tun – die letzten Gespräche mit ihrem Neffen und ihren Betreuerinnen, die letzten Male zu Bett gehen, die letzten Male essen und trinken. Kocht sie sich noch einmal ihr Lieblingsgericht? Hört sie noch einmal die Lieder von damals? Will sie noch einmal die Sonne spüren im Park, noch einmal die Wolken ziehen sehen?

Ich habe eine schöne Flasche Wein mitgebracht – schön im wahrsten Sinne des Wortes, denn ich habe keine Ahnung von Wein, die Flasche sieht einfach gut aus. Wenn ich in den letzten Monaten zu Frau Krause kam, hat sie mir immer ein Glas angeboten. Nie habe ich mitgetrunken. Weil ich noch fahren musste oder arbeiten und weil ich Wein eigentlich nicht mag. Diesmal, zum Abschied, soll es so sein. Wir stoßen dann tatsächlich miteinander an und verabschieden uns. Aber die Atmosphäre ist dumpf. Frau Krause will nicht mehr. Sie will nichts mehr. Keine Fragen. Kein Lieblingsgericht und kein Sonnenbaden im Park. Frau Krause will endlich sterben. Sie kann es kaum erwarten. Jede Minute ist ihr eine Last.

Vor vier Jahren kam sie mit ihrem Lebensgefährten Paul zu uns ins Bestattungshaus. Sie wollten vorsorgen für ihre Beerdigung, wir sprachen die Eckpunkte durch. Wenn Paul nicht mehr da wäre, dann wollte auch sie nicht mehr leben, das sagte sie schon damals – und umgekehrt, dasselbe galt für Paul. Frau Krause war Ende 80, Paul ein paar Jahre jünger. Aber sie waren beide so sportlich, so geistig fit, so fröhlich. In ihrer Vorstellung war der Moment des Sterbens weit weg.

Lange hörte ich nichts mehr von den beiden, bis Paul vor einem Jahr plötzlich starb. Die beiden steckten mitten im Umzug in eine neue Wohnung, sie hatten immer noch Pläne und kamen zu zweit gut zurecht. Aber allein? Als ich zu Frau Krause kam, war sie sehr durcheinander, fast nicht mehr zurechnungsfähig. Sie saß da und konnte nichts sagen. Nachdem ich den Verstorbenen mitgenommen hatte, rief sie mich an. Wieder sprach sie wie benebelt.

Zwei Tage später holte ich Frau Krause ab und fuhr mit ihr ins Bestattungshaus, damit sie ihren Paul noch einmal besuchen konnte. Sie saß stumm am offenen Sarg. Sie konnte nicht fassen, dass ihr Geliebter tot war. Irgendwann brachte ich sie wieder nach Hause, in die nur halb eingerichtete Wohnung mit den Kisten und den kahlen Wänden, in die große Leere.

Am nächsten Abend wieder ein Anruf. Dass es Frau Krause war, erkannte ich nur an der Nummer, die ich eingespeichert hatte. Was sie sagte, konnte ich nicht verstehen. Dann legte sie auf. Sofort machte ich mich auf den Weg zu ihr. Als ich auf den Parkplatz kam, sah ich sie nicht sofort. Es brauchte einen Moment, bis ich erkannte, wer sich da torkelnd zum Auto schleppte. Ich ging zu ihr und sprach sie an.

»Was haben Sie vor?«

Sie wollte, betrunken wie sie war, mit dem Auto zu einer Brücke fahren oder sich einen Baum suchen.

»Das machen wir jetzt nicht«, sagte ich und half ihr ins Haus.

Dort telefonierte ich über Stunden mit Angehörigen und Freunden, um jemanden zu finden, der bei ihr bleibt. Der angerufene Arzt wollte sie nicht mit ins Krankenhaus nehmen, weil es dafür keinen medizinischen Grund gab. Sie war nur ein bisschen dehydriert. Ich nahm ihr den Autoschlüssel ab, damit sie nicht noch einmal den Versuch machen konnte, betrunken in den Tod zu fahren. Wenn jemand entscheidet, sich selbst das Leben zu nehmen, kann ich das akzeptieren. Wenn andere gefährdet werden, ist das etwas anderes.

Frau Krause blieb die nächsten Tage allein. Ich bin nicht sicher, wie es passierte, doch brach sie sich auch noch die Hüfte. Zur Beisetzung von Paul kam sie in desolatem Zustand und im Rollstuhl. Ihr Neffe suchte für sie ein kleines Apartment mit Betreuung. Es klappte. Sie konnte umziehen.

Einige Monate später rief mich Frau Krause an und wollte einen Termin. Ich besuchte sie in ihrem neuen Zuhause und war sehr überrascht, dass sie mich von der Eingangstür aufrecht laufend abholte. Da war sie wieder, die elegante, sportliche Frau, klar in der Aussprache, ohne den Schleier der Betäubung. Klar war jedoch auch ihr Wunsch: Sie wolle nicht mehr leben. Sie bat mich, ein Schreiben von einem Sterbehelfer durchzulesen, mit dem sie Kontakt aufgenommen hatte. Es sei, stand da, gar nicht so einfach, Sterbehilfe zu bekommen, egal mit welcher Methode. Frau Krause war deshalb sehr unruhig.

»Wenn nichts geht, bleibt mir nur der Sprung aus dem Fenster«, sagte sie.

»Bitte nicht«, sagte ich. Ich argumentierte, das könne sie uns nicht antun, weil wir sie unten einsammeln müssten. Sie versprach, es zu lassen.

Ein Grundsatzurteil und seine Folgen

Selbstbestimmt das eigene Leben zu beenden, steht jedem frei – und wer dafür Hilfe braucht, soll sie bekommen. So hat es das Bundesverfassungsgericht am 26. Februar 2020 in einem Grundsatzurteil entschieden. »Das allgemeine Persönlichkeitsrecht (…) umfasst als Ausdruck persönlicher Autonomie ein Recht auf selbstbestimmtes Sterben«, heißt es in den Leitsätzen des Urteils. »Das Recht auf selbstbestimmtes Sterben schließt die Freiheit ein, sich das Leben zu nehmen. Die Entscheidung des Einzelnen, seinem Leben entsprechend seinem Verständnis von Lebensqualität und Sinnhaftigkeit der eigenen Existenz ein Ende zu setzen, ist im Ausgangspunkt als Akt autonomer Selbstbestimmung von Staat und Gesellschaft zu respektieren. Die Freiheit, sich das Leben zu nehmen, umfasst auch die Freiheit, hierfür bei Dritten Hilfe zu suchen und Hilfe, soweit sie angeboten wird, in Anspruch zu nehmen«.

Damit kippten die obersten Richter das 2015 eingeführte Verbot der sogenannten geschäftsmäßigen Förderung der Selbsttötung in Paragraf 217 des Strafgesetzbuches, der mit bis zu drei Jahren Freiheitsstrafe drohte. Das Verfassungsgericht befand zwar, dass der Staat grundsätzlich »das hohe Rechtsgut Leben« auch mit Mitteln des Strafrechts schützen dürfe. Aber eben so, dass »im Einzelfall ein Zugang zu freiwillig bereitgestellter Suizidhilfe real eröffnet bleibt«. Der bis dahin gültige Paragraf 217 lasse den Menschen praktisch keinen Raum zur Wahrnehmung der verfassungsrechtlich geschützten Freiheit.

Dieses Urteil ist ein Hammer, vor allem für den Bundestag, der sich fünf Jahre vorher mühsam einen Kompromiss für den Paragrafen 217 abgerungen hatte. Die sogenannte aktive Sterbehilfe oder das »Töten auf Verlangen« war ohnehin verboten – und ist es bis heute. Ich darf nicht meinen Arzt oder sonst jemanden bitten, mich umzubringen. Hilfe zum Suizid ist etwas anderes, und es war auch damals klar, dass das nicht grundsätzlich zu unterbinden ist. Den Abgeordneten ging es darum, »kommerziell organisierte Sterbehilfe« zu beenden. Darüber herrschte weitgehend Konsens, wenn auch in verschiedenen Schattierungen.

Wie bei ethischen Fragen üblich, waren die Abgeordneten nicht an Parteipositionen oder Vorgaben ihrer Fraktionen gebunden. Sie schlossen sich parteiübergreifend zu sogenannten Gruppen zusammen und hatten vier unterschiedlich strikte Varianten zur Auswahl. Letztlich stimmte eine Mehrheit für den Entwurf der Abgeordneten Michael Brand (CDU) und Kerstin Griese (SPD) zum Verbot »geschäftsmäßiger Suizidassistenz« – egal ob durch Ärzte, Einzelpersonen oder Organisationen und egal ob gegen Bezahlung oder ohne. Sterbehilfe durch Angehörige oder nahestehende Personen blieb erlaubt. Nahestehend kann natürlich viel bedeuten. Der entscheidende Punkt: Die Hilfe durfte nicht auf Wiederholung angelegt sein. Profis waren damit eigentlich raus.

Der Film »Frau S. will sterben« zeigt, wo das hinführte. Die seit Kindheit an den Folgen von Kinderlähmung und fortschreitenden Schmerzattacken leidende Frau sagt im Film, ihre größte Furcht sei, dass ihr Zustand immer schlimmer werde und sie bald nicht mehr selbst entscheiden könne.

»Dieses Leben macht mich nicht mehr froh«, ist einer ihrer Sätze.

Ein anderer: »Ich bin im Reinen mit mir, ich habe keine Wünsche mehr.«

Sie wurde zwar von einem Arzt beraten, der durfte aber bei der Selbsttötung nicht anwesend sein. Bei ihrem letzten Treffen fragt sie der Mediziner, wie sie sich fühle.

»Natürlich geht mir die Muffe«, sagt Frau S. »Ich habe es ja auch noch nicht ausprobiert. Aber ich bin wild entschlossen.«

»Keine Zweifel?«, fragt der Arzt.

»Keine Zweifel! Ich habe, wie gesagt, höchstens Angst, dass etwas danebengeht.«

Schließlich mischt ihr Sohn die todbringenden Medikamente mit Apfelmus.

»Wenn du das isst, weißt du was dann passiert?«, fragt er sie ein letztes Mal.

Und sie: »Ja, dann werde ich hoffentlich sterben.«

»Ist es das, was du willst?«

»Genau das.«

Fehlt noch die Musik: Johann Strauß hat sich die Mutter gewünscht. Der Sohn stellt sie an. Dann löffelt Frau S. die tödliche Mischung.

Der Sohn von Frau S. beklagt sich im Film bitterlich über die Gesetzeslage, weil nur er als Helfer seiner Mutter in Frage kam.

»Also für mich als Angehörigen, ich empfinde es als katastrophal, weil es mich wirklich in eine ganz, ganz große Zwickmühle bringt«, kritisiert er.

Statt um seine Mutter zu trauern, müsse er sich mit Polizei und Staatsanwaltschaft auseinandersetzen.

»Man legt mir Steine in den Rucksack, die ich nicht tragen kann«, sagt der Sohn.

Die beiden für das damalige Gesetz verantwortlichen Bundestagsabgeordneten reagieren im Film mit Unverständnis. Angehörige müssten das nicht allein durchstehen, sondern sie könnten sich ja beraten lassen, sagt Kerstin Griese (SPD). Und ihr Kollege Michael Brand (CDU): »Wir haben uns darum bemüht, den Missbrauch zu stoppen, die geschäftsmäßige Suizidbeihilfe, auf Wiederholung angelegt.« Zugleich sei es darum gegangen, die Hilfen für Menschen mit Suizidgedanken stark auszubauen. »Denn die Palliativmediziner sagen durch die Reihe weg: Der Todeswunsch, der heute da ist, kann morgen schon ganz anders sein, je nachdem, ob ich gut eingestellt bin, gut behandelt worden bin.«

Das sind Argumente, die immer wieder kommen: Mehr Beratung kann Menschen von ihrem Todeswunsch abbringen. Kennen wir nicht alle Geschichten von Menschen, die versucht haben, sich umzubringen, und danach froh waren, dass es nicht geklappt hat? Und wenn am Lebensende Beschwerden auftreten, dann kann Palliativversorgung sie lindern und Lebensqualität sichern. Gemeint sind Schmerz- und Beruhigungsmittel, die Leiden und Ängste dämpfen. Ist das nicht besser, als seinem Leben vorzeitig ein Ende zu setzen? Kennen die Menschen überhaupt diese Möglichkeiten? Und ist es nicht grundsätzlich falsch, dass Menschen sterben wollen, um niemandem zur Last zur fallen? Wenn man das zu Ende denkt: Würden Alte oder Kranke nicht zum Selbstmord genötigt? Und dann würden sich Geschäftemacher auch noch für Beihilfe bezahlen lassen?

Das sind große ethische Fragen. Man muss nicht gleich an die Grauen der Nazi-Zeit und ihrer Euthanasie-Programme erinnern, an die menschenverachtende Debatte über wertes und unwertes Leben. Auch im 21. Jahrhundert gibt es genug, was beunruhigen kann. Die Verherrlichung von Jugend, Produktivität und Fortschritt – welchen Platz hat da der Rückschritt des Alters, das Immer-weniger? Wie nimmt man Älteren das Gefühl, überflüssig zu sein? Wie stärkt man Kranke darin, ihr Leben, so weit es geht, doch noch zu genießen? Natürlich ist es richtig, Verzweifelten zu helfen, wieder Mut zu fassen.

Aber in dem politischen Bestreben, die Sterbehilfe zu regeln, schwingt etwas anderes mit: das Tabu Tod. Es ist der Widerwille, sich mit dem Gedanken an Todeswünsche und Endlichkeit zu beschäftigen, die Möglichkeit in Betracht zu ziehen, dass vielleicht auch das eigene Leben irgendwann eine Last ist. Und vielleicht noch grundsätzlicher: Es ist die Illusion, alle Wechselfälle gesetzlich zu erfassen, dem Leben und dem Tod grundsätzlich Regeln zu setzen, sie unter Kontrolle zu bringen. Natürlich kann es Missbrauch geben. Geschäftemacher, die Sterbewillige abzocken. Pflegende oder Angehörige, die durchblicken lassen, es sei jetzt mal genug, die nicht mehr so laut widersprechen, wenn jemand sagt: Ich bin doch nur eine Last, ich will nicht mehr. Größenwahnsinnige, die selbst über Leben und Tod entscheiden, wie der Krankenpfleger, der in Delmenhorst und Oldenburg 80 pflegebedürftige Menschen umbrachte. Das alles sollte uns beschäftigen. Ich bin froh, dass diese Debatte geführt wird.

Nur, im Grundsatz geht es um eine Entscheidung, die jeder und jede Einzelne trifft und wo der Staat schlicht keinen Zugriff hat: zu leben oder nicht. Genau so hat es das Bundesverfassungsgericht entschieden:

»Das Recht auf selbstbestimmtes Sterben schließt die Freiheit ein, sich das Leben zu nehmen. Die Entscheidung des Einzelnen, seinem Leben entsprechend seinem Verständnis von Lebensqualität und Sinnhaftigkeit der eigenen Existenz ein Ende zu setzen, ist im Ausgangspunkt als Akt autonomer Selbstbestimmung von Staat und Gesellschaft zu respektieren.«

Zwangslagen wie die von Frau S. und ihrem Sohn dürfte es demnach nicht mehr geben. Professionelle Hilfe zum Suizid ist seit dem Verfassungsurteil wieder möglich. Sterbehilfevereine wie Dignitas Deutschland sichern sich zwar ab, sie geben Wartefristen und Beratungen und psychiatrische Gutachten vor, um etwa eine Demenz auszuschließen. Aber grundsätzlich ist ihre Tätigkeit in Deutschland wieder legal. Anders als in Ländern wie den Niederlanden oder der Schweiz gilt nach den Vorgaben des Verfassungsgerichts noch nicht einmal das Kriterium schwerer oder lebensverkürzender Krankheit. Maßstab ist das eigene »Verständnis von Lebensqualität und Sinnhaftigkeit der eigenen Existenz«. Die Grundsätze sind sehr klar.

Trotzdem begann 2022 eine neues Gesetzgebungsverfahren im Bundestag, um die Sterbehilfe zu beschränken. Die Argumente waren in dieser Neuauflage ganz ähnlich wie vor der Reform 2015. Der Deutsche Ethikrat äußerte sich in einer umfangreichen Stellungnahme und beleuchtete, wie vielfältig das Thema Suizid ist, vor allem in unterschiedlichen Lebensphasen. Der Rat versuchte, wichtige Begriffe genau zu bestimmen, zum Beispiel die »Freiverantwortlichkeit«, die Grundlage für legitime Sterbehilfe sei. Und er landete dann wieder bei denselben Bedenken, so etwa den »Normalisierungsentwicklungen«. Eine Normalisierung des »Respekts vor der Letztverantwortung einer Person« sei positiv. Problematisch werde sie, wenn damit »Risiken für die individuelle Freiheitsausübung« verbunden seien.

Die Deutsche Gesellschaft für Suizidprävention formulierte in ihrer Stellungnahme deutlicher, Selbsttötung dürfe nicht normal werden:

»Wir müssen uns die Frage stellen: Was macht die Legalisierung des ärztlich assistierten Suizides mit jedem einzelnen Menschen, mit der Gesellschaft? Wir müssen diskutieren, was dies bei älteren Menschen auslöst, die zwar im Rahmen ihres Berufslebens viel geleistet haben, aber nun klar von der Gesellschaft signalisiert bekommen: Du wirst nicht mehr gebraucht.«

Wieder fanden sich parteiübergreifende Gruppen zusammen für Gesetzentwürfe mit unterschiedlich strengen Vorgaben. Im Sommer 2023 waren davon noch zwei Entwürfe übrig. Das Konzept des SPD-Abgeordneten Lars Castellucci sah faktisch die Wiedereinführung des Paragrafen 217 vor. Wieder wurde ein grundsätzliches Verbot organisierten Sterbehilfe vorgeschlagen, wieder mit Haftstrafen gedroht. Nur als Ausnahme sollte geschäftsmäßige Sterbehilfe möglich sein, und zwar nur mit Beratungspflichten und psychiatrischen Untersuchungen. Dazu forderte die Gruppe ein Verbot für die Werbung für Hilfe zum Suizid.

Der andere Entwurf, für den sich die Grünen-Politikerin Renate Künast mit der FDP-Abgeordneten Katrin Helling-Plahr zusammentat, sollte Sterbehilfe grundsätzlich erlauben, aber mit Auflagen. So hätten sich Sterbewillige in einer anerkannten Beratungsstelle informieren und dann mindestens drei Wochen Bedenkzeit einhalten müssen. Danach sollte ein Arzt oder eine Ärztin ein tödliches Medikament verschreiben dürfen. In Härtefällen sollte die Beratungspflicht entfallen, und zwar dann, wenn ein »existenzieller Leidenszustand mit anhaltenden Symptomen« herrscht. Das wiederum hätte ein Arzt oder eine Ärztin bestätigen sollen. Gemeint waren wohl lebensverkürzende, unheilbare Krankheiten.

Der Debatte im Bundestag im Juli 2023 war deutlich anzumerken, dass beide Seiten mit sich rangen. Einig waren sie, dass Regelungsbedarf bestehe. Castelucci betonte noch einmal, wie wichtig ein »Schutzkonzept« sei, um Missbrauch zu verhindern. Suizid-Prävention sei das Wichtigste. »Niemand in diesem Land soll sich überflüssig fühlen, niemand in diesem Land soll sich gedrängt fühlen in einen assistierten Suizid hinein, weil andere Hilfe nicht erreichbar ist«, sagte der SPD-Abgeordnete. Es müsse genau geprüft werden, ob der Wunsch zu sterben wirklich dauerhaft sei. Menschen müssten vor »Einflüsterungen« in akuten Krisen geschützt werden. Jedes Leben sei etwas wert. Es gelte, den »begleiteten Suizid zu ermöglichen, aber nicht zu fördern«, sagte Castelucci.

Auf der anderen Seite sprach die FDP-Politikerin Helling-Plahr von der Not derer, die ihr Leben beenden möchten und keine Unterstützung bekommen. Sie erinnerte an eine vom Hals abwärts gelähmte Frau, die sich in Deutschland vergeblich um Medikamente zur Selbsttötung bemüht hatte und schließlich zum Sterben in die Schweiz fuhr. Ihr Mann klagte und gewann 2017 vor dem Bundesverwaltungsgericht. Das Gericht in Leipzig entschied, »in extremen Ausnahmesituationen« dürften Betäubungsmittel für ein schmerzloses Sterben nicht verwehrt werden. Trotzdem lehnte das zuständige Bundesinstitut alle Anträge auf entsprechende Medikamente ab, wie Helling-Plahr sagte. »Die Menschen wurden einfach alleine gelassen, anonym, abgestempelt trotz eindeutiger höchstrichterlicher Rechtssprechung, allein mit ihrer Angst, ihren Schmerzen und ihrem Wunsch, gehen zu dürfen«, sagte die Politikerin und Juristin. »Wichtig ist uns vor allem, dass wir die Menschen nicht schon wieder alleine lassen.«

Überraschenderweise fand keiner der beiden Vorschläge eine Mehrheit. Einig wurde sich das Parlament nur über einen Antrag, die Suizidprävention auszubauen. Er erinnert an die 9215 Menschen, die sich 2021 das Leben nahmen, und erteilt einen Handlungsauftrag an die Bundesregierung, einen Gesetzesvorschlag für verbesserte Vorsorge auszuarbeiten.

Es gelten also weiter die Grundsätze, die das Bundesverfassungsgericht formuliert hat, ohne zusätzliche gesetzliche Regelung. Aus meiner Sicht ist das die bessere Lösung, denn das Urteil ist ja sehr klar. In der Realität bleibt es allerdings kompliziert, Sterbehilfe zu bekommen. Die Bundesärztekammer hadert nach wie vor mit der Hilfe zur Selbsttötung. Zwar strich der Deutsche Ärztetag 2021 einen Satz aus der Musterberufsordnung – also aus dem ärztlichen Standesrecht –, die Medizinern Sterbehilfe eigentlich verbietet: »[Ärztinnen und Ärzte] dürfen keine Hilfe zur Selbsttötung leisten« – er war nach dem Verfassungsurteil aus Sicht der Mehrheit der Ärzte nicht mehr haltbar. Das Ärzteparlament blieb aber bei der Auffassung, dass Hilfe zur Selbsttötung nicht zum »Aufgabenspektrum der Ärzteschaft« gehöre. Ärztliches Handeln sei »von einer lebens- und gesundheitsorientierten Zielrichtung geprägt«. Es sei Aufgabe der Ärztinnen und Ärzte, das Leben zu erhalten, die Gesundheit zu schützen und wiederherzustellen, Leiden zu lindern und Sterbenden Beistand zu leisten. Niemals sei es Aufgabe der Ärzteschaft, Nichterkrankte bei einem Sterbewunsch zu beraten oder ihnen bei der Umsetzung zu helfen.

Es gab und gibt immer Ärzte, die sich über diese Vorgaben hinwegsetzen und eigenverantwortlich entscheiden. Die Bundesärztekammer nennt dies in »Hinweisen« zum Umgang mit »Suizidalität und Todeswünschen« von 2021 auch legitim. Doch rechtliche Unsicherheit bringt Mediziner in die Bredouille. Das betrifft das zwiespältige Standesrecht, aber vor allem die Frage, ob das Betäubungsmittelgesetz die Verschreibung von Substanzen zur Selbsttötung erlaubt oder eben nur zur Linderung oder »Heilung«. »Die Rechtslage ist zurzeit weitgehend unklar«, schrieb die Bundesärztekammer in ihren »Hinweisen« und half damit nicht gerade, die Verunsicherung von Ärzten zu verringern.

Wie gesagt: Ich persönlich finde es richtig, dass der Bundestag keine neuen Vorgaben für die Sterbehilfe gemacht hat. Das würde nur neue Fragen aufwerfen, zum Beispiel, wer die gewünschte Beratung organisiert und bezahlt. Der frühere Ärztepräsident Frank Ulrich Montgomery räumte nach der Entscheidung des Bundestags ein, dass seine eigenen Befürchtungen nach dem Verfassungsurteil nicht wahr geworden seien. Es habe keine starke Zunahme von assistierten Suiziden gegeben. Bei rund einer Million Sterbefällen in Deutschland seien 2022 weniger als 200 begleitete Selbsttötungen bekannt geworden. Eine gesetzliche Regelung, die mit großem Verwaltungsaufwand zur »Profanisierung der Sterbehilfe« beitragen würde, sei unnötig, sagte Montgomery im Deutschlandfunk.

Ich sehe das ähnlich. Die Möglichkeit sollte es geben, ohne überwindbare Hürden. Dennoch ist meine eigene Haltung zwiespältig. Ich selbst habe nie an Selbsttötung gedacht, derzeit fühlt es sich so an, als käme das für mich nie in Frage. Wenn ich hier darüber schreibe, geht es nie darum, dafür zu werben. Wenn ein alter Mensch über den Wunsch zu sterben spricht, heißt das auch nicht unbedingt: jetzt sofort. Eine Schweizer Studie mit 64 Sterbenden fand Hinweise, dass solche Aussagen sehr unterschiedlich gemeint sein können:

»Es wäre in Ordnung, wenn es jetzt vorbei wäre.«

Oder:

»Es wäre gut, selbst über den Zeitpunkt zu entscheiden.«

Oder:

»Für den Notfall hätte ich gerne eine Sterbepille parat.«

Viele Menschen behalten trotz der eigenen Wünsche durchaus die der Angehörigen oder Begleiter im Blick.

»Man stirbt nicht allein – man ist auch den Angehörigen entrissen«, sagt der Lübecker Bioethiker Christoph Rehmann-Sutter. »Autonomie ist relational«. Selbstbestimmung komme nicht einfach von innen heraus, sondern im Austausch mit anderen.

Ich lernte im Bestattungshaus Brigitta kennen, die Krebs hatte, aber jede weitere Behandlung ablehnte mit dem Argument: Meine Kinder brauchen mich nicht mehr. Die erwachsenen Kinder versuchten verzweifelt, sie vom Gegenteil zu überzeugen. Sie litten unter dem langen Sterben ihrer Mutter, das sie über Monate mit ansehen und begleiten mussten. Ich fand diese scheinbare Nichtachtung der Angehörigen schwer zu akzeptieren. Die Haltung ›Nach mir die Sintflut‹ fand ich gegenüber den Kindern nicht fair.

Auch bei Sterbehilfe denke ich oft an die, die zurückbleiben. Den Wunsch, als unerträglich empfundenen Leiden in bestimmten Situationen ein Ende zu setzen, finde ich nachvollziehbar. Doch habe ich Schwierigkeiten damit, andere Personen mit einzubeziehen, seien es Verwandte oder Ärzte oder Pflegekräfte oder Vereine wie Dignitas. Die Frage ist doch: Was bürdet der eigene Wunsch zum Sterben anderen auf? Helfer und Zeugen müssen damit leben, am Tod anderer beteiligt gewesen zu sein. Was macht das mit ihnen?

Wenn eine Institution entscheidet, Sterbehilfe zu akzeptieren, zum Beispiel ein Pflegeheim, müssen dann alle Beschäftigten mitmachen, selbst wenn sie Bedenken haben? Wie ist das, wenn Suizide häufiger vorkommen? Bleibt Pflegekräften als Alternative nur die Kündigung? Nur weil es für mich qualvoll ist, weil ich hilflos bin, habe ich ein Recht auf Aktivität anderer? Meine Handlungen haben eine Konsequenz für andere, das wäre für mich schwierig. Das gilt übrigens auch für Selbsttötungen ohne Hilfe, die Lokführer, Rettungskräfte, Ärzte oder Bestatter traumatisieren können.

Die einzig wirklich selbstbestimmte Art des Sterbens ist aus meiner Sicht, nicht mehr zu essen und zu trinken. Das führt binnen 10 bis 17 Tagen unweigerlich zum Tod. Niemand braucht dazu andere, das wäre aus meiner Sicht stimmig. Die Heilpraktikerin Christiane Zur Nieden hat das »Sterbefasten« in einem Buch beschrieben. Sie kam damit in Berührung, als ihre gesundheitlich stark angeschlagene Mutter fragte, wie sie wohl sterben könne. Die Tochter sagte leichthin, sie selbst würde wohl einfach mit Essen und Trinken aufhören. Sie hatte das nicht als Tipp gemeint, hatte das ganze Gespräch nicht so ernst genommen, wie es war. Am nächsten Tag begann ihre Mutter tatsächlich damit.

Zur Nieden schildert diesen Anfang als Schock, trotzdem begleitete sie ihre Mutter in den folgenden 13 Tagen bis zu deren Tod. In der Zeit hätten sie noch viel gesprochen, auch gelacht, sagt sie. Sie empfinde dies als eine »nicht traumatisierende Weise«, sich das Leben zunehmen. Gemeinsam mit ihrem Mann, einem Palliativmediziner, hat zur Nieden mehr als 80 Fälle von Sterbefasten dokumentiert.

Leicht ist dieser Weg nicht. »Nötig ist eine ausgesprochene Willensstärke sowie ein starkes Durchhaltevermögen«, schreiben sie auf ihrer Webseite. Der Verzicht auf das Essen sei nicht so schwierig, weil das Hungergefühl verfliege und Endorphine ausgeschüttet würden. Die größte Herausforderung sei das Einstellen des Trinkens. Nach fünf bis sieben Tagen steigere sich das Durstgefühl zum Maximum. Mildern lasse es sich nur durch Befeuchtung von Mund und Rachen, wozu man wiederum Hilfe bräuchte. Was, wenn der oder die Sterbende vorher schriftlich angewiesen hat, keine Flüssigkeit zu bekommen, dann aber darum fleht? Für Angehörige kann auch das zur Qual werden.

Im Bestattungshaus habe ich zwei Frauen kennengelernt, für die es wirklich zur Tortur wurde. Frau Junge litt seit Jahrzehnten unter unerträglichen Nervenschmerzen. Auf einer Skala von eins bis zehn lagen sie nach ihrem Empfinden bei elf oder zwölf. Sie wollte nicht mehr. Nach dem Verfassungsurteil 2020 dachte sie, nun sei sie am Ziel. Nun müsste sie nur zur Ärztin gehen und die würde ihr eine tödliche Pille geben. Doch die Ärztin reagierte panisch. Wegen des Wunschs, sich selbst zu töten, wollte sie Frau Junge in die Psychiatrie einweisen lassen. Dazu kam es dann nicht, aber auch Frau Junge sah als Ausweg nur noch das Sterbefasten. Sie bat ihre Tochter Gabriele, sie zu begleiten, und die zog trotz eigener Ängste mit. Frau Junge starb nach 17 endlosen Tagen, die Gabriele als Hölle empfand. Die Tochter setzt sich seither aktiv dafür ein, dass Sterbewillige die nötige Hilfe bekommen, einschließlich der tödlichen Medikamente.

Als Mittelweg bleibt die »tiefe Sedierung« zum Lebensende. Die Zahlen nähmen zu, sagt Bioethiker Rehmann-Sutter. Die Menschen werden also – nach vorheriger schriftlicher Einwilligung – mit einem Medikament in Tiefschlaf versetzt, aber nicht getötet. Da sie in ihrem Zustand nicht essen und trinken, kommt ohne künstliche Ernährung nach einigen Tagen der Tod. Diese Sterbepraktik könnte dem Selbstverständnis von Medizinern entsprechen, Leiden zu lindern und nicht selbst die Mittel zum Suizid bereitstellen zu müssen.

Bei mir hinterlässt diese »palliative Sedierung« Fragen. Menschen haben ohne diese Betäubung in der Sterbephase oft einen Bewegungsdrang – ganz ähnlich übrigens wie Frauen bei einer Geburt. Sie reagieren offenbar auf eine innere Unruhe, versuchen, ihre Position zu wechseln oder aufzustehen. Was, wenn die Sedierung den Übergang erschwert? Problematisch finde ich vor allem, wenn Ärzte, Pflegende oder Angehörige diese Betäubung einleiten, weil sie die Unruhe der Sterbenden nicht aushalten. Was weiß ich über die anderen? Vielleicht ist die Bewegung im Sterbeprozess wichtig. Andererseits sollen Menschen nicht unnötig leiden, vielleicht erleichtert die Sedierung den Tod. Mir fehlt die letzte Antwort. Wichtig ist mir, dass jeder Mensch nach seiner Lage und Befindlichkeit behandelt wird. Es gibt keine Allheilmittel.

***

Frau Krause ist dann doch nicht wie vereinbart um 14.00 Uhr gestorben. Der Anwalt, der die Selbsttötung für Dignitas bezeugen sollte, stand mit dem Auto im Stau. Für Frau Krause war es die allerletzte, vielleicht schwierigste Geduldsprobe. Das ganze Wochenende war ihr Neffe bei ihr geblieben. Frau Krause ging es körperlich nicht gut, sie hatte Magen- und Darmschmerzen, sie musste sich erbrechen. Beide wollten unbedingt verhindern, dass die alte Frau noch ins Krankenhaus gebracht würde. Der Termin am Montag durfte nicht platzen.

Als der Anwalt gegen 16.30 Uhr endlich eingetroffen war, begann die Prozedur. Frau Krause unterschrieb alle Papiere erneut: Sie wolle das, es sei freiwillig, selbstbestimmt und in eigener Verantwortung. Dann legte ein Arzt den intravenösen Zugang, platzierte den Infusionsbeutel. Frau Krause drehte das Rädchen auf. Nach drei oder vier Minuten schlief sie ein, sie schlummerte friedlich in den Tod, wie ihr Neffe später erzählte. Der Arzt im Zimmer stellte den Tod fest. Der Anwalt alarmierte die Polizei. Die Beamten leiteten ein Ermittlungsverfahren ein, so ist es üblich. Sie nahmen die unterschriebenen Papiere zu den Akten, informierten die Staatsanwaltschaft. Dann riefen sie uns. Als wir Frau Krause abholten, belehrten sie uns, der Leichnam sei beschlagnahmt.

An der Verstorbenen dürfe nichts verändert werden, nicht die Kleidung und auch nicht der intravenöse Zugang, auch das ist üblich bis zur Freigabe durch die Staatsanwaltschaft. Die Erlaubnis kam am nächsten Tag.

Frau Krause wurde eingeäschert. Für die Zeit danach hatte sie alles bestimmt. Eine Todesanzeige, in der sie sich bei allen bedankte, die ihr Leben begleitet hatten. Keine Trauerfeier, keine Blumen, keine Musik. Nur ein Kaffeetrinken für die wenigen Menschen, die wussten, wie sie gegangen war. Eine anonyme Beisetzung auf einem Gräberfeld, ganz in der Nähe von ihrem Paul.

12. Mut zum Leben, keine Angst vor dem Tod: Trau dich, vertrau dir

Tommy und Annika stehen verträumt am Zaun vor der leeren Villa Kunterbunt. Ein Kapitän soll das Haus gekauft haben, aber es wohnt niemand darin.

»Es wäre schön, wenn da einer einziehen würde«, sagt Tommy.

»Ja, das wäre schön, eine Familie mit Kindern«, meint Annika.

»Mit denen wir spielen könnten«, ergänzt Tommy.

Aber es kommt noch viel besser. Pippi Langstrumpf ist unterwegs in die Stadt auf ihrem Apfelschimmel Kleiner Onkel, auf der Schulter das Äffchen Herr Nilsson. Sie ist ausstaffiert mit einer Riesentasche voller Goldmünzen und unbändigen Kräften, frech und ungezogen, herzensgut und lebensklug mit ihren neun Jahren. Ihre Mutter ist im Himmel, ihr Vater – der Kapitän – ist beschäftigt, denn er ist König eines Reichs in der Südsee. Und so zieht sie eben allein in die Villa Kunterbunt. Die örtliche Schreckschraube, Fräulein Prysselius, Vollstreckerin der Das-geht-doch-nicht-Regeln, will sie ins Kinderheim stecken. Aber die Rechnung hat die Prusseliese ohne Pippi gemacht. Das geht eben doch. Geht sogar gut aus.

Diesen Film kenne ich in- und auswendig. Ich schaue ihn heute noch manchmal, wenn ich das Bedürfnis nach einem Happy End habe. Und klar, ich finde mich darin wieder. Ein Mädchen, das auf sich gestellt ist, das stark sein muss, ohne Rückhalt der Eltern, das sich um andere kümmert, das Erwachsenen die Stirn bietet, das sich die Welt mit ihrer Phantasie ein bisschen zurecht biegt. »Ich mach mir die Welt, wie sie mir gefällt«. Das Gefühl kannte ich schon, bevor ich den Pippi-Langstrumpf-Film das erste Mal gesehen hatte.

Es ist nur ein Film, natürlich anders als das echte Leben. Meine Kräfte reichen nicht, ein Pferd zu stemmen. Ich habe keine Tasche voller Dukaten. Ich habe nicht dieses unendliche Reservoir guter Laune. Meine eigene Geschichte macht mich manchmal traurig, manchmal auch wütend – die Entscheidungen anderer, die ich auszubaden hatte. Es hat lange gedauert, wirklich wie Pippi zu werden, dieses Selbstvertrauen von innen heraus wachsen zu sehen. Das Innere und das Äußere aneinander anzugleichen, das waren viele Jahre harter Arbeit. Manchmal fasst mich das an, dass es nicht leichter war, weniger verrückt und verkorkst. Aber ich sehe heute auch, dass selbst aus Katastrophen manchmal ein kleiner positiver Anstoß kommen kann. Nicht missverstehen: Die Krankheit meines Bruders zum Beispiel bleibt eine Katastrophe, für ihn und für uns. Tröstlich ist trotzdem, dass meine Schwester und ich, nach jahrelanger Funkstille, uns darüber wieder angenähert haben. Meine Kindheit war chaotisch, aber sie hat mich etwas gelehrt, was mich bis heute immer trägt: Auch wenn sonst niemand da ist, wenn alles rechts und links wegbricht, auf mich selbst kann ich mich wirklich verlassen. Das gibt mir meine Zuversicht.

Deshalb ist mir Selbstbestimmung so wichtig. Jeder und jede soll selbst entscheiden dürfen, soll sich auf sich selbst verlassen dürfen, vor allem in den wirklich einschneidenden Momenten des Lebens. Das ist manchmal nicht ganz einfach, schwieriger jedenfalls, als die Entscheidungen den Instanzen zu überlassen, seien es Ärzte oder Kliniken, Hebammen oder Bestatterinnen. Bevor ich selbst die Richtung weise, muss ich erstmal wissen, was ich will. Gerade in Extremsituationen ist das viel verlangt. Wenn alles einstürzt, alles in einer Gefühlslawine untergeht, wie da das Richtige erkennen?

Nach meiner Erfahrung lässt sich das im Alltag üben, in sich hinein zu horchen. Man kann sich von Zeit zu Zeit auf die Probe stellen: Will ich das so? Läuft das alles in meinem Sinne? Was würde ich anderes wollen? Wie komme ich da hin? So geht es Schritt für Schritt. Wenn man sich vor der Geburt graut oder vor dem Tod, hilft es, sich heranzutasten. In beiden Fällen kommt etwas Großes, Ungewisses, da darf einem schon mulmig werden. Aber die Furcht soll nicht alles beherrschen und lähmen.

Es ist ja unausweichlich. Wenn ich als Frau ein Kind will und schwanger werde, muss ich mich wohl darauf einstellen, zu gebären. Wer Angst hat, umgibt sich am besten mit jenen, die etwas Positives zu erzählen haben. Es ist ein Wunder, dass ein kleiner Mensch in dir wachsen kann. Und dein Körper bekommt es hin, das zu Ende zu führen. Nur Mut. Vielleicht ist die Schwangerschaft ja so lang, um sich darauf gefasst zu machen. In der letzten Phase ist das so mühsam mit dem ewigen Drücken und Ziehen, dem Sodbrennen, dem Japsen und der Schlaflosigkeit, dass man es hinter sich bringen möchte. Dafür darf man sich diese Zuversicht gönnen: Ich werde das schaffen.

Vielleicht ist auch unser Lebenszyklus so lang, um sich an den Gedanken des Sterbens zu gewöhnen. Das gilt natürlich nicht für sterbende Kinder – da fehlen auch mir die Argumente, die Ansätze, irgendeinen Sinn zu sehen oder irgendetwas, was es erträglich macht. Ich habe für verwaiste Eltern keinen Trost, ich würde mir nie anmaßen zu sagen, für irgendetwas ist es gut. Ich kann nur ihre Trauer und ihre Tränen mittragen. Mir fehlen Antworten, aber ich kann zumindest diese Unterstützung bieten.

Bei alten Menschen empfinde ich die Situation und die Stimmungslage oft anders. Wenn jemand 93 ist, hatte er oder sie ein langes Leben. Manchmal stellt sich so etwas wie Lebenssattheit ein. Meine Oma sagte vor ihrem Ende, sie will sterben. Meine Mutter sagte, sie hofft, es geht schnell. Frau Rade, eine alte Dame in einem Bremer Pflegeheim, um die ich mich kümmere, hat ebenfalls keine Lust mehr. Die Kräfte schwinden, es wird alles zu mühsam. Vielleicht wird es dann leichter zu gehen.

Wer Angst vor dem Tod hat, kann sich annähern, auch ganz praktisch. Vielleicht mal ein Loch graben und die Erde fühlen. Mit dem Boot hinausfahren zu einem Lieblingsort für eine Seebestattung. Oder ein Krematorium anschauen. Immer noch grausig? Vielleicht hilft die Vorstellung einer »Reerdigung«, die als moderne Bestattungsart angeboten wird. Dabei wird der Körper des Verstorbenen in einem Behälter auf Stroh und Blumen gebettet und durch Mikroorganismen binnen 40 Tagen zu Mutterboden zersetzt. Diese Erde wird dann bei der Bestattung eingegraben.

Sich dem Thema auszusetzen, ist jedenfalls der erste Schritt. Je mehr man sich damit befasst, desto unbeschwerter wird der Umgang. Es hilft, die eigene Beerdigung zu planen, das sagte ich ja schon. Dabei wächst eine Akzeptanz, vielleicht sogar Zufriedenheit. Es schafft Luft für anderes. Für das Leben. Und eines kann ich mit Sicherheit sagen: Bestatter beißen nicht.

Ich will nicht so tun, als stünde ich über allem. Manchmal holen auch mich Ängste ein und schnüren mir die Kehle zu. Dann spüre ich, wie es mir in den Magen fährt. Ich fange an, meine Fingernägel abzuknubbeln. Zum Beispiel, wenn ich darüber nachdenke, was bei Geburten alles schief gehen kann. Oder darüber, was mich auf dem Weg zum Lebensende noch erwarten könnte. Es ist die Furcht vor Hilflosigkeit, Ausgeliefertsein, Nicht-mehr-gebraucht-werden.

Es trifft mich, wenn jemand wie Frau Förster mir von ihrer plötzlichen Krebsdiagnose erzählt. Es kann alles so schnell gehen, auch wenn man immer gesund gelebt und nie über die Stränge geschlagen hat. Selbst wer auf sich achtet, sich kümmert um Körper und Seele, ist davor nicht gefeit. Es liegt jenseits unserer Macht. Das ist nicht leicht zu akzeptieren. Ich denke dann an den Satz von Frau Rade, der Dame aus dem Bremer Pflegeheim: »Das Leben ist zu kurz für später.« Wer etwas vorhat, sollte jetzt loslegen, statt immer weiter zu verschieben. Manchmal macht mich das alles unruhig.

Wenn mich die Angst erwischt, dann haue ich ihr eine rein. Na gut, das klingt ein bisschen zu martialisch. Soll heißen: Ich versuche, dieses Gefühl klein zu kriegen. Das funktioniert bei mir, indem ich mich erde im Jetzt. Ich habe das schon beschrieben. Ich mache mir klar, dass das Schlimme ja gar nicht da ist, es ist ein Produkt meiner Gedanken mit dem Blick in die Zukunft, die vielleicht niemals eintreffen wird. Im Moment ist alles gut. Sollte irgendwann ein Problem auftauchen, finde ich eben dann eine Lösung. So lange hat die Panik Pause. Ich versuche, etwas Schönes zu machen, einen Spaziergang, eine Meditation, ein Wochenende auf einer Insel. Was immer gerade gut tut.

Das andere, was mich zurückholt, ist die Frage: Was ist denn das Allerschlimmste, was passieren kann? Meist ist das nicht so schlimm, dass es mich umhauen könnte. Der Angstmacher ist vielleicht nur ein Scheinriese, der kleiner wird bei näherer Betrachtung.

Also, für mich das Allerschlimmste: Wenn ich wirklich lebensverkürzend erkranken sollte, an Krebs oder wie Hannes an einer tückischen Krankheit wie ALS, dann werde ich sterben. Aber steht uns das nicht ohnehin bevor? Das soll nicht klingen wie eine Phrase im Sinne von, ist eh alles egal, wir lassen jetzt noch mal die Sau raus. Für mich ist es wichtig, achtsam zu leben, gesund zu bleiben und vital, das Leben bis zum Schluss zu erfahren, Schönes zu suchen. Aber die Tatsache, dass mein Leben endlich ist, nehme ich an. Was hat es für einen Sinn, davor Angst zu haben? Das ist mein Blick darauf. Wie die Geburt meiner Tochter sehe ich das Sterben als Herausforderung, die ich annehmen muss. Das wird noch einmal eine ganz große Sache, so sehe ich das, die letzte große Sache.

Ich persönlich stelle mir den Moment des Todes nicht furchterregend vor, sondern als Glück. Der Weg dorthin kann schwer sein, aber die allerletzte Etappe geht glatt, da bin ich sicher. Wie bei einer Geburt, wenn alle Bedenken und Widerstände im Kopf überwunden sind und sich die Natur Bahn bricht, wird auch hier alles ohne unser Zutun seinen Lauf nehmen. Wie der allerletzte Moment vor dem Knockout einer Vollnarkose, wo nichts mehr eine Rolle spielt, alles frei und erhaben, unbeschwert und schwerelos, bürdelos. Der Körper macht Schluss, schaltet sich schrittweise ab, verabschiedet sich von jahrzehntelangen Mühen. Danach ist nur noch Ruhe und Frieden. Bevor es in die nächste Runde geht.

Ja, es ist so, ich bin auch der tiefen Überzeugung, dass danach noch etwas kommt, dass meine Energie nicht verloren geht. Für mich ist das eher nicht die christliche Vorstellung von ewigem Leben, sondern so etwas wie Wiedergeburt. Ich bin keine Buddhistin, aber ich finde die Idee wohltuend, dass man ein ganzes Leben hat, um besser zu werden, um dazuzulernen und etwas beizutragen. Das hilft mir auch bei der Sinnfrage. Es trägt mich zu wissen, dass jeder und jede Einzelne zählt. Dass das zusammen eine große Summe ergeben kann, die eben doch etwas bewirkt.

Das nützt mir beim Blick auf die große Welt, die mal wieder ziemlich durcheinander ist. Ich versuche, die Dauerkrisenstimmung zu ignorieren. Ich habe während des Kalten Kriegs Zeiten erlebt, als auch ich Angst hatte. Aber es gab eben auch Durchbrüche. Die Menschen in der DDR haben es geschafft, als sie sich zusammentaten und auf die Straße gingen. Ich sehe das heute wieder bei jungen Leuten, die sich für mehr Klimaschutz oder ein besseres Miteinander engagieren. Manche Methoden nerven, zugegeben. Aber die Tatsache, dass sie sich aufmachen, gibt mir Zuversicht. Das wirkt auf mich stärker als die scheinbar ewige Wiederkehr von Krieg und Machtkampf und Zerstörung. Ich sehe eine positive Entwicklung, Fortschritt. Es wird nicht alles immer schlimmer. Jeder und jede einzelne kann etwas tun, für sich und für andere. Viele machen das. Ich sehe immer mehr davon.

Ganz praktisch erlebe ich das auch in meiner eigenen kleinen Welt, im Bestattungshaus. Es sind so viele junge Leute dazu gekommen, die meinen Horizont erweitern, die mich mit ihrer Perspektive bereichern. Mit Tod und Sterben gehen sie ganz natürlich um. Da ist so viel positive Energie, die Negatives wegschiebt, zumindest auf den 20 oder 50 oder 200 Quadratmetern um mich herum, auf dem kleinen Fleckchen, wo ich Einfluss habe. Man darf sich dem ruhig hingeben, diesem Gefühl: Wird schon.

Natürlich halte ich es auch für möglich, dass beim Sterben alles anders ist, als ich mir das ausmale. Habe ich die Antwort gefunden, der die Menschheit seit Adam und Eva nachjagt, auf die sich Weltreligionen gründen? Das ist mir egal. Meine Vorstellung vom Todesmoment und dem Danach könnte Illusion sein. Aber sollte das wirklich nicht stimmen, ist das nicht schlimm. Wenn es mir jetzt ein gutes Gefühl gibt und die Angst nimmt vor einer tiefen Schwärze, vor absoluter Dunkelheit, vor dem Nichts, dann ist das für mich völlig in Ordnung.

Ich habe mein ganzes Leben lang mit Illusionen gelebt und mit Imagination. Schon im Heim hatte ich diese doppelte Existenz – die Realität und meine Vorstellung von Realität, von einer heilen, liebevollen Familie. Das hat mich üble Zeiten überstehen lassen. Wenn meine Todesvorstellung ein Placebo ist, na und? Wenn alles anders ist, dann weiß ich das im letzten Moment. Bis dahin ist alles gut. Und dann ist es, wie es ist.

Danke

Ellen Matzdorf

Dieses Buch gäbe es nicht ohne eine Reihe glücklicher Fügungen. Es fing an mit Michael Olsen, der mich bat, als Bestatterin bei der Vorstellung seines Bestattungsfahrrads dabei zu sein. Ich brach meinen Urlaub ab und kam zur Pressekonferenz. Thomas Husmann von der Oldenburger Nordwest-Zeitung schrieb einen Beitrag über mich und erregte so das Interesse von anderen, darunter eine Journalistin der Deutschen Presse-Agentur und Johann Ahrens, der einen Film für das ZDF drehte. Literaturagent Tommy Schmoll brachte das Buchprojekt ins Rollen und schlug den Bogen zu Verena Schmitt-Roschmann, die mit mir mein Erleben als Hebamme und Bestatterin, meine Geschichte und meine Gedanken aufschrieb. In Regina Denk und Tom Mathony vom ZS Verlag fand dieses Buch begeisterte Unterstützer, die uns mit großem Zutrauen und großer Langmut begleiteten. Danke allen Beteiligten, nicht zuletzt meinen Kolleginnen und Kollegen im Bestattungshaus, meiner Schwester Ela und natürlich meiner Tochter Lea. Vor allem aber danke ich den vielen Menschen, die ich als Hebamme und als Bestatterin begleiten durfte. Ihr Vertrauen berührt mich tief.

Verena Schmitt-Roschmann

Mein Dank gilt der fabelhaften Ellen Matzdorf, die ihre einzigartige und inspirierende Geschichte und ihre Erfahrungen mit uns teilt. Es war ein intensives Jahr, in dem wir trotz aller Ernsthaftigkeit und Schwere auch viel gelacht haben. Danke allen, die das möglich gemacht haben – Tommy Schmoll, Regina Denk, Tom Mathony, meinem Chefredakteur und meinen Kolleginnen und Kollegen, um nur einige zu nennen. Möglich wäre alles nicht ohne den Rückhalt meiner Familie – meines Mannes Joachim Roschmann und unserer Kinder Till, Martha und Caspar.

Literatur, verwendete Quellen und inhaltlichen Anregungen

KAPITEL 2

Statistisches Bundesamt, »Fast ein Drittel aller Geburten im Jahr 2021 durch Kaiserschnitt«, Pressemitteilung vom 15.1.2023
https://www.destatis.de/DE/Presse/Pressemitteilungen/2023/02/PD23_N009_231.html

Statistisches Bundesamt, »14 % mehr Hebammen-Schülerinnen und -schüler im Schuljahr 2019/2020 als im Vorjahr«, Pressemitteilung vom 4.5.2021
https://www.destatis.de/DE/Presse/Pressemitteilungen/Zahl-der-Woche/2021/PD21_18_p002.html

Hebammen-Mangel: Immer weniger Geburtshilfen-Stationen – viele Regionen bereits ohne Kreißsaal, Deutschlandfunk vom 7.7.2023
https://www.deutschlandfunk.de/immer-weniger-geburtshilfe-stationen-viele-regionen-bereits-ohne-kreisssaal-112.html

Angaben zu den Haftpflicht-Summen für Hebammen
https://www.unsere-hebammen.de/w/files/hebammentag-2022/zahlenspiegel_2022.pdf
https://hebammen-bw.de/wp-content/uploads/3.3_DHV_Zahlenspiegel_2021.pdf

»Hausgeburten, erhöhtes Risiko«, Pressemitteilung der Deutschen Gesellschaft für Gynäkologie und Geburtshilfe vom Dezember 2011
https://www.dggg.de/presse/pressemitteilungen-und-nachrichten/hausgeburten-erhoehtes-risiko-pressemitteilung-der-deutschen-gesellschaft-fuer-gynaekologie-und-geburtshilfe-dggg-und-des-berufsverbandes-der-frauenaerzte-bvf

Petition »Keine Streichung der Hebammen aus dem Pflegebudget ab 2025« auf Change.org
https://www.change.org/p/keine-streichung-der-hebammen-aus-dem-pflegebudget-ab-2025-karl-lauterbach

»Qualitätsbericht 2021 Außerklinische Geburtshilfe in Deutschland«, im Auftrag der Gesellschaft für Qualität in außenklinischer Geburtshilfe
https://www.quag.de/downloads/QUAG_Bericht2021.pdf

KAPITEL 3

Geburtskomplikationen
Informationen zu Geburtskomplikationen, öffentliches Gesundheitsportal Österreichs
https://www.gesundheit.gv.at/leben/eltern/geburt/geburtsablauf/geburtskomplikationen.html

»Komplikationen bei der Niederkunft – eine schwierige Geburt« aus dem Berliner Tagesspiegel vom 23.12.2018
https://www.tagesspiegel.de/berlin/eine-schwierige-geburt-4618111.html

»Häufige Komplikationen während der Geburt«, von der Techniker Krankenkasse https://www.tk.de/techniker/gesundheit-und-medizin/schwangerschaft-und-geburt/gesundheitswissen/komplikationen-waehrend-der-geburt-2010154?tkcm=ab

»Komplikationen bei Schwangerschaft und Geburt: BMI vor Schwangerschaft wichtiger für Prognose als Änderungen in der Gravität«, aus dem Deutschen Ärzteblatt 2019
https://www.aerzteblatt.de/archiv/209417/Komplikationen-bei-Schwangerschaft-und-Geburt-BMI-vor-Schwangerschaft-wichtiger-fuer-Prognose-als-Aenderungen-in-der-Graviditaet

Klinikum Darmstadt, »11 Prozent aller Kinder kommen nicht in der adäquaten Geburtsklinik zur Welt«, vom 3.8.2022
https://klinikum-darmstadt.de/aktuelles-news/11-prozent-aller-kinder-kommen-nicht-in-der-adaequaten-geburtsklinik-zur-welt

Christiane Börger, »Geburtskomplikationen – Nehmen die Probleme zu?«, aus Eltern, 5.1.2023
https://www.eltern.de/schwangerschaft/geburt/geburtskomplikationen--werden-sie-immer-haeufiger--13165170.html

Statistisches Bundesamt zur Säuglingssterblichkeit 2022
https://www.destatis.de/DE/Themen/Gesellschaft-Umwelt/Bevoelkerung/Sterbefaelle-Lebenserwartung/Tabellen/saeuglingssterblichkeit.html

Statistisches Bundesamt, »Die Zahl der Totgeburten je 1 000 Geborenen seit 2007 um 24 % gestiegen«, Pressemitteilung vom 15.7.2022
https://www.destatis.de/DE/Presse/Pressemitteilungen/2022/07/PD22_303_12.html

Informationen zu Spina Bifida

»Spina Bifida – offener Rücken«, Informationen der Universitätsmedizin Mannheim
https://www.umm.de/fetale-therapie/krankheitsbilder/spina-bifida-offener-ruecken/
»Spina bifida: offener Rücken«, Informationen der Techniker Krankenkasse
https://www.tk.de/techniker/gesundheit-und-medizin/behandlungen-und-medizin/orthopaedische-erkrankungen/spina-bifida-offener-ruecken-2017922

KAPITEL 4

Geschichte der Hebammen und der Geburtshilfe

Annette Kerckhoff, »Heilende Frauen – Ärztinnen, Apothekerinnen, Krankenschwestern, Hebammen und Pionierinnen der Naturheilkunde«; Elisabeth Sandmann Verlag, München, 2010.

Daniel Schäfer (Hrsg), »Rheinische Hebammengeschichte im Kontext«; Kölner Beiträge zur Geschichte und Ethik der Medizin, Band 1; Kassel University Press, 2010

Gereon Schäfer und andere, »Die Entwicklung des Hebammenberufs unter dem Eindruck wissenschaftlicher, ärztlicher und ideologischer Einflussnahmen (1800 – 1945)«
https://www.researchgate.net/publication/277652764_Die_Entwicklung_des_Hebammenberufs_unter_dem_Eindruck_wissenschaftlicher_arztlicher_und_ideologischer_Einflussnahmen_1800_-_1945

Ute Missel, »Geburtshilfe im Wandel der Zeit – Historische und aktuelle Entwicklungen in der Diskussion«, idw-Informationsdienst der Wissenschaft, 19.10.1999
https://idw-online.de/de/news14799

»Historie des Hebammenberufes: Hebammenkunst im Wandel der Zeit«, aus Eltern&Baby vom 16.8.2021
https://elternundbaby.com/hebammenkunst-im-wandel-der-zeit/

»Geburtshilfe in der Geschichte – von der Wehemutter zur Hebamme«, aus Kaiserin.de
http://www.kaiserin.de/medizinerinnen/geburtshilfe-in-der-geschichte.php
https://research.uni-leipzig.de/agintern/Medhist/waldenb/ausstell/wb301t.htm

Eva Kroemer, »Vergleich alte und heutige Geburtshilfe: Gynäkologie in der Antike Zeugung, Schwangerschaft und Geburt«; Diplomarbeit an der Universität Graz
https://unipub.uni-graz.at/obvugrhs/content/titleinfo/240325/full.pdf

Österreichische Akademie der Wissenschaften, »Mutterschaft in der Urgeschichte«, von 7.11.2017
https://www.oeaw.ac.at/detail/news/mutterschaft-in-der-urgeschichte

Bettina Jungklaus, »Kindersterblichkeit und Lebensbedingungen von Kindern im frühneuzeitlichen Brandenburg aus osteoantropologischer Sicht«
https://www.academia.edu/38803284/Kindersterblichkeit_und_Lebensbedingungen_von_Kindern_im_fr%C3%BChneuzeitlichen_Brandenburg_aus_osteoanthropologischer_Sicht

Julia Tilentzidis und Markus Rausch, »Schwangerschaftsabbruch, ›Abtreibung‹« – zur NS-Sexualpolitik
https://neustadt-und-nationalsozialismus.uni-mainz.de/lexikon/schwangerschaftsabbruch-abtreibung

Hexenverfolgung
Nicole von Horst, »Siebenfache Hexerei und das Märchen von der Gesundheit«
https://blogs.faz.net/10vor8/2014/06/02/siebenfache-hexerei-und-das-maerchen-von-der-gesundheit-1636/

Joey Horsley, »Weise Frauen, Hebammen und die europäische Hexenverfolgung«
https://www.fembio.org/images/uploads/Horsley,_Hexen.pdf

B. Emil König, »Ausgeburten des Menschenwahns im Spiegel der Hexenprozesse und der Autodafés – Eine Geschichte des After- und Aberglaubens bis auf die Gegenwart«, Projekt Gutenberg – DE
https://www.projekt-gutenberg.org/koenigem/ausgebur/titlepage.html

Franz Irslinger, »Hebammen, Heilerinnen und Hexen«, aus dem Katalog zur Ausstellung »Hexenwahn« des Deutschen Historischen Museums vom 3.5. bis 6.8.2002
https://www.dhm.de/archiv/ausstellungen/hexenwahn/aufsaetze/10.htm

Charlotte Frank, »Geschichte der Hebammen – Als Heilige verehrt, als Hexen verteufelt« aus der Süddeutschen Zeitung vom 29.7.2012
https://www.sueddeutsche.de/leben/geschichte-der-hebammen-als-heilige-verehrt-als-hexen-verteufelt-1.1424326

»Die Hex muss brennen« – zur Hexenverfolgung in Hessen
http://www.lissberg.de/hexenwesen.html

Sechster Sinn, siebter Sinn
Viola Ulrich, »Wir haben einen sechsten Sinn – und dafür ist er da«, aus der Welt vom 7.2.2017
https://www.welt.de/kmpkt/article161849213/Wir-haben-einen-sechsten-Sinn-und-dafuer-ist-er-da.html

Franz Mechsner, Victor Smetacek, »Körperwahrnehmung – der sechste Sinn«, aus dem Spiegel vom 19.7.2008
https://www.spiegel.de/wissenschaft/mensch/koerperwahrnehmung-der-sechste-sinn-a-563716.html

Rupert Sheldrake, »Der siebte Sinn des Menschen – Gedankenübertragung, Vorahnung und andere unerklärliche Fähigkeiten«; Lizenzausgabe Nikol Verlagsgesellschaft, Hamburg, 2022
Verwendete Zitate unter anderem auf den Seiten 13, 17, 304, 305, 313

KAPITEL 5

Robert Fuchs, »Und keiner hat sich gekümmert« – Dokumentation zur Bremer Heimerziehung 1945 bis 1975; Bremen 2012
https://www.fachportal-paedagogik.de/literatur/vollanzeige.html?FId=991324

KAPITEL 6

Tauerbegleitung
https://bohana.de/inspirationen/10-tipps-fuer-den-umgang-mit-trauernden/

»Die letzte Entscheidung – wie sich die Bestattungskultur wandelt«, im SWR vom 5.11.2019
https://www.swrfernsehen.de/betrifft/broadcastcontrib-swr-39140.html

Heiko Zwirner, »Wie wir künftig mit dem Tod fertig werden sollen«, in der Welt vom 10.3.2016
https://www.welt.de/iconist/article153007189/Wie-wir-kuenftig-mit-dem-Tod-fertig-werden-sollen.html

Guido Schirmeyer, »Die letzte Fähre – Vier junge Kreuzbergerinnen mischen die alte Zunft der Totengräber auf. Die Umsorgen der Zugehörigen steht dabei im Vordergrund«, aus der taz vom 8.2.2021
https://taz.de/Alternative-Bestatterinnen/!5727825/

Informationen zum Bestatter Fritz Roth
https://www.welt.de/vermischtes/article112030549/Bestatter-Fritz-Roth-lachte-dem-Tod-ins-Gesicht.html
https://www.puetz-roth.de/bestattungen-und-trauerbegleitung.aspx
https://www.stuttgarter-zeitung.de/inhalt.bestatter-fritz-roth-die-angst-des-totengraebers.187d6de0-bba9-43ab-a3d2-fba98341b994.html

Caitlin Doughty, »Fragen Sie Ihren Bestatter – Lektionen aus dem Krematorium«, C.H. Beck, München 2016
YouTube-Kanal »Ask a mortician!«
https://www.youtube.com/@AskAMortician

The Order of Good Death
https://www.orderofthegooddeath.com/start-here/

Ernest Becker, »The Denial of Death«
https://ernestbecker.org/about-becker/beckers-synthesis/

Entwicklung des »death positivity« movement
https://www.orderofthegooddeath.com/history-of-death-positive-movement/

On death doulas and death midwives
https://www.yesmagazine.org/issue/death/2019/10/08/doulas-dying-ancient-tradition

Jan Klauth, »Mit Bäumen, Urnen und Diamanten – so grundsätzlich wandelt sich die Bestattungsindustrie«, aus der Welt vom 29.10.2021
https://www.welt.de/wirtschaft/article230171739/Geschaeft-mit-dem-Tod-So-wandelt-sich-die-deutsche-Bestattungsbranche.html

Peter Maxwill, »Tod und Kommerz«, im Spiegel vom 16.5.2016
https://www.spiegel.de/panorama/gesellschaft/bestattungen-in-deutschland-tod-und-kommerz-a-1086833.html

Bundesverband Deutscher Bestatter zu häufig gestellten Fragen
https://www.bestatter.de/verband/allgemeines-ueber-den-bdb/kuratorium-deutsche-bestattungskultur-e-v/haeufig-gestellte-fragen/

Statistisches Bundesamt zur Zahl der Verstorbenen und den Todesursachen 2021
https://www.destatis.de/DE/Themen/Gesellschaft-Umwelt/Gesundheit/Todesursachen/_inhalt.html

»Geiz ist geil – auch beim Grab«, über Discount-Bestatter, aus dem Handelsblatt 18.11.2016
https://www.handelsblatt.com/unternehmen/dienstleister/bestatter-im-wandel-geiz-ist-geil-auch-beim-grab/14858922-all.html

Katharina Peetz, »Wandel in der Bestattungskultur – Friedhöfe der Zukunft«, aus dem Deutschlandfunk am 14.7.2021
https://www.deutschlandfunk.de/wandel-in-der-bestattungskultur-die-friedhoefe-der-zukunft-100.html

Burkhard Schäfers, »Islamische Beerdigung – Ende der Sargpflicht in Bayern«, aus dem Deutschlandfunk vom 25.11.2022
https://www.deutschlandfunk.de/islamische-beerdigungen-ende-der-sargpflicht-in-bayern-100.html

»Bestattung ohne Sarg jetzt in fast ganz Deutschland erlaubt«, aus dem Deutsch-Türkischen Journal vom 16.11.2022
https://dtj-online.de/bestattung-ohne-sarg-jetzt-in-fast-ganz-deutschland-offiziell-erlaubt/

»Die Tricks der Bestattungsbranche«, Reportage aus dem NDR vom 21.11.2022
https://www.ndr.de/fernsehen/sendungen/die_tricks/Die-Tricks-der-Bestattungsbranche,sendung1214322.html

Umfrage der Arbeitsgemeinschaft RAL zu Feuerbestattungen 2022
https://feuerbestattungsanlagen-ral.de/wp-content/uploads/2022/10/GFB-umfrageergebnisse2021.pdf

Gestiegener Anteil der Feuerbestattungen seit den 1960er Jahren, Zustimmung der katholischen Kirche 1963
https://www.krematorium-bielefeld.de/geschichte

Anteil der kirchlichen Bestattungen 2022 unter 50 Prozent
https://www.kirche-und-leben.de/artikel/initiative-anteil-kirchlicher-bestattungen-unter-50-prozent-gesunken

KAPITEL 7

Klaus Friese, »Spätabbruch und Fetozid – Ausnahemsituation für Schwangere und Arzt«, aus dem Deutschen Ärzteblatt 2005
https://www.aerzteblatt.de/archiv/45053/Spaetabbruch-und-Fetozid-Ausnahmesituation-fuer-Schwangere-und-Arzt

Text des Paragrafen 218a zur Straflosigkeit des Schwangerschaftsabbruchs
https://www.gesetze-im-internet.de/stgb/__218a.html

Das Oldenburger Baby Tim
»Das Kind, das die Abtreibung überlebte«, WDR Dokumentation von 2005, auf Youtube
https://www.youtube.com/watch?v=hXy_L6ByBc4

Silvia Dahlkamp, »Das Geschenk eines Lebens«, aus dem Spiegel, 25.3.2010
https://www.spiegel.de/panorama/gesellschaft/spaetabtreibung-das-geschenk-eines-lebens-a-685454.html

Tims Todesanzeige
https://aerzte-fuer-das-leben.de/neues/aktuell-2019/10-01-19-tim-mit-21-jahren-gestorben-spaetabtreibung/

Interview mit der Hebamme Katja Baumgarten, auf Youtube, 2007
https://www.youtube.com/watch?v=qWSRHSmz9FQ

Kostenlose Bilder von Sternenkindern
https://www.dein-sternenkind.eu/ELTERN-INFO/index.php

Gesetzesänderung 2012 – das Ehepaar Martin
Felicitas Kock, »Aus Sternenkindern werden Menschen«, aus der Süddeutschen Zeitung vom 15.5.2013
https://www.sueddeutsche.de/leben/gesetzesaenderung-zu-totgeborenen-babys-aus-sternenkindern-werden-menschen-1.1673222-0

Regeln Bestattungsrecht und Bestattungspflicht
http://initiative-regenbogen.de/bestattungsgesetze.html

KAPITEL 8

Bettina Hielscher, »Warum du Mitleid aus deinen Gefühlen streichen solltest«, aus Zeit zu Leben vom 22.6.2020
https://zeitzuleben.de/warum-mitleid-deinen-gefuehlen-streichen-solltest/

KAPITEL 9

Informationen über ALS
https://www.dgm.org/muskelerkrankungen/amyotrophe-lateralsklerose-als
https://www.leben-mit-als.de/
https://www.als-mobil.de/leben-mit-als/was-ist-als/

ALS-Patient auf Youtube: Alle lieben Schmidt
https://www.youtube.com/watch?v=OknSNgylzls

Thomas Mosburger, »Mehr als ein Netz-Hype: Ice Bucket Challenge hilft ALS-Kranken«, aus dem BR vom 10.11.2022
https://www.br.de/nachrichten/netzwelt/mehr-als-social-phaenomen-ice-bucket-challenge-hilft-als-kranken,TJwsWcn

Informationen zum persönlichen Pflegebudget
https://www.pflege-durch-angehoerige.de/pflegegrade-pflegeleistungen/persoenliches-budget/#Wer_hat_Anspruch_auf_ein_Persoenliches_Budget

Wie funktioniert der Tobi?
https://de.tobiidynavox.com/pages/funktioniert-eyetracking

KAPITEL 10

Umfrage der Forschungsgruppe Wahlen für den Deutschen Hospiz- und Palliativverband 2022
https://www.dhpv.de/files/public/Presse/2022_BevBefragung_2022_Ergebnisse_kurz_PK.pdf
Langfassung
https://www.dhpv.de/files/public/Presse/2022_BevBefragung_2022_Ergebnisse_lang.pdf

Bertelsmann Stiftung Faktencheck zu Wunsch und Wirklichkeit des Sterbens
https://faktencheck-gesundheit.de/de/faktenchecks/faktencheck-palliativversorgung/ergebnis-ueberblick/

Überblick über Palliative Versorgung der Deutschen Gesellschaft für Palliativmedizin
https://www.dgpalliativmedizin.de/neuigkeiten/informationen-fuer-patienten-und-angehoerige.html

Zahlen und Fakten des Deutschen Hospiz- und Palliativverbands
https://www.dhpv.de/zahlen_daten_fakten.html#:~:text=Es%20gibt%20403%20Teams%20der,%2C%20Stand%2003.03.2023).

Statistisches Bundesamt zur Entwicklung der Beschäftigten und Betreuten in ambulanten Pflegediensten, Pressemitteilung vom 11.5.2023
https://www.destatis.de/DE/Presse/Pressemitteilungen/2023/05/PD23_N029_23.html

Statistisches Bundesamt zur Zahl der Pflegebedürftigen Ende 2021, Pressemitteilung vom 21.12.2022
https://www.destatis.de/DE/Presse/Pressemitteilungen/2022/12/PD22_554_224.html

Tod als Tabu
Adalbert Siniawski und Judith Grümmer, »Gesellschaftlich verdrängt – Tabuthema Tod« aus dem Deutschlandfunk 3.8.2012
https://www.deutschlandfunk.de/gesellschaftlich-verdraengt-tabuthema-tod-100.html#:~:text=Der%20Tod%20ist%20und%20bleibt,und%20das%20Weiterleben%20der%20Angeh%C3%B6rigen
»Der Tod als Tabuthema – die Angst vor dem Tod mindern« aus Trauerdrucksachen vom 15.2.2017
https://trauerdrucksachen.info/blog/der-tod-als-tabuthema-angst-vor-dem-tod-mindern/

»Tabuthema Tod – Wir müssen übers Sterben reden«, aus dem Spiegel vom 24.9.2019
https://www.spiegel.de/gesundheit/diagnose/tabuthema-tod-wir-muessen-uebers-sterben-reden-a-1287458.html

Krista Kops, »Warum wir mehr übers Sterben reden sollten«, aus Deutschlandfunk Kultur 22.7.2020
https://www.deutschlandfunkkultur.de/tabuthema-tod-warum-wir-mehr-uebers-sterben-reden-sollten-100.html

»Tabuthemen Tod und Trauer« – Umfrage für die Malteser vom 2.12. 2020
https://www.malteser.de/newsdetails/news/tabuthemen-tod-und-trauer-bei-jungen-menschen.html

Verena Maria Dittrich, »Warum wir öfter über den Tod reden sollten«, aus ntv, 2.3.2021
https://www.n-tv.de/leben/Warum-wir-oefter-ueber-den-Tod-reden-sollten-article22395297.html

Johannes Bruggaier, »Schluss mit dem Tabu – Warum der Tod wieder zu unserem Alltag gehören muss«, aus dem Südkurier
https://www.suedkurier.de/ueberregional/kultur/Schluss-mit-dem-Tabu-Warum-der-Tod-wieder-zu-unserem-Alltag-gehoeren-muss;art10399,10354976

Der Tod, ein Tabuthema – kindersache.de 3.1. 2022
https://www.kindersache.de/bereiche/wissen/natur-und-mensch/der-tod-ein-tabuthema

Sandra Markert, »Lasst uns über den Tod reden«, aus der Stuttgarter Zeitung vom 16.2.2023
https://www.stuttgarter-zeitung.de/inhalt.tabuthema-sterben-lasst-uns-ueber-den-tod-reden.bdfa9df8-cb3f-4ed4-b730-0814f734ab33.html

»Tabu-Thema – Wie gute Vorbereitung das Sterben erleichtern kann«, aus Kirche und Welt, 12.3. 2023
https://www.kirche-und-leben.de/artikel/tabu-thema-tod-wie-gute-vorbereitung-das-sterben-erleichtern-kann

Michael Olsen zu seinem Bestattungsfahrrad und der Philosophie dahinter
https://www.bestattungsfahrrad.de/

Informationen zum Trauermarsch
https://www.abschiedstrauer.de/trauermarsch-trauermusik-begraebnismusik.htm#Eigenart%20Trauermarsch

Thorina Lepak, »Zwischen Trauer und Jazz: Bestattungskultur in New Orleans«, aus Vorsorge Weitblick
https://vorsorgeweitblick.lv1871.de/2019/06/zwischen-trauer-und-jazz-bestattungskultur-in-new-orleans/

»Das Fest am Tag der Toten – Dia de los Muertos« aus Planet Mexiko
https://www.planet-mexiko.com/feste-feiertage/tag-der-toten/

Andreas Heller, Klaus Wegleitner, »Sterben und Tod im gesellschaftlichen Wandel«, auf Springer Link, vom 28.11.2016
https://link.springer.com/article/10.1007/s00103-016-2484-7

Walter Willems, »Wie würden Sie sterben wollen, wenn Sie es sich aussuchen könnten?«, aus der Welt vom 5.8.2022
https://www.welt.de/gesundheit/article240301289/Ueberversorgung-von-Sterbenden-Zweifelhafte-Therapien-am-Lebensende.html

Matthias Thöns, »Hilfe beim Suizid – Strafrechtsänderung wäre ein Irrweg«, bei der Deutschen Gesellschaft für Humanes Sterben
https://www.dghs.de/humanes-sterben/diskussionen-zum-suizid/dr-matthias-thoens.html

»Palliativmediziner Matthias Thöns: Sterbende gehören nicht ins Krankenhaus«, Interview im Stern vom 3.7.2022 https://www.stern.de/gesellschaft/palliativmediziner-matthias-thoens---der-tod-ist-kein-feind--32490860.html

Überversorgung am Lebensende
Antje Bühl, »Wenn der Tod zum Wirtschaftsfaktor wird«, NDR 23.4.2023
https://www.tagesschau.de/wissen/gesundheit/krankenhaus-sterben-palliativmedizin-tabu-thema-101.html

Gültigkeit der Patientenverfügung Rechtslage beim mutmaßlichen Patientenwillen
https://www.bibliomed-pflege.de/sp/artikel/23993-abbruch-lebenserhaltender-massnahmen

»Darum greift die Patientenverfügung im Krankenhaus häufig nicht« – aus Quarks, 23.7. 2019
https://www.quarks.de/gesundheit/medizin/darum-greift-die-patientenverfuegung-haeufig-nicht/

Fragen und Antworten zur Patientenversorgung aus familienratgeber.de
https://www.familienratgeber.de/rechte-leistungen/rechte/patientenverfuegung.php

Matthias Thöns, »Beatmung – lukrativste Form des Sauerstofftransports« – aus Pflege Professionell Magazin vom 15.9.2019
https://pflege-professionell.at/beatmung-die-lukrativste-form-des-sauerstofftransports

Constanze Janda, »Überversorgung am Lebensende – Ursachen und Lösungsansätze«, Dokumenten- und Publikationsserver Speyer, Deutsche Universität für Verwaltungswissenschaften Speyer 2018
https://dopus.uni-speyer.de/frontdoor/deliver/index/docId/4306/file/Janda_MedR_2018-10-778_Ueberversorgung.pdf

Andrej Michalsen und andere, »Überversorgung in der Intensivmedizin: erkennen, benennen, vermeiden.« Positionspapier der Sektion Ethik der Divi und der Sektion Ethik der DGIIN vom 1.2.2021
https://www.divi.de/joomlatools-files/docman-files/publikationen/ethik/210301-positionspapier-ueberversorgung-intensivmedizin-sektion-ethik.pdf

Bundesärztekammer/Zentrale Ethikkommission bei der Bundesärztekammer, »Hinweise und Empfehlungen zum Umgang mit Vorsorgevollmachten und Patientenverfügungen im ärztlichen Alltag«, vom 25.10.2018
https://www.bundesaerztekammer.de/fileadmin/user_upload/_old-files/downloads/pdf-Ordner/Patienten/Hinweise_Patientenverfuegung.pdf

Carolin Fleischmann-Struzek und andere, »Hospitalisierung und Intensivtherapie am Lebensende Eine nationale Analyse der DRG-Statistik zwischen 2007 und 2015«, aus dem Ärzteblatt, 2019
https://www.aerzteblatt.de/archiv/209976/Hospitalisierung-und-Intensivtherapie-am-Lebensende

KAPITEL 11

Historische Debatten (18): Kontroverse über die Sterbehilfe Informationen des Bundestags zur Entscheidung über ein Verbot gewerbsmäßig angebotener Sterbehilfe 2015
https://www.bundestag.de/dokumente/textarchiv/sterbehilfe-529962

Urteil des Bundesverfassungsgerichts: Leitsätze zum Urteil des Zweiten Senats vom 26.2.2020
https://www.bundesverfassungsgericht.de/SharedDocs/Entscheidungen/DE/2020/02/rs20200226_2bvr234715.html

Peggy Fiebig, »Grenzfall der Gesetzgebung – Bundestag entscheidet über Beihilfe zum Suizid«, Deutschlandfunk vom 17.1.2023
https://www.deutschlandfunk.de/beihilfe-suizid-sterbehilfe-gesetz-100.html

Bundestag berät Initiativen zur Reform der Sterbehilfe in erster Lesung, Informationen des Bundestags vom 24.6.2022
https://www.bundestag.de/dokumente/textarchiv/2022/kw25-de-suizidhilfe-897826

Stellungnahme der Bundesärztekammer zu den Gesetzentwürfen vom 23.11.2022
https://www.bundesaerztekammer.de/fileadmin/user_upload/BAEK/Politik/Stellungnahmen/BAEK_Stellungnahme_Suizidhilfe_23112022.pdf

»Striktes Verbot der Suizidhilfe aus (Muster-)Berufsordnung gestrichen / Ärzteparlament sieht Hilfe zur Selbsttötung weiterhin nicht als ärztliche Aufgabe«, Pressemitteilung zum Beschluss des Deutschen Ärztetags vom 5.5.2021
https://www.bundesaerztekammer.de/presse/aktuelles/detail/striktes-verbot-der-suizidhilfe-aus-muster-berufsordnung-gestrichen-aerzteparlament-sieht-hilfe-zur-selbsttoetung-weiterhin-nicht-als-aerztliche-aufgabe

»Hinweise der Bundesärztekammer zum ärztlichen Umgang mit Suizidalität und Todeswünschen nach dem Urteil des Bundesverfassungsgerichts zu § 217 StGB« vom 25.06.2021
https://www.bundesaerztekammer.de/fileadmin/user_upload/_old-files/downloads/pdf-Ordner/Recht/Hinweise_der_BAEK_zum_aerztlichen_Umgang_mit_Suizidalitaet_und_Todeswuenschen_nach_dem_Urteil_des_Bundesverfassungsgerichts_zu_Paragraf_217_StGB_Stand_25.06.2021.pdf

»Stellungnahme der Deutschen Gesellschaft für Humanes Sterben e. V. zu drei Gesetzesentwürfen betreffend die Regulierung der Suizidassistenz« vom 25.11.2022
https://www.bundestag.de/resource/blob/925606/d5856d938f2752dce6696b3a7ac822b6/DGHS-data.pdf

Dignitas Deutschland zum Weltsuizidpräventionstag am 10.09.2022
http://www.dignitate-deutschland.de/uploads/images/PDF/2022-09-09_PresseerklaerungWeltsuizidpraeventionstag.pdf

»Sterbebegleitung&Suizidprävention« – Informationen zur Anhörung im Rechtsausschuss des Bundestags vom 28.11.2022 mit allen Stellungnahmen und einer Aufzeichnung des Livestream
https://www.bundestag.de/ausschuesse/a06_recht/anhoerungen/913212-913212

Deutscher Ethikrat »Suizid – Verantwortung, Prävention und Freiverantwortlichkeit«, Stellungnahme vom 22.9.2022
https://www.ethikrat.org/fileadmin/Publikationen/Stellungnahmen/deutsch/stellungnahme-suizid.pdf

Bundesverwaltungsgericht, »Zugang zu einem Betäubungsmittel, das eine schmerzlose Selbsttötung ermöglicht, darf in extremen Ausnahmesituationen nicht verwehrt werden«, Pressemitteilung vom 2.3.2017
https://www.bverwg.de/pm/2017/11

»Bundestag lehnt Gesetzentwürfe zur Reform der Sterbehilfe ab« – Informationen des Bundestags zur Debatte und zu den abgelehnten Entwürfen 6.7.2023
https://www.bundestag.de/dokumente/textarchiv/2023/kw27-de-suiziddebatte-954918

»Suizidprävention stärken«, der vom Bundestag beschlossene Antrag zur Suizidprävention vom 6.7.2023
https://dserver.bundestag.de/btd/20/076/2007630.pdf

Sterbehilfe: Gesetzentwürfe scheitern im Bundestag, aus dem NDR vom 6.7.2023
https://www.ndr.de/kultur/Wie-wird-die-Sterbehilfe-in-Deutschland-neu-geregelt,sterbehilfe406.html

Dirk-Oliver Heckmann, »Montgomery: Den gegenwärtigen Zustand der Sterbehilfe so lassen«, Interview mit dem ehemaligen Ärztepräsidenten Frank-Ulrich Montgomery zum Beschluss des Bundestags im Deutschlandfunk am 7.7.2023
https://www.deutschlandfunk.de/bleibt-sterbehilfe-gesetz-interview-frank-ulrich-montgomery-weltaerztebund-dlf-60055dfb-100.html

Nationaler Ethikrat, »Wie wir Sterben/Selbstbestimmung am Lebensende«, Dokumentation von Tagungen in Augsburg und Münster 2006
https://www.ethikrat.org/fileadmin/Publikationen/Tagungsdokumentationen/Tagungen_2004_Wie_wir_sterben-Selbstbestimmung_am_Lebensende.pdf

»Der finale Liebesdienst – die Liebe des Herrn Puppe«, Porträt des Sterbehelfers Peter Puppe aus der taz vom 13.11.2015
https://taz.de/Der-finale-Liebesdienst/!5248164/

Christoph Rehmann-Sutter, »Der Wunsch zu sterben«, aus dem Bundes-Hospiz-Anzeiger
https://asafafuc.myhostpoint.ch/wp-content/uploads/2017/10/Rehmann-2017-BHA-Der-Wunsch-zu-sterben.pdf

»Frau S. will sterben – Wer hilft am Lebensende?«, Reportage des Südwestrundfunks vom 3.10.2017
https://www.youtube.com/watch?v=psYTpEr0Uzo

Christiane zur Nieden und andere, »Mit Sterbefasten das Leben selbstbestimmt beenden«, Januar 2023
https://sterbefasten.org/admin/resources/handreichung-final.pdf

Über die Autorinnen

Ellen Matzdorf arbeitete zunächst bei einem Rettungsdienst und in der häuslichen Pflege, bevor sie nach der Geburt ihres Kindes Hebamme wurde. Ihren zweiten Beruf als Bestatterin ergriff Ellen Matzdorf, um Eltern nach dem Tod ihres Kindes beizustehen und die Beisetzung nach ihren Wünschen zu gestalten. Heute setzt sie in ihrem Bestattungsunternehmen in Oldenburg auch erwachsene Verstorbene bei.

Verena Schmitt-Roschmann ist Journalistin, Kolumnistin und Autorin mit langjähriger Erfahrung bei Nachrichtenagenturen, Tages- und Wochenzeitungen. 2012 wurde sie für ihre umweltpolitische Berichterstattung mit dem Umweltmedienpreis ausgezeichnet. Ihr Sachbuch »Heimat – Neuentdeckung eines verpönten Gefühls« erschien 2010.

Verena Schmitt-Roschmann wuchs in Aschaffenburg auf und studierte in München Nordamerikanische Kulturgeschichte. In Washington absolvierte sie die Journalistenschule der American University und erwarb 1991 den Master of Arts. Mit ihrer Familie lebt sie in Berlin.